新版

キャリアデザイン支援と職業学習

生駒俊樹・梅澤 正 著
Toshiki Ikoma & Tadashi Umezawa

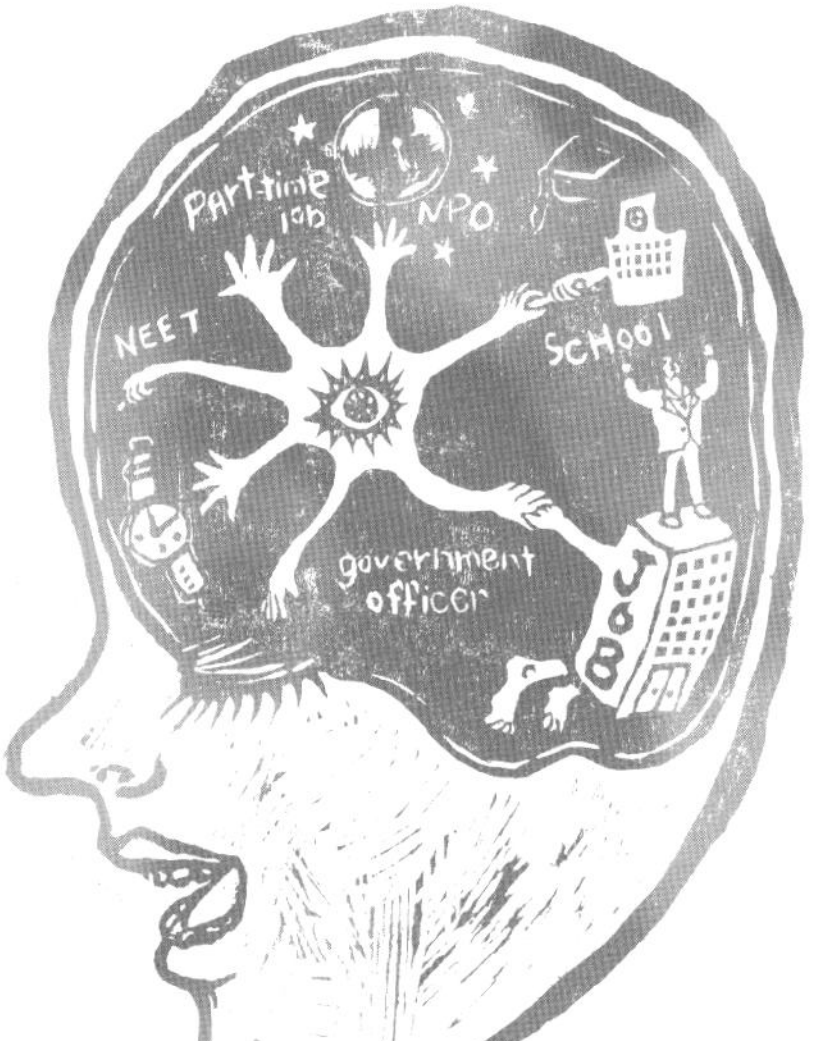

ナカニシヤ出版

まえがき

本書は、『キャリアデザイン支援と職業学習』の新版です。今回の新版では、まえがき、あとがき、そして、第一部の二・三章の内容を新たにすると共に、第一章を最新のデータを基に更新しました。

本書は、第一部と第二部に分かれ、第一部が生駒、第二部を梅澤が執筆しています。

第一部は、現在の「進路指導・キャリア教育」の発祥から、現在に至る歴史的な経緯とその課題を探る第一章、そして、現在、大学で、ゼミを基盤に実践しているキャリアデザイン支援（特に教職志望者の支援）の具体的な内容を叙述した第二章、高校教員になってから、現在の大学教員に至るまで、ゼミに所属したゼミ生の「ゼミ体験の振り返り」の第三章から、成っています。

第二部は、「職業学習」に関わる五つの章から構成されています。雇用情勢が厳しいため多くの学生は就職活動のノウハウの習得に必死です。そこに焦点を当てている現行の支援のあり方への批判を記した第一章、「生業」（生活を維持するためのもの）と「職業」の違いについて解説した第二章、職業と生き方とは、どのような関係にあるのかを考察した第三章、職業観・就職観の再構築の必要性を訴える第四章、そして、新たな職業選択の視点と基準を提起する第五章から成っています。

第一部と第二部とは執筆者が異なるため、文章のトーンやスタイル、注記の仕方なども自ずと異なります。前者は高等学校教員を経て現在は、大学で主に教職課程科目、キャリアデザイン支援を担当し、進路指導の実践研究を行っています。後者は長年にわたって職業について研究をしてきた社会学者で、職業という用語が仕事と同義語になっている現状を批判し、このままでは、次世代の職業意識が希薄化してしまうという認識を基本にして、職業学の復権を目指して奮闘しています。

共著者、それぞれの持ち味を生かすため、第一部と第二部の叙述の仕方を無理に統一することはしませんでした（なお、第一部の第三章についても、各自の意思・ニュアンスを尊重しています）。しかし、第一部の第一章で指摘した、戦前から現在に至る学校教育（職業教育に関わらない中等教育学校）での「職業学習」の著しい欠如を補完するための「職業学習」のあり方について、第一部で新たな提起ができたと考えています。

一方、第二部は座学としての職業学習の実践例を紹介しています。その意味で、第一部と第二部とでは、叙述の語り口などが異なっていても、キャリアデザイン支援の中核に社会と関わる「職業学習」を組み込むという課題意識が通底しています。

二〇〇四年六月に文部科学省から「キャリア教育の推進に関する総合的調査研究協力者会議報告書」が出されたことから、教育関係者は二〇〇四年を「キャリア教育元年」と呼んでいます。これが大きな契機となって、「キャリア教育」が、学校教育に本格的に導入されてから、約二〇年が経過しました。その間、数多くのキャリア教育に関わる書籍が刊行されましたが、管見の限り、「職業に関わる学習（職業学習）」について具体的にまとめられた文献はありません。

他方、生徒・学生の進路指導・キャリアデザイン支援について書かれた多くの解説書で、「進路指導の六領域」を基にして、まず、「自己理解・自己分析」から、指導を開始することが述べられています。筆者らはこの点についても、問題意識を持っています。指導の過程には、「社会理解」・「職業学習」、そして、「為すことを学ぶ（learning to do）」、生涯学習の観点が必須なのではないか、というものです。端的に表現すれば、学校から社会へと移行する生徒・学生の指導のあり方が、座学中心・学校内で完結している現状に対する疑問です。学校内には、教師、事務・技術職の方しかいません。そのような環境の中では、社会のあり方や多様な職業についての継続的な学習を基にして、社会的なつながりを築いていくことが不可欠なのではないのか、という見解です。生駒はこれらの点を解決すべく、高校生には、「啓発的な経験」を重視した職業教育機関との連携を、大学生には、「人間として生きることを学ぶ（learning to be）」、生涯学習について、それぞれ二〇年余り、高等学校と大学で実践、講義してきました。
職業は単に個人の生計を維持するための、個人的活動ではありません。世の中の必要にこたえる、社会的な活動です。社会は様々な問題を抱え、その解決を生涯学習と職業活動に求めているのです。

共著者を代表して　生駒俊樹

目次

第一部　キャリアデザイン支援の歴史と実践

第一章　職業指導、進路指導の歴史

はじめに

現在、「キャリア教育」は、全国の小学校から大学まで、教育基本法、教育振興基本計画、学校教育法、学習指導要領、大学設置基準、中央教育審議会答申などにもとづき、着実に取り組まれています。キャリア教育（進路指導）に相当する指導のルーツは、一九二〇年代の学校に導入された、「職業指導」です。現行の進路指導・キャリア教育のあり方には、これまでの歴史的な経緯が反映されています。そこでまず、職業指導の歴史的な経緯を概観します。

一．職業指導とは何か

職業教育研究者の齋藤健次郎によると、職業指導とは、「個人がひとつの職業を選びそれに向かう準備をし、それにはいり、その中で進歩することを援助する過程であるが、職業的知識・技能を教授する職業教育は含まれない」と定義しています[1]。齋藤の定義は、アメリカの全国職業指導協会（National Vocational Guidance Association: NVGA）が、一九二四年大会で採択した「職業指導原理」にもとづくものであることがその内容の類似性から推測することができます[2]。そこでまず、「職業指導原理」の内容から確認しておくことにします。

全国職業指導協会で採択された「職業指導原理」の中で、職業指導の定義について、「職業指導とは職業を選択し、その準備をし、就職し、その職業において進歩するよう、知識、経験及び助言を与えることである」と規定しています。一方、『日本における進路指導の成立と展開』によると、職業指導という概念を日本で最初に紹介した、東京帝国大学教授入澤宗寿は、その著『現今の教育』（弘道館）の第六章職業教育において、「職業教育に注意が向いて来ると共に米国において職業指導ということが主張され又実行されている。しかし、これは甚だ新しい言葉で、米国でも一般には近頃まで知られていなかった。……わが国にも知られていないが、著者（入澤のこと、引用者注）は仮に職業指導Vocational Guidanceと訳しておいた。その内容は、児童をしてその職業を選ぶ上に指導を与えるのである。単に職業の紹介をするというのではなく、児童に自分の長所と世間の職業とを知らせて選択の際に誤りなからしめる準備を与えるのである。すなわち児童の研究、就職の手引、職業教育等の事項を含んでいるのである」と記されています[3]。これらの規定や内容をみていくと、職業指導の内容が、一九八〇年代以降の中学校・高等学校の進路指導の実践を通して活用された「進路指導の六領域」の起源の一つであることがわかります。なお、進路指導の六領域とは、一九七七年に『中学校・高等学校進路指導の手引き―指導主事編』（文部省）で提示された、①個人資料に基づいて生徒理解を深める活動と生徒に正しい自己理解を得させる活動（自己情報の理解）、②進路に関する情報を得させる活動（自己以外の情報理解）、③啓発的な経験を得させる活動（啓発的経験）、④進路に関する相談の機会を与える活動（進路相談）、⑤就職や進学等に関する指導・援助の活動（就職や進学への指導援助）、⑥卒業生の追指導等に関する活動（追指導）です[4]。

一―一．職業指導の変遷

本項では、戦前期の職業指導の歴史的展開の概要を、主に『産業教育百年史』と石岡学の『「教育」としての職業指導の成立』の記述をもとにしてまとめます[5]。

石岡は、学校が在学生の卒業の移行に関わるという現象は普遍的ではないとしたうえで、一九一〇年代以前の日本社会においては、「学校から職業への移行」という事象の前提となる社会的状況そのものが存在せず、こうした状況が顕著に変化をみせはじめたことで、学校と職業世界との接続、両者の関係性が問われるようになったのが、一九二〇年代の日本社会であった、と指摘しています[6]。また、この点について、天野郁夫は、『高等教育の時代（下）』の第九章で、高等教育機関においても、この時期以降、大学などが学生の就職先を斡旋するという、新たな事態が起きていたことを詳説しています[7]。

そこで、学校から社会への移行が問題となったとされる一九二〇年代の文部省の職業指導の施策をみていくことにします。一九二一年四月に内務省が職業紹介法を制定して、職業紹介事業の拡充と監督の強化を行います。同法の制定によって、職業紹介事業は、従来の慈善的・救済的なものから、社会政策的なものへと変化していきました。翌一九二二年七月、文部省は初めて職業指導講習会を東京高等師範学校で開催し、その必要性、沿革、意義などについて講習し、その促進を図り、以後、職業指導に関する事務は、社会教育の所管として取り扱われることになりました[8]。

一九二三年、帝国教育会は小学校教員を対象として、職業指導の講習会を開催し、この頃から、高等小学校では卒業生に対する職業指導の重要性を認識し、組織的に実施しようとする学校が増加してきました[9]。翌々年の一九二五年七月八日、内務省社会教育局第二部長と文部省普通学務局長の連名で、地方長官に対して「少年職業紹介ニ関スル件」という通達を発しました。この通達が、少年の職業紹介並びに職業指導に関し、学校と職業紹介とが提携して啓発・普及することを、公文をもって奨励した最初のものといわれています[10]。しかし、形式上は連名で発せられているものの、内務省の側がイニシアチブをとって発せられたものであり、文部省側のモチベーションは低かったという指摘があります[11]。一方、一九二四年、東京高等師範学校では、田中寛一教授が、教育学の一部として、職業指導に関する講義を担当し、一九四四年まで継続されました[12]。

石岡は、一九二七年の文部省の対応の変化について、以下のように記しています[13]。「職業指導導入に消極的であった文部省も、一九二七年になりにわかに対策に本腰を入れはじめた。その象徴といえるものが、同年四月五日・六日に文部省において、六月七日に文部大臣官邸において開催された、職業指導協議会である。このうち六月七日の協議会において、「少年職業指導協議会意見」なるものが作成され、その「少年職業指導の必要」と題された節にみられる認識は、①現代は職業選択が困難な時代である、②教育はそのような時代状況に対処しなければならない。具体的には、実生活に適応する資質を養わなければならない、③しかし従来の教育はその本旨にもとっており、それが就職難や転職・失業の原因になっている、④このような事態は青少年の前途を多難にするのみならず、国家にとって損失であると要約できる」。同年六月一九日、大日本職業指導協会の創立総会が開催され、初代会長に元文部次官赤司鷹一郎、理事長には、前述の田中寛一が就任しました（戦後、名称を日本職業指導協会へ、そして一九七九年、日本進路指導協会へと改称し現在に至っています）。

一－二．文部省訓令第二〇号

一九二七年一一月二五日、文部省訓令第二〇号「児童生徒ノ個性尊重及ビ職業紹介ニ関スル件」が発せられました。この訓令は、学校の行う職業指導の内容を具体的に示し、職業教育は学校が行う重要な教育であって、児童生徒の教育上、将来の進路について周到な指導を行うことによって、国民精神の啓培、職業に対する理解、勤労の習性の養成に資し、もって教育の本旨を達成するゆえんであることを強調しました。[14]

この訓令が出された背景を、学校卒業後の移行という観点から読み直すと、一つは、学校（最も多くの卒業生を出しているのは、義務教育機関であった尋常小学校である）から職業世界へ、もう一つが、尋常小学校から義務後教育機関への進学でした。当時は、その両者が困難に直面するという社会的状況が出現していました。前者は、一九二〇年三月、東京株式相場の暴落をきっかけに恐慌が発生し、一九二〇年代から一九三〇年代初頭に至る長期の不況が続き、就職難が極度に深刻化していたことです。[15] 後者は、すでにこの頃から、尋常小学校を卒業した後に

表1　児童・生徒数の推移

	尋常科（補習科を含む）	高等科（補習科を含む）	中学校	高等女学校	実業学校	実業補習学校
1895年	3,198,679	471,576	30,871	2,897	6,923	3,327
1900年	3,806,318	93,280	78,315	11,884	18,453	8,880
1910年	6,335,261	526,457	122,345	56,239	64,739	262,978
1920年	7,723,534	909,337	177,201	151,288	136,290	996,090
1930年	8,783,579	1,328,647	345,691	368,999	288,681	1,277,338
増加（減）数・率 1895~1900年	607,639 1.19	-378,296 0.20	47,444 2.54	8,987 4.10	11,530 2.67	5,553 2.67
増加数・率 00～10年	2,528,943 1.66	433,177 5.64	44,030 1.56	44,355 4.73	46,286 3.51	254,098 29.61
増加数・率 10～20年	1,388,273 1.22	382,880 1.73	54,856 1.45	95,049 2.69	71,551 2.11	733,112 3.79
増加数・率 20～30年	1,060,045 1.14	419,310 1.46	168,490 1.95	217,711 2.43	152,391 2.12	152,391 1.28

（日本近代教育史事典　附録　第一　統計　pp.86 - 96をもとに作成）

高等小学校や中等教育諸学校への進学志望者の増加に伴って、「受験競争」がはじまっていたことです。[16]

表1をもとに、一九一〇年から一九三〇年の児童・生徒在籍数の推移を考察すると、一九二〇年から一九三〇年の増加率は、高等小学校で約一・五倍、中学校では約二倍、高等女学校・実業学校でも二倍を超えており、進学者が増加していることがわかります。このような背景があったため、児童・生徒には、卒業後の職業指導が喫緊の課題とされたのです。

この訓令第二〇号について石岡は、「文部省にとって職業指導の導入とは、「画一教育の打破」という目的のための手段として位置づけられるものとなった。結果的にそれは、社会政策関係者が求めた労働政策・治安対策としての職業指導とは位相を異にし、過熱する進学熱を冷却し「分相応」の道に水路づける意味合いを強くもつものとなったのである。さらにいま一つのポイントは、この訓令のタイトルに「個性尊重」という表現が用いられている点である。「分相応」の道への誘導ということが、この訓令における「個性尊重」の意味するところだったのであり、「個性」という言葉によって、それらの個人差はあたかも優劣のないものであるかのように表現されていたのである」と指摘しています。[17]

文部省は職業指導に関する教育の趣旨を普及させるため、大日本職業指導協会の協力を得て、その達成に努めました。同協会は、一九二九年二月、第一回全国職業指導協議会を開催し、以後一九四三年までほぼ毎年開催しました。文部省は一九三一年から、全国数ヵ所で長期の講習会を開催して、指導者の養成に努め、以後一九三八年まで継続して開催しましたが、その後は前記の協会に委任して実施されました。[18]前述の石岡の指摘は、文部省の施策に対してのものですが、米田俊彦は、大日本職業指導協会の活動に対しても、これと同趣旨の指摘を行っています。[19]

一-三．戦時下の職業指導

一九三七年の日中戦争の勃発によって、労働力の需給関係が一変して、軍需労務が激増し、それまでの失業対策的な職業指導に代わって、国策上重要な産業部門へ必要な人員を供給するという職業指導に変化していきました。一九四一年九月、従来の小学校が、国民学校に改められたため「国民学校修了者ノ職業指導ニ関スル件」が通達されました。この通達は国民職業指導所（旧職業紹介所）の強制的な利用を前提にして、就職予定の児童に対して、知能検査及び身体検査を実施することとし、労務動員産業及び農業に従事する者を優先的に確保する方針を明確に示しています。同年一一月には、「中等学校職業指導ニ関スル件」が通達されました。この通達は、中学校・女子中等学校・実業学校の中に職業指導を徹底させることを目的としたものです。その実施要項には、（一）職業精神の涵養と職業的知見の啓培、（二）生徒調査、（三）適職進出の指導、（四）職業指導、（五）進学指導、（六）卒業後の指導、があげられています。[20]この要綱からも、現在の「進路指導の六領域」の原型をみてとることができます。

二．「職業教育」とは何か

ここで「職業教育」の定義について確認しておきます。職業教育の概念を、戦前の教育事典、文献・教育専門誌及び戦後の研究論文をもとに研究した梁忠銘は、「戦前における職業教育の定義には少なくとも一つの英文の意味を含んでいる。すなわち、［Professional Education］：［Vocational Education］：［Industrial Education］である。そのため、職業教育は概念として範囲が広く、戦後まで概念として確定していない。職業教育は戦前のところ実業教育と同義にとらえることがある。戦後、職業教育の英訳は［Vocational Education］となって、―中略―これは、日本の職業教育の用語が昭和二一年の第一次アメリカ教育使節団報告書に使用されていた［vocational education］〈職業教育〉と訳したことにより、戦後教育界に一般化したといわれている。―中略―その同義語は実業教育の外、産業教育が中心となった。一九九四年、佐々木亨『現代日本の技術教育、職業教育の概要―技術教育、職業教育の用語に関する覚書』―中略―職業教育もまた、制度的概念ではなく、職業生活に必要な知識、技能を教授する教育をいう。総じて、職業教育という用語が戦前・戦後を通じてよく使われている用語であるが、研究者によって、その解釈がそれぞれ異なる。日本の職業教育は明らかに色々な概念を含んでいる」と述べています。[21]

二―一．広義と狭義の職業教育

近年の研究では、多くが職業教育を「広義と狭義」とに二分してその定義をまとめています。[22]その中で、寺田盛紀の職業教育論は、欧米のそれとの比較職業学の観点からの考察であるため、日本の職業教育の実相が明確に捉えられています。以下ではまず、寺田の文献をもとに、職業教育についての要約を行うとともに、最新のデータの追加を行います。寺田は、日本の職業教育を広義と狭義に区分して、以下のようにまとめています。[23]

（一）広義の職業教育

日本の職業教育は、中等教育諸学校と中等後教育段階（ポストセカンダリー）教育における、一定の産業部門別・専門科学別の職業教育を意味し、「職業に必要な能力を育成する」教育である。日本の職業教育は「産業教育

(Industrial education)」と呼ばれるに相応しい。このような職業教育の典型は、高等学校専門学科（農・工・商・家庭他）や高等専門学校で行われる。

中学校の職業科、職業家庭科：これは、社会科とともに戦後の新制中学の方向を特色づける教科として発足した。その後の頻繁な改変を経て、一九五八年には「技術・家庭科」に取って代わられた。なお、現在の特別支援学校の中学部の学習指導要領には、「職業・家庭科」が維持されている。[24]

高等学校の職業教育：一九七〇年代までは「工業の中堅技術者」（工業）の育成や「商業・経営管理・事務従業者」（商業）の育成という比較的自己完結的な目標を掲げてきた。しかし、一九七〇年（商業）ないし一九七八年（工業）以降、これらの学校の相対的地位の低下も反映して、高等学校の職業教育は、工業や商業に関する基本的知識、スキルの教育に焦点化している。つまり、そこでの職業教育は当然、自己完結的性格のものではなく、後続の企業での補完訓練を前提とされた。

高等専門学校の専門職業教育：五年制で、「工業の中級技術者」の養成を目指しており、養成教育としての完成度、就業力（Employability）は高いが、学卒労働力の面では少数で、二〇二一年度現在、全国で五七校（国立五一、公立三、私立三）、学生数は五六九〇五人である。二〇二〇年三月の卒業生、九七六九人の内、就職者は五七九一人（五八・九％）である。[25]

（二）狭義の職業教育＝特定の職業・職業準備教育

労働行政所管の職業能力開発：高卒者の五六五七人（全卒業生の内、〇・五四％、二〇二〇年三月卒）の進学先である、独立行政法人高齢・障害・求職者雇用支援機構が、北海道から沖縄まで全国に設置し、運営する職業能力開発大学校（四年制）が八校、職業能力開発短期大学校が、一五校（二年制）、そして、職業能力開発総合大学校（四年制）が、一校ある。これらの学校について熟知している方は、高校の進路指導担当者でも少ない。学費などは、上記の職業能力開発総合大学校・職業能力開発大学校が、国立大学とほぼ同額、その他は、国立大学以下に抑えられている。そのため、理工科系の進学志望者で、経済的な問題を抱えている高校生には、進学先の選択肢として最適であると思います。

専修学校の職業教育：高校卒業者、一〇三七二八四人の内、一七四八二二人（一六・九％、二〇二〇年三月卒）が進学する専修学校（専門課程）は、より強力な職業教育機関である。職業教育のポストセカンダリー段階の有力な受け皿となっており、専門的職業人の養成機関となっている。

（三）企業内教育訓練

日本の学校での職業教育は養成訓練として自己完結性が低く、後続の企業内教育との接続を前提にしている。従って、職業教育は、職業教育全体に占める企業・事業所での教育訓練を対象に含める必要がある。ただし、わが国の企業内教育訓練は「企業による企業のための企業による教育訓練」という性格が濃く、職業教育訓練の範囲を超えた人格教育や企業人（会社員）としての精神的側面の育成を含んでいる。

これら寺田の「職業教育」の定義は、的確で整理されたものといえます。

二―二．職業教育と産業教育・実業教育

次に、その内容が混同されがちな「産業教育」、「実業教育」と「職業教育」との違いについて解説した、伊藤の叙述をみることにします[26]。

「「産業教育」という用語は、学校教育それも中学校以上で実施されている職業に関わる教育に対しての総称である。この場合の学校とは、学校教育法の第一条に定められた「この法律で、学校とは、幼稚園、小学校、中学校、高等学校、中等教育学校、特別支援学校、大学及び高等専門学校とする」をさしている。ここで問題になるのが専修学校であるが、「一条校」には該当しないため職業教育を行っていても、産業教育を実施しているとはいえないのである。産業教育という用語は、法律にもとづく行政用語として使用されている。産業教育に該当する教育機関に

は、産業教育振興法にもとづく、国家予算の補助があるため、その区分を明確にするために使用されている」と記しています。

二-三．実業教育と実業教育国庫補助法

次に「実業教育」です。これは「一八九九年の実業学校令にもとづいて定められた用語である」と伊藤は記しています。この点に関わって、文部省の『實業教育五十年史』の叙述の中に、当時文部省参事官の寺田勇吉の「實業教育方針―初等實業教育振興」（明治三十一年十一月「実業教育」第一號所載）という一文があり、その冒頭に、「實業教育は技藝の演習を與ふるに加へて各種實業に付き學術技能に於ける知識の應用を示すにあるは勿論なるが、就中程度の實業教育に於いては技藝の練習を実際の境遇薫陶に譲り、教育は偏へに之に要する知識の傳授並にその知識の應用を指導するを以て足れりとす」と記されています[27]。この文章は、一八九九年二月七日の実業学校令公布のわずか数ヵ月前のものです[28]。

しかし、実業学校令公布の五年前、一八九四年六月に、伊藤博文内閣で文相を務めた井上毅のもとで、その後の実業教育発展の財政的基盤となる「実業教育國庫補助法」が制定されていました[29]。

ここで簡潔に、井上の実業教育振興政策の特徴に触れておきます。「井上は狭義の実業教育の領域においてだけでなく、大学・高等中学校（高等学校）・尋常中学校の各領域においても、実業教育に関連あると思われる施策を計画あるいは実行している。井上にとっては、教育の全領域にわたって実業教育的な要素を強化することが問題であった」と記されています[30]。また、前述の「実業教育國庫補助法」に関わって、宮沢康人は「実業教育ということばをはじめて法文で用いたのは、井上の「実業教育費国庫補助法」である」と述べています[31]。

実業教育費國庫補助法の第一条で「實業教育ヲ奨励スル爲ニ國庫ハ毎年度十五萬圓ヲ支出シテ其ノ費用ヲ補助スヘシ」、第二条で「公立ノ工業農業商業學校、徒弟學校及實業補習學校ニシテ實業ノ教育ニ效益アリト認ムルトキハ

文部大臣ハ其ノ學校ニ補助金ヲ交付スヘシ」と規定されました[32]。これによって、実業的諸学校はその経費の半額を国庫から補助されうることとなったのです。この段階で実業教育は、統一性と財政面の安定的な基盤を持つことになったと考えられます。当時文部省の實業教育局長を経て、文部次官を務めた小山健三は、「実業教育擢達の歴史」（明治三十一年教育實驗界所載）で「實業教育補助法は、日本に於いて實業教育の起源をば開いたるものと云っても宜らうと思います」と述べています[33]。

上記の叙述や寺田・小山両氏が共に、当時の文部省の高官や実業教育に携わる指導者（高等商業学校校長）を務めていたことを考慮するならば、「実業教育」という用語の法令上及び普及の起源は、「実業教育國庫補助法」にあった、と筆者は考えています。この点について、寺田盛紀は、「実業教育概念は、その後、一八九三（明治二六）年の「実業補習学校規定」、翌一八九四（明治二七）年の「実業教育費国庫補助法」の成立をもって、たしかなものとなった」と記しています[34]。

また小山は同論考の中で「實業教育なるものは、獨立して成功すべきものではない。矢張り一般の教育の如くに、普通教育と並立して初めて功を奏するものである。故に實業教育は狭い意味でいへば農工商の教育である。併し廣く論ずる時は、普通教育中に於いても圖畫又は理科の初歩等は實業教育の一部と見て差支えないのである。則ち實業教育は獨行すべきものではなくして、普通教育と結び着いて功を奏する者である」と述べています[35]。小山の見解は一二〇年以上前のものですが、その後、戦後から現在に至る、普通教育と職業教育の関係性を勘案すると、卓見です。

二－四．実業教育と女子の実業教育振興

再び、伊藤の叙述によると「実業教育は戦後の学制改革により、産業教育に変わったが、産業教育には、家庭科教育が含まれているのに対し、実業教育にはこれは含まれていない。戦前の実業教育はすべて男子を対象になされ

表2　実業学校生徒数の推移

	甲			乙		
	計	男	女	計	男	女
1899年	14,363	13,833	530	1,519	954	565
1910年	40,619	40,372	247	24,120	16,327	7,793
1920年	84,440	83,691	749	51,850	33,904	17,946
1930年	252,965	209,906	43,059	35,716	27,105	8,611

（『学制百年史』資料編pp.480－482の統計をもとに作成）

ており、家庭科教育に相当するものは女学校でのみ教授されていたのである」と記されています。[36]後段の「戦前の実業教育はすべて男子を対象になされており、家庭科教育に相当するものは女学校でのみ教授されていたのである」という記述は戦前の実業教育の実態とは異なっています。

まず、「戦前の実業教育はすべて男子を対象になされており」という指摘を、表2の実業学校生徒数の推移をもとにみていくことにします。

例えば、「実業学校令」が公布された一八九九年の段階で、甲種の生徒総数一四三六三人の内、女子は五三〇人、乙種の生徒総数一五一九人の内、五六五人は女子です。その後も甲種では、男子が大多数ですが、乙種では女子が三割から五割程度を占めていることがわかります。

また、一九二〇年の実業学校令の改正にともなって、実業学校の諸規程もそれぞれ翌一九二一年以降に改定され、新たに二一年一月に「職業学校規程」が公布されました。主な改正点として、「女子のために学科や学科目を示して、女子の実業学校在学生への配慮を示した。とくに工業学校規程の中では女子についての学科を六学科例示している。そのほか商船学校以外の農業・水産・工業・商業の各学校規程では女子についての必修科目を示すとともに、女子のための実業科目についても示し女子実業教育の振興をとくに留意した」と記されています。[37]ここに記されている女子の実業教育の振興策の直接の源は、一九一七年六月に発足した臨時教育会議での答申です。その中の実業教育に関する事項に「女子教育改善決議事項、女子ニ適切ナル實業教育ヲ奨勵スルコト」があげられています。[38]これらを勘案すると、「戦前の実業教育はすべて

表3　実業学校性別本科生徒数の推移

	甲			乙		
	計	男	女	計	男	女
1925年	13,412		13,412	6,324		6,324
1930年	29,140		29,140		38	3,548
1935年	50,358	240	50,118	9,605	1,635	7,970

（『日本近代教育百年史 第五巻 学校教育（3）』p.245の表をもとに作成）

男子を対象になされており」という伊藤の記述は、実情を正確に表しているとはいえません。

上述の新たに制度化された「職業学校規程」の制定の経過については、「一九二〇年の実業学校令の改正に於いて「其他實業教育を爲す學校」を認めたので新たな職業學校規程を設け裁縫、家事割烹等に關する教育の撥達を助長することを期した職業學校で課する職業の種類が雑多で他の實業学校と同様に律することが困難であるから修業年限は尋常小學校卒業後二箇年のものを認めた」ことが記されています。[39] 実際に職業学校規程の第一条で「職業學校ノ修業年限ハ二年以上四年以下トス」と規定していて、他の実業学校の修業年限とは異なっていたことが読みとれます。[40]

次に、「家庭科教育に相当するものは女学校でのみ教授されていたのである」という点に関しては、第五条で「職業學校ノ學科ハ裁縫、手藝、割烹、寫眞、簿記、通信術、其ノ他特殊ノ職業ニ付之ヲ定ムヘシ」と規定されていました。[41] そのため「家庭科教育」に相当する教育が、職業学校において実施されていたことは明らかであり、表3の実業学校性別本科生徒数の推移によって、その生徒の大部分が女子であったことがわかります。

これらの考察から、戦前の実業教育が女子も対象にして、家庭科教育に相当する教育を実施していたことを、理解していただけたことと思います。

三．戦前の中等学校と「高等普通教育及び専門教育」

天野郁夫によれば、「高等普通教育」にあたる言葉が、教育法規に姿をあらわすのは、一八七九年のことです。同年公布された「教育令」によれば中学校は「高等ノ普通学科ヲ教授スル所」と規定されました。二年後の「中学校教則大綱」では「中学校ハ高等ノ普通学ヲ授クル所ニシテ、中人以上ノ業務ニ就クカ為メ、又ハ高等ノ学校ニ入ルカ為メ、必須ノ学科ヲ授クルモノ」であるとして、より明確に中学校の教育目的が定められます[42]。その後、一八八六年公布の「中学校令」第一条において「中学校ハ実業ニ就カント欲シ又ハ高等学校ニ入ラント欲スルモノニ須要ナル教育ヲ為ス所トス」、第二条で「中学校ヲ分チテ高等尋常ノ二等トス」と規定され、中級以上の職業人の養成と、上級学校への進学教育という二重の目的が踏襲されていったのです[43]。

一方、佐々木亨がすでに指摘しているように、阿部重孝は高等普通教育と日本の中学校との関係について、「高等普通教育は我が国の中学校とは伝統を異にするヨーロッパの中等教育の目的とする所であって、それは主として高等専門教育の準備として必要なる一般的陶冶を意味した。随って、それが完成教育だというのは、高等の予備教育が完成するの意味であって、社会の実務に就くに必要なる教育の完成を意味するものではない。―中略―実業に就かんと欲する者及び高等の学校に進まんとする者に等しく必須の教育を為すことは、従来の中学校の任務であった。それ故に、我国中学校にこの伝統を無視し、根本的にその性質を異にするヨーロッパの中等学校の目的を採用する以上は、せめてこの改正（一八九九年の中学校令の改正、引用者注）に依って生ずべき弊害を最小限にする為に、特別の用意がなければならなかった」と述べています[44]。

他方、「専門教育」の内容について、前述の天野は、一八八六年の「中学校令」によって設立された五校の官立高等中学校の説明に関わって、「五校の高等中学校の使命は、なによりも帝国大学進学者のための「予備教育」にあったが、森有礼はさらにこれら五校の高等中学校に医・工・法の専門学部を附設し、「専門教育」の役割をも担わせたことが、たとえば明治二三（一八九〇）年の「高等中学校官制」をみるとわかる」と記しています[45]。「高等中学校官制」の第一条には「高等中学校ハ文部大臣ノ管理ニ属シ高等ノ普通教育ヲ授ケ大学並高等専門学科ノ学習ニ須要ナル予備ヲ為サシムル所トス」と規定され、①高度の教養を身につけるための「普通教育」、②帝国大学進学者のための「予備教育」、③職業に就くための「専門教育」がその目的とされています[46]。従って、「専門教育」は、高等教育（大学、専門学校、高等学校）レベルでの職業教育を意味していたと解することができるのです[47]。

三－一．中学校・高等女学校

天野は戦前の教育系統を概観して、「小学校は尋常と高等の二段階に分かれ、尋常小学校が義務化されていた。教育系統の分化は、中等教育段階で始まる。それは基本的に①男子普通教育（中学校）、②女子普通教育（高等女学校）、③職業教育（実業学校）、④教員養成（師範学校）の四系統に分かれていた。―中略―　高等教育の主要な任務は専門教育におかれていたが、教育系統の分化もこの教育段階にも持ち込まれ、構造はいっそう複雑であった」と、その要諦をまとめています[48]。

上記①の中学校は、一八九九年二月七日の中学校令改正で、一八八六年の中学校令から実業教育の性格を省いて、第一条で「中学校ハ男子ニ須要ナル高等普通教育ヲ為スヲ以テ目的トス」と改められ、中学校の目的を一本化し、修業年限は五ヶ年となっていました[49]。

同様に上記②の高等女学校は、中学校令改正の翌八日公布の高等女学校令の第一条で「高等女学校ハ女子ニ須要ナル高等普通教育ヲ為スヲ以テ目的トス」と、その目的を設定し、修業年限は四ヶ年とされました[50]。高等女学校令が一日遅れて公布された理由について、中学校令の改正過程を研究した米田俊彦は、「中学校令と実業学校令は、一八九九年一月一三日、また高等女学校令は二六日に閣議決定された。高等女学校令の遅れは、府県財政に悪影響を及ぼすことを懸念した内務省と文部省との対立によるもの」と記しています[51]。

その後、一九一〇年一〇月に「高等女学校令」を改正し、「主トシテ家政ニ関スル学科ヲ修メントスル者」を対象とした実科高等女学校の設置を決めました。その性格は、「勤労ヲ厭ハサル美風ヲ失ハサラシメ質素勤勉ノ気風ヲ養成セシメ」ることを目的として、家事・裁縫科に全授業時間の五四%をあてた「裁縫女学校」でした。一九一一年の二七六校から、一九一五年には一〇五五校、生徒数は二万人を超え、高等女学校の三分の一を占めるに至りました。[52]

三－二．中等教育段階の職業教育学校

上記③の実業学校は、農業学校・工業学校・商業学校などの中等教育段階の職業教育機関の総称ですが、実業学校という総括的な名称は、それらの教育機関が発足した後につけられたものです。

一八八三年四月、文部省はまず「農学校通則」を規定し、これが、「わが国における近代的な産業教育制度のはじまりと目されるものである」とされています。[53] この「農学校通則」の第一条で「農学校ハ此ノ通則ニ遵ヒ農ノ学業ヲ教授スル所トス」、第二条で「農学校ハ之ヲ分テ第一第二ノ二種トス第一種ハ主トシテ躬ヲ善ク農業ヲ操ルヘキモノヲ養成スル為メ上款ニ遵ヒ之ヲ設置スルモノトス第二種ハ主トシテ善ク農業ヲ処理スヘキ者ヲ養成スル為メ下款ニ遵ヒ之ヲ設置スルモノトス」とされ、第一種が指導・監督者を、第二種が自営者の養成を目的としたのです。[54]

翌一八八四年一月制定の「商業学校通則」の第一条で「商業学校ハ此通則ニ遵ヒ商ノ学業ヲ教授スル所トス」、第二条で「商業学校ハ之ヲ分テ第一第二ノ二種トス第一種ハ主トシテ躬ヲ善ク商業ヲ営ムヘキ者ヲ養成スル為メ上款ニ遵ヒ之ヲ設置スルモノトス第二種ハ主トシテ善ク商業ヲ処理スヘキ者ヲ養成スル為メ下款ニ遵ヒ之ヲ設置スルモノトス」と規定しました。[55] 両者ともに、第一種、第二種に区分しています。第一種が、自営者、第二種が、指導・監督者の養成を目指したのです。この区分は、一八九九年二月制定の「農業学校規程」「商業学校規程」で、甲と乙の二区分へ変更され、その後、一九二一年一月制定の「農業学校規程」、同年三月制定の「商業学校規程」で、それ

ぞれ一元化されました[56]。

一方、工業学校については、農業・商業学校のような初期の規定はありません。それに類するものとしては、一八九四年七月制定の「徒弟学校規程」があり、その第一条で「徒弟学校ハ職工タルニ必要ナル教科ヲ授クル所トス」と規定されました。田中萬年は徒弟学校の内容を、六割は女子向きの裁縫など家政的な内容で、男子向きのものは、近代的な職業教育ではなく、伝統的産業の育成を目的としていた、と記しています[57]。その後、一八九九年二月二五日には前述の農業学校規程・商業学校規程とともに、「工業学校規程」「商船学校規程」が、一九〇一年一二月には「水産学校規程」が制定されました[58]。各学校とも「修業年限ハ三箇年」で、入学資格は「年齢一四歳以上学力修業年限四ヶ年（一九〇七年二ヶ年ト改正）ノ高等小学校卒業又ハ之ト同等以上トス」としました[59]。これらの規定をもとに、「従って中学校卒業も同年齢に達する迄の生徒も就学せしむるのであって、中等教育機関の基本構成に合致したのである」とされたのです[60]。

職業教育機関の規定は、農学校から始まり、商業、工業と順に行われています。この背景について、網野善彦は、江戸時代末の職業人口統計をもとに、各身分の割合が、「農」は七八％、「商」七％、「工」四％というデータをあげたうえで次のように指摘しています[61]。「江戸時代を商工業の著しく未発達な社会と見て、欧米にならって商工業を発展させようとした―中略―さらに、強力な軍隊を作り上げて「富国強兵」を推進するという目的につながるのであり、要するに農業を中心とする「農本主義」の思想を根底に持ちながら、欧米にならって産業を発展させようとしたと思います」。網野の観点は注目すべき見解であると思います。

三－三．「実業学校令」の公布

一八九九年二月七日に公布された「実業学校令」の第一条で「実業学校ハ工業農業商業等ノ実業ニ従事スル者ニ須要ナル教育ヲ為スヲ以テ目的トス」、第二条で「実業学校ノ種類ハ工業学校農業学校商業学校商船学校及実業補習学校トス」と定められ、学校別の規定が制定されました。[62]本令の制定によって、実業教育は次第に進展していきます。しかしその反面、中等教育を普通教育と実業教育とに二分する制度の固定化の是非をめぐる議論が、戦後の中等教育の一元化まで続くこととなったのです。[63]

三-四．実業補習学校

これまで叙述してきた実業学校とは別に、尋常小学校卒業生の多くが進学する「実業補習学校」がありました。これは、一八九〇年一〇月に公布された「小学校令」第二条で「徒弟学校及実業補習学校モ亦小学校ノ種類トス」と規定され、尋常小学校に併設されていました。一八九三年一一月に公布された「実業補習学校規程」の第一条で「実業補習学校ハ諸般ノ実業ニ従事セントスル児童ニ小学校教育ノ補習ト同時ニ簡易ナル方法ヲ以テ其ノ職業ニ要スル知識技能ヲ授クル所トス」と定められました。[64]その後、上記の「実業学校令」の第二条によって、実業補習学校は、実業学校に位置づけられることになります。しかし、「名目上は中等教育機関として認定されていたが、内実は正系としての中等学校、その傍系の位置にある実業学校、そしてその更に傍系として、三層体系中等教育機関の最下層に位置づけられていたといっても過言ではない。しかも上級学校とは係属していなかった」。[65]また「これらの学校は、在学生の年齢からみるならば、たしかに戦前の中等教育段階の生徒たちを収容してはいたけれども、中等学校として認知されたものではなく、初等教育段階に位置づけられ、いわば戦前の学校体系のなかでは継子的な存在であった」と、実業補習学校の差別的な位置づけが指摘されています。[66]

三-五．青年訓練所と青年学校

これまで記述した他には、勤労青少年を教育する「青年訓練所」が、一九二六年四月に創設されました。設立の背景には「陸軍省が第一次世界大戦後の軍縮に対応できる、軍事訓練を主とした青少年教育機関の設立を切望した」

ことがあります[67]。その後、両者は、一九三五年四月公布の「青年学校令」によって統合されその歴史を閉じました。青年学校令の第一条で「青年学校ハ男女青年ニ対シ其ノ心身ヲ鍛錬シ特性ヲ涵養スルト共ニ職業及実際生活ニ須要ナル知識技能ヲ授ケ以テ国民タルノ資質ヲ向上セシムルヲ目的トス」と規定しています[68]。

本節で後述する『総力戦体制と教育』には、「青年学校就学該当者は、他の一般学校生徒が専ら学業を生活の主体としているのに対して、現に農業、工業などの実業に従事している勤労者であった。それゆえに、高度国防国家体制の構築を進める政府にとって、彼らを、今日の産業戦士、明日の皇軍兵士、明日の皇国の母として錬成し得るか否かは、高度国防国家体制の確立の成否を決するものとみなされ、他の一般学校に就学していない青年を『国家的教育帳簿の中に記入』し、国家管理の下に置くことは、青年学校の主要な『任務』であった」、と記されています[69]。

三－六．師範学校

前述④の師範学校は、教師の養成を目的とした教育機関です。一八九七年一〇月、「師範教育令」で制定されました。また同日、師範学校生徒定員が定められました。これらは、密接な関連のもとに制定されたもので、師範学校の増設及び師範学校生徒の増加を目的としていました。師範教育令が公布された背景には、明治二〇年代後半から三〇年代にかけて、学齢児童の就学率が著しく増加し、二〇年代後半には六〇％を超え、一九〇二（明治三五）年には九〇％を超えたという状況がありました。就学率の上昇にともなう教員需要の増加に対して、特に正教員の不足を補うための方策でした[70]。

三－七．中学校と実業教育との関係性の変遷

一九世紀末から二〇世紀初頭の中学校卒業後の進路状況をみると、一九〇〇年の進学者は、五九・二％でしたが、一九〇九年には三九・〇％と大幅に減少した一方で、就職者は、一六・二％から二六・五％と増加しています。こ

の状況をもとにして、「明治三〇年代前半の上級学校進学準備機関としての中学校から、進学者の育成とともに中堅的な職業人を養成する学校へと、中学校の機能が変化をとげつつあった」ことが指摘されています。[71]

中学校卒業生の就職者の増加にともなって、中学校においても実業教育が必要であるという意見がでてきました。しかし、一八九四年の「尋常中学校実科規程」にもとづいて実科を設置した中学校及び実科中学校は二校にすぎませんでした。[72] その後、一八九九年の中学校令の改正で実業科目は全て排除されました。[73]

三―七―一．中学校に「実業」が復活

上述の中学校卒業生の就職者の増加という事態のもとで、一九〇八年、中学校令施行規則第一五条の第一項の但し書に「但シ土地ノ情況ニ依リ随意科目トシテ実業ニ関スル学科目ヲ加フルコトヲ得」が加えられ（文部省令第二号）、「実業」が中学校の補習科に復活しました。[74] この補習科は、一八九九年の中学校令の第九条で「中学校ノ修業年限ハ五箇年トス但シ一箇年以内ノ補習科ヲ置クコトヲ得」と規定され設置されたものです。

一九一一年には、中学校令施行規則中改正（文部省令第二十六号）に依って、中学校の学科目の第四、五学年に、毎週二時間ずつ、他の科目の時間数を減じて「実業（農業・商業又ハ手工）」が中学校の随意科（必修科ではなく）として取り入れられるようになり、上記の但し書は削除されました。[75] 実業科については、「実業ハ実業ニ関スル知識技能ヲ得シメ兼テ実業ニ対スル趣味ト勤労ヲ重ンスルノ習慣ヲ養フヲ以テ要旨」とされました。[76]

この実業科は、一九一九年の施行規則の改正で「実業ハ農業、工業、商業ノ中ニ就キ土地ノ情勢ニ応シ適切ナル事項ヲ選択シテ之ヲ授ケ又ナルヘク実習ヲ課スヘシ」と改められました。[77] 実業の内容として農工商のいずれか一つを選ばせる学習形態（工業ではなく手工であった）から、農工商の中から総合的に必要なものを選んで、一つの教科内容を構成するものとなりました。[78] しかし、「当分ノ間之ヲ欠クコトヲ得」とされ、随意科目とすることが可能であったため、実際にどの程度実施されていたのかは明らかではない、と記されています。[79]

阿部重孝は、一八九九年の「中学校令」以降の中学校の学科目は、「中学校教育は愈々アカデミックの学科目にその勢力を集注することとなり、中学校を卒って社会実務に就かんとする者の教育的必要は等閑に付せられることとなった。その後今日に至るまでの学科目の変化は、主として中学校を卒って直に社会実務につく者の教育的必要を如何にして満たすかの問題から起こった変化であった」と看破しています。[80]

三-七-二．一種（就職）と二種（進学）に分離

一九三一年一月に中学校令施行規則が改正され、「高学年ニ於テ第一種及第二種ノ両課程ヲ編成シ其ノ一課程ヲ選修セシムルコト」として、中学校上級学年（第四学年を原則とし、第三学年からも認めた）は、一種（就職、実業が必修）と二種（進学）課程に分けられ、一種においては実業が必修とされました。

実業の内容については、従来の「実業ニ関スル知識技能ヲ得シメ兼テ実業ニ対スル趣味ト勤労ヲ重ンスルノ習慣トヲ養フ」という規定から、「実業ニ関スル知識技能ヲ授ケ実際生活ヲ理解セシメ職業ノ尊重スベキ所ヲ以テ知ラシメ勤勉力行ノ気風ヲ養フ」ことへと変わりました。[81] また、実業は「普通教育ノ一事項トシテ」「実業学校ニ於ケルガ如ク実業ヲ専門的ニ授クルノ趣旨ニアラザルモ将来実務ニ就カントスル者ニハ極メテ適切有用ナル修養タルヲ失」なわないものである、と説明がなされています。[82]

また新たに公民科と作業科が加えられました。岩井龍也は作業科について「作業ニ依リ勤労ヲ尚ビ之ヲ愛好スル習慣ヲ養ヒ日常生活上有用ナル智徳ヲ得シムルヲ以テ要旨トスと定められ、園芸、工作、その他の作業が課せられることとなった。―中略― 後に戦時下の集団勤労作業に取ってかわられ、初期の目的は達することができなかった」と説明されています。[83] 作業科について、文部省の訓令では「将来ノ職業如何ニ拘ラズ総テノ生徒ニ必修セシムルコト」とし、職業の如何を問わず「作業」を課すという点を捉えて、普通教育に技術教育を導入するうえでの端緒となる考えであった、と述べています。[84]

作業科の毎週授業時数は第二学年までは各二時、第三学年以上、各一時があてられることとなりました。また、増加科目制（教授時数に幅をもたせる）を併用することによって生徒の「性能」「進路志望」「土地の情況」などに対応する教育課程の編成を志向するものでした。[85] しかし、この点については、「中学校の改革を、制度改革によらず学科課程の改革によって行なおうとするものであった」という指摘がされています。[86]

一種、二種の履修状態を生徒数からみると、一九三六年以降は、一対三弱程度でした。[87] 中学校における実業について、前述の阿部は「明治四十四年以来実業が学科目に加えられたが、それに配当された時間の割合が総時間の三％以内であることをみると、この学科に望みをかけることは、もとより不可能であった」と記しています。[88]

三−七−三．戦時下の中等学校令による一元化

一九三九年九月の教育審議会第一一回総会で可決された答申、「中等教育ニ関スル件」にもとづいて、一九四三年一月、「中等学校令」が公布され、三月には「中学校規程」が制定されることになりました。中等学校令によって、中学校、高等女学校、そして実業学校は法制上、中等教育機関として一元化されました。その第一条で「中等学校ハ皇国ノ道ニ則リテ高等普通教育又ハ実業教育ヲ施シ国民ノ錬成ヲ為スヲ以テ目的トス」、第二条で「中等学校ヲ分チテ中学校、高等女学校及実業学校トス」と規定しました。[89] 本令によって、中学校の修業年限は四年となり、従来の中学校の一種、二種の課程区分は廃止されました。

国家総力戦下の日本教育を、「錬成」という言葉に注目して研究した『総力戦体制と教育』では、「錬成」という言葉は、「一九三〇年代から日本教育の理念、実践の指針を示す用語として登場し、一九四一年（国民学校制度の発足の年）のころからは、学校に限らずすべての教育場面における教育実践・自己形成を導くスローガンとして普及し」、「わが国の近代学校史の上で、教育を目的とせず、錬成なるものを目的として掲げたのは、これが初めて」と指摘されています。[90]

同書によると、三月二日の中学校規程・高等女学校規程・実業学校規程により、教育課程は、教科と修練という二重構造に整理され、さらに教科が、国民科・理数科・実業科・体錬科・外国語科・芸能科・家政科に整理・統合されました。これは諸教科の皇国民錬成という教育目標への求心力を高めるための措置とみることができると記されています[91]。

文部省が主導した中等諸学校法制の変遷で明らかなように、職業に関わる教育は中学校ではほとんど行われず、実業学校がその主体でした。これらの歴史的変遷を踏まえて、現行の普通科高校と、職業教育を担う専門高校という構造を改めて俯瞰してみると、戦前と戦後の中等教育の構造が酷似していることがわかります。

四．戦後の教育改革と「職業科」の新設

新制中学校の発足にあたり、教育刷新委員会第二特別委員会は、中学校に「勤労を中心とする教科を設けること」を決め、このような教科を「職業科」とすることにしました。その主要な性格は、勤労愛好の精神と態度を養うことにあるとしました[92]。これは、一九四七年刊行の戦後初の学習指導要領に始まり、一九五七年の学習指導要領「職業・家庭科編」に至るまで受け継がれました。さらに、教育刷新委員会では、「職業科」のもう一つの性格として「職業指導的」意義を持つことをあげています。「職業科のもう一つの大切な要件は、職業科は将来の職業に直接役に立つものを教えようとするのではない……ただ一つの作業だけに子供を向けてしまってはいけない……生徒のそれぞれのもっている適性に応じて職業が得られるように、つまり適職が選べるように、いろいろな経験を得させる」ことにあるとして、この職業指導的性格づけも、学習指導要領に受け継がれています[93]。

一九四七年三月、学習指導要領一般編（試案）が発表され、中学校に「職業科（必修・選択）」が設置されました。学習指導要領の中で述べている職業科の性格をまとめると、以下の三つに要約することができます[94]。

一．勤労愛好の精神と態度を養い、職業生活の意義と尊さを理解する（一般教育として）
二．職業の選択・決定の能力を養う（職業指導として）
三．職業準備のための知識・技能を養う（職業教育として）

さらに、中学校においてのみ、「家庭」が職業科の一分科として位置づけられたことは、職業科が一教科としてのまとまりを持つことを、ますます混乱させるに至った、と指摘されています。[95]

四－一．職業科から、「職業科及び家庭科」へ

一九四九年五月、文部省通達「新制中学校の教科と時間数の改正について」によって、「職業科」は、「職業科及び家庭科」という枠組みとされ、職業科と家庭科は分離独立し、次のような目標・内容を提示しました。[96]

一．必修としての職業科は特定の職業についての専門的な知識や技術の教育をするのではなく、全生徒に必要な各種の職業についての基礎的な知識技能の啓培を主眼とすること。

二．職業科は職業指導と相まって、生徒の個々の興味、適性、能力の発達を促し、生徒が将来の進路を適切に選択する能力を啓培するとともに、生徒の必要と社会の要請にこたえ得るように計画すること。中学校をもって正規の教育を終わろうとする生徒には、職業を得るのに有用な知識と技能を与えるのがよい。

三．必修教科としての家庭科は、「家庭生活のあり方の理解と理想追求への望ましい態度」「家庭生活における実技」及び「近代的民主的社会における家庭科の位置の理解」等を目標とする。

四．家庭科における実習は、職業科における啓発的経験としてみなされる。

五．職業科における啓発的経験（試行課程）及び家庭科における実習としておよそ左のごとき分野を例示することができる。（以下、省略）。

六．選択教科としての職業科及び家庭科は、生徒個々の希望に応じて専門的課程のようにされることが望ましい。

七．職業科及び家庭科は、男生徒及び女生徒がその一方のみを学習すべきものではなく、男女いずれの生徒にも適切と思う単元については両者に学習せしむるべきである。

しかし、同年一二月に、「中学校職業科及び家庭科の取り扱いについて」という通達が出され、一九四七年三月に刊行された学習指導要領（試案）に掲げられていた「職業科」及び「家庭科」は、「職業・家庭科」という教科名に統合、改称されました。ここにみられる短期間の紆余曲折については、「このように極めて短い期間にたびたび職業科のカリキュラムが改変されたのは、根本的に次のような二つの主張が対立して意見の一致を見なかったという事情によるものであった。すなわち、中学校は中等普通教育を施すことを目的としている。ゆえに中学校の職業科はあくまでも職業指導を中心に三年間継続して行うべきである、とする中学校の本質的性格からくる主張と、他方、大部分の生徒は中学校を卒業すれば就職する。だから義務教育を終了する少年たちに、ある程度の技能を習得させ、卒業後かれらが従事するであろう職業への準備を与えるべきだという現実的立場からする主張との対立がそれである。その結果、新学制施行以来職業教育の指導方針は容易に確立しなかった」と説明されています[97]。それに加えて、佐々木亨はその背景に、家庭科教育関係者からの家庭科を独立させる強い意向があったとしています[98]。

一九五一年一二月刊行の中学校学習指導要領の職業・家庭科編（試案）の改訂版で示された職業・家庭科の性格は、「一．中学校における職業・家庭科は実生活に役だつ仕事を中心として、家庭生活・職業生活に対する理解を深め、実生活の充実発展を目ざして学習するものである」、「二．職業・家庭科の仕事は啓発的経験の意義をもつとともに、実生活に役だつ知識・技能を養うものである」、「三．職業・家庭科の教育内容は、地域社会の必要と学校や生徒の事情によって特色をもつものである」、以上の三つでした。

これらを要約すると、（一）実生活に役立つ仕事についての基礎的な知識・技能を養うこと、（二）勤労を重んじ楽しく働く態度を養うこと、（三）家庭生活・職業生活についての社会的・経済的な知識・理解を養い、個性や環境に応じて将来の進路を選択する能力を養うことになります[99]。次に「啓発的経験」（トライ・アウトと同義語）の強調は、生徒が自己の個性を発見し自覚する各種の体験を重視するものです[100]。この内、(一)、(二)は戦前の中学校(旧制)に設けられた「作業科」の目標とまったく同じであり、(三)は、「職業指導」的な目標が中心におかれていることが、指摘されています[101]。

四－二　職業・家庭科から、「技術・家庭科」へ

その後、一九五八年の中学校学習指導要領の全面改訂によって、「職業・家庭科」の内の工的部分と「図画工作」の中の工作の部分を合体して「技術」とし、これに従来の「家庭」の部分を合わせて、新たな「技術・家庭」科となりました。これにともなって、従来の「図画工作」は「美術」に改編され、現在に至っています。なお、従前の「職業指導」の部分はこの教科から外され、「進路指導」として、「学級活動」の中で行うものとしました[102]。

ここまで「職業科」の新設以降の経過の概要をみてきました。職業科は新制中学校の一つの特色科目として新設されましたが、短期間に度々改変が行われ、充分にその役割を果たすことができなかったように思われます。その理由について、松崎巌は「一つには、この教科を総合的に担当できる教員の不足があげられるが、もう一つの理由として、この教科の目的・性格に関して立案関係者の意見の対立が影響したといわれる。すなわち、第一の意見は、中等普通教育の観点から職業指導中心主義をとるものであり、第二の意見は卒業後の職業への対応という観点から、ある程度の技能を習得させるべきだとする職業準備教育中心主義をとるものであった。こうした意見の対立のため職業科実施の基本方向が定まらず、現場の混乱をいっそう助長することとなり、ひいては現場での職業科軽視の結果を招いたといわれる。戦後教育における普通科偏重の傾向は現代の教育にも多くの問題を投げかけているが、中学校職業科の不振に一つの根源をみることができよう」と記しています[103]。

前段で指摘されている担当することができる教員の不足という点は、現在のキャリア教育の実施についてもあてはまることではないかと危惧しています(後述の第八節で詳説)。一方、後段の職業指導中心主義と職業準備教育中

心主義との対立については、その両者の統合を目指した試みが、本書の旧版、第二章、第六節で詳説した、高等学校と職業教育機関との「学校間連携プログラム」であると捉えています。

五．高等学校と専門教育（職業教育）

新制高等学校の発足は一九四八年四月です。高等学校の目的は、「高等学校は、中学校における教育の基礎の上に、心身の発達に応じて、高等普通教育及び専門教育（technical education 当時の英文官報）を施すことを目的とする」（旧学校教育法第四一条）と規定されました[104]。

五－一．高等学校教育課程の目的

教育課程では、その目的として以下の三項目があげられています[105]。

一．中学校における教育の成果をさらに発展拡充させて、国家および社会の有為の形成者として必要な資質を養うこと。

二．社会において果たさなければならない使命の自覚にもとづき、個性に応じて将来の進路を決定させ、一般的な教養を高め、専門的な技能に習熟させること。

三．社会について、広く深い理解と健全な批判力を養い、個性の確立に努めること。

なお、学科の編成は、普通科と専門教育を主とする学科に大別され、後者には、農業、水産、工業、商業、家庭、厚生、商船、外国語、美術、音楽、その他専門教育を施す学科があげられています（高等学校設置基準　昭和二三年省令第一号）[106]。

五－二．普通教育と職業教育の乖離

佐々木亨は、新制高等学校の目的に、後者の「専門教育」が掲げられたのは、「教育刷新委員会での第一回建議事項、二、二中学校に続くべき教育機関について、四 高等学校は、普通教育並びに専門教育を行うものとする」、があったためであると指摘しています[107]。同氏は、高等学校での専門教育と旧制実業学校の実業教育の決定的な違いは、「専門教育といえども心身の発達に応じてなされることが厳しく要求されること、旧制実業学校よりずっと強化された普通教育の基礎の上に専門教育が展開されることであろう」と述べています。また、新制高等学校の目的にみられる「高等普通教育」と「専門教育」という二重の目的を持つとされていることと、その両者を併せ施す点に、高校教育の最も重要な特色があるとしています[108]。佐々木は、この目的の変遷について、「その一つは、「職業教育を主とする学科」では、法の目的の趣旨が貫徹し、常に一定単位数の普通教科科目を課していった。第二に、普通教育を主とする学科の教育課程では、専門教育を併せ施すという目的が一貫して軽視された」、と的確に指摘しています[109]。

戦後の職業教育のあり方についても、同様な細谷俊夫の指摘があります。「新制中学校が旧来の中学校とは根本的にその性格を異にするものであるにもかかわらず、普通教育偏重の傾向を生じ、職業上の啓発的経験を与える使命を担ったはずの職業科が混乱したことなどその一つである。また新制高校が旧制高校の旧弊を墨守し、高等普通教育一本に生きる傾向を帯び、そのため職業課程が軽視される傾向を生むと同時に、勤労青年を対象として登場した定時制課程がいっこうに普及をみないばかりか、かえって衰退の兆候さえ呈するようになったことも、その顕著な一例である」と、現在の中学校・高等学校が直面している諸課題に通底する指摘がなされています[110]。

五－三．戦後改革期の職業教育論

佐々木輝雄は、戦後教育改革期の一九四七年の学校教育法の公布から、一九五一年の産業教育振興法の公布までの間に公刊された当時の職業教育関係論文を分析して、「（一）各改革論が職業教育に対する問題意識においても、又その改革策においても、きわめて多様なものであったこと、（二）各改革論の論争によって、職業高等学校の目的・内容・制度に関し合意を得ようとする努力が、必ずしも、十分に行われたとは云い難いことを指摘できる。諸改革論はかかる問題をはらみながら、しかし少なくとも次の三点において、重要な役割を果したと言える。即ち、（一）「一般的な名辞」の下に構想され、実施されてきた戦後教育制度改革の問題の所在を、より明確に提示したこと、（二）職業教育を単に職業高等学校問題に短絡化するのではなく、高等学校教育さらには全学校教育・社会教育問題として捉えるべきことを提示したこと、（三）職業教育の存在価値を単に「役に立つ」か否かに矮小化せず、その価値を、人間形成的意味を含めて考えようとしたこと等である。これ等のことは、戦後教育改革の構想においても、又その実施の過程においても、余り考慮されなかったことであった」と論考の最後に叙述しています[111]。

佐々木輝雄が指摘した特に後者の（二）、（三）については、「キャリア教育」が喧伝される今日においても、現在的課題であると筆者は受けとめると共に、J・デューイの「生産の究極的な目的は、商品の生産にあるのではなく、対等の立場でお互いに連帯する自由な人間を生み出すことにある」という言葉を想起しました[112]。

五-四．中等教育が抱える歴史的・構造的問題

その後の普通科と職業科の在籍生徒数の推移をまとめたものが、表4です。一九七〇年までには一部の県

表4　高等学校学科別生徒数の推移（%）

	普通科	職業科	その他の専門学科	総合学科
1955年	59.9	40.1	0.1	
1960年	58.3	41.5	0.1	
1965年	59.5	40.3	0.2	
1970年	58.4	40.8	0.6	
1975年	63.0	36.3	0.7	
1980年	68.2	31.1	0.7	
1985年	72.1	27.1	3.8	
1990年	74.1	24.9	1.0	
1995年	74.2	23.8	1.9	0.1
2000年	73.3	22.5	2.5	1.7
2005年	72.6	20.8	2.8	3.8
2010年	72.3	19.5	3.1	5.1
2015年	72.8	18.5	3.2	5.3
2020年	73.1	18.0	3.5	5.5

（文部科学省『学校基本調査』をもとに作成。「総合学科」は，1994年度より制度化。「その他の専門学科」には，理数，体育，音楽，美術，外国語，国際関係等の学科がある）

を除き、ほぼ普通科六対職業科四の構成でした。[113] それ以降は徐々に普通科在籍者が増加し、八〇年代には、七割を超えて現在に至っています。

表４に明らかなように、現在の普通科高等学校の在籍者（率）は、七割を超えています。上述の佐々木輝雄がまとめた三点の重要な課題の解決をせず、佐々木亨の「普通教育を主とする学科の教育課程では、専門教育を併せ施すという目的が一貫して軽視された」、まさにその普通科において、将来のキャリア形成に「役に立つか否か」を、最重要視した「キャリア教育」の徹底化が喫緊の課題とされています。これに対して、両氏が主張してきた、人間形成と職業教育という観点から、諸課題の解決に取り組むことが必要です。筆者は現状の中等教育が抱える諸課題の根源はそこにあると考え、その解決策の実践的試行に取り組んでいます。

六．新設の「社会科」と職業

職業に関わる教育は、職業指導だけではなく、戦前から修身、公民科の中でも行われてきました。一九三三年に修正の『高等小学校修身書』の巻一、第一四課、一九三五年の『公民科教科書』の上巻、四には、職業が項目として掲げられています。[114]

敗戦後の一九四五年一一月に、文部省の中に「公民教育刷新委員会」が設けられました。委員会は、一二月に文部大臣に対して公民教育に関する答申（第一号および第二号）を行い、答申第一号の中で公民教育の目標については、「公民教育ハ総テノ人ガ家族生活・社会生活・国家生活・国際生活ニ於テ行ツテヰル共同生活ノヨキ構成者タルニ必要ナル智識技術ノ啓発トソレニ必須ナル性格ノ育成」としています。[115] 同月三一日には、ＧＨＱの指令で、修身・日本歴史・地理の授業停止と教科書の廃棄が命ぜられました。文部省は上記の答申を受けて、翌一九四六年九月に『国民学校公民教師用書』、一〇月には『中等学校青年学校公民教師用書』を刊行配布しました。両書は、その後刊行されることになる『学習指導要領』と同様の内容でした。その中で公民教育の目的として「共同生活のよき一員として必須な性格を育成するとともに必要な知識技能を啓発すること」としています。同書の公民教材配当表の中の「社会生活」には、（二）職業と例示されています[116]。

以下の学習指導要領に関わる記述に際しては、「学習指導要領データインデックス」（このデータベースは、文部省及び文部科学省が作成し、発表または施行した全ての学習指導要領等についての全文データベースである）から全て引用しました[117]。

六－一．中学校学習指導要領と「職業」

一九四六年一二月の教育刷新委員会の建議にもとづき、社会科を含むカリキュラムが決定しました[118]。総司令部民間情報教育局（ＣＩＥ）との折衝のうえで、一〇月頃には社会科委員会をつくり、アメリカ各州や各都市の「Course of Studies（教師指導書）」や、「Social Studies（「社会認識教育」）」の教科書を検討しました[119]。新設された「社会科」には、現在に至るまで一貫して職業に関わる指導事項があります。例えば、一九四七年三月刊行の学習指導要領社会科（Ⅱ）（試案）の第九学年（中学校三年）の単元四は、職業選択、進学と職業指導、種々の職の内容とその歴史的変遷について例示しています。そして職業指導協会編の「職業指導」という書物は、この単元の学習を発展させる資料となるだろう、と記しています。その後、一九五一年の一般社会科学習指導要領（試案）では、第二学年、第四単元に「職業はわれわれの生活に、どんな意味をもっているか」、その後は一九五八年の中学校学習指導要領では、第三学年に「現代の社会生活と文化」に、「職業と社会生活」、一九六九年には、第三学年「社会生活」に「職業と生活」、一九七七年の公民的分野、「国民生活の向上と経済」には「職業と生産活動―職業が生産活動に果たす役割及び勤労の権利と義務に関連させて、職業生活の意義について理解させる。その際、労働組合の意義及び労働基準法の精神について理解させる」、一九八九年の公民的分野、「国民生活の向上と経済」には「生活と経済―身近な消費生活を中心に経済活動の意義とあらましを理解させる。その際、価格の働きや物価の動き、貯蓄、保険、租税などを取り上げるとともに、現代の生産の仕組みと関連させて社会における企業の役割について理解させる。また、社会生活における職業の意義と役割を考えさせるとともに、勤労の権利と義務、労働組合の意義及び労働基準法の精神について理解させる」、一九九八年の公民的分野、「国民生活と経済」には「私たちの生活と経済―身近な消費生活を中心に経済活動の意義を理解させるとともに、価格の働きに着目させて市場経済の基本的な考え方について理解させる。また、現代の生産の仕組みのあらましや金融の働きについて理解させるとともに、社会における企業の役割と社会的責任について考えさせる。その際、社会生活における職業の意義と役割及び雇用と労働条件の改善について、勤労の権利と義務、労働組合の意義及び労働基準法の精神と関連付けて考えさせる」、と明記され、一貫して中学校の社会科で「職業の意義」「労働基準法の精神」について考えさせることとしています。

そして、二〇〇八年改正の前学習指導要領でも前回とほぼ同様の内容となっています。これらの項目を概観すると、社会科は職業指導の一部を担っていることがわかります。しかし、このことは中学校の社会科で、このような教育が実際に行われていることを意味するものではないことに留意する必要があります。二〇数年にわたる高等学校の地歴科担当教員として高校生に接してきた経験では、職業に関わる事項はほとんど身についていないことを痛感しました。その背景には筆者が高等学校教員になった七〇年代後半以降には、中学校卒業生の就職者が極めて少ないという実態があったと推測しています。一九五〇年の中卒の就職者は、卒業生のおよそ半数を占める四五・二%でした。その後一〇年ごとの推移をみると、六〇年に四割をきって三八・六%、七〇年には二割をきる一六・三%、八〇年が三・九%、九〇年が二・八%、二〇〇〇年が一・〇%、二〇一〇年は、〇・四%、そして、二〇二〇年には、わずか〇・一%へと激減してきました[120]。

ただし、校内に、数名しか就職者がいないという状況にあっても、その就職志望者の内定を実現させるため、中学校の就職担当の先生方が熱心に、ハローワークでの相談や企業訪問をしている姿を、度々目にしてきたことを、明記しておきます[121]。

六－二．新たに高等学校の教科となった「産業社会と人間」

一方、一九九九年三月告示の高等学校学習指導要領においては、「学校設定教科に関する科目」として、新たに「産業社会と人間」を設けることができる、とされました。「この科目の目標、内容、単位数等を各学校において定めるに当たっては、産業社会における自己の在り方生き方について考えさせ、社会に積極的に寄与し、生涯にわたって学習に取り組む意欲や態度を養うとともに、生徒の主体的な各教科・科目の選択に資するよう、就業体験等の体験的な学習や調査・研究などを通して、次のような事項について指導することに配慮するものとする。

ア　社会生活や職業生活に必要な基本的な能力や態度及び望ましい勤労観、職業観の育成

イ　我が国の産業の発展とそれがもたらした社会の変化についての考察

ウ　自己の将来の生き方や進路についての考察及び各教科・科目の履修計画の作成」

と記されて、職業観の育成、産業社会の理解、将来の進路選択が指導事項として掲げられています。また、総合学科においては、「産業社会と人間」を全ての生徒に原則として入学年次に履修させることとしています。

手元にある複数の『産業社会と人間』の教科書の内容を参照すると、おおよそ次のような章立て（教科書によって順番は異なる）になっています[122]。一．自己理解、二．生きることの意味・働くことの意義、三．社会理解・職業理解、四．進路選択にあたって就業体験・進路情報の収集などとあって、「職業指導」的な内容であることがわかります。

六－三．高等学校公民科と職業

現行の高等学校学習指導要領解説 公民編（二〇一八年七月告示）では、（3）主として経済に関わる事項で、「職

業選択については、現代社会の特質や社会生活の変化との関わりの中で職業生活を捉え、望ましい勤労観・職業観や勤労を尊ぶ精神を身に付けるとともに、今後新たな発想や構想に基づいて財やサービスを創造することの必要性が一層生じることが予想される中で、自己の個性を発揮しながら新たな価値を創造しようとする精神を大切にし、自らの幸福の実現と人生の充実という観点から、職業選択の意義について理解できるようにする。その際、「産業構造の変化やその中での起業についての理解を深めることができる」ことが必要であり、グローバル化や人工知能（ＡＩ）の進化などの社会の急速な変化が職業選択に及ぼす影響を理解できるようにするとともに、新たな発想に基づいて財やサービスを創造する必要が予想される中で、社会に必要な起業によって、革新的な技術などが市場に持ち込まれ経済成長が促進されるとともに、新たな雇用を創出するなど経済的に大きな役割を果たしている企業もあることを理解できるようにすることが考えられる。なお、実際に職業を選択する前には、特別活動などにおいてインターンシップ（事業所等における就業体験）に参加することなどによって働くことの意義について「具体的な体験を伴う学習」（各科目にわたる指導計画の作成と内容の取扱い）を通して考察することが考えられる」、その後3　指導計画の作成と指導上の配慮事項において、「イこの科目においては、教科目標の実現を見通した上で、キャリア教育の充実の観点から、特別活動などと連携し、自立した主体として社会に参画する力を育む中核的機能を担うことが求められることに留意すること」と記されていますが、実情は、座学中心の学習になりがちで、就業体験活動が少ないことが大きな課題です。

前述した「産業社会と人間」は、高等学校の総合学科では必履修科目ですが、高等学校普通科ではほとんど履修されていません。また、「探求的な学習の時間」の内容を本務校の受講生を対象に調査したところ、六割は進路先の大学・専門学校について調べる「進路学習」で、兼任講師として出講している都内の私立大学でも同様でした。このような実情であったため、高等学校の普通科在籍者は、職業について学習する機会がほとんどない、といっても過言ではありません。

七．戦後の中学校・高等学校での「職業指導・進路指導」の展開

戦後の学校教育での職業指導・進路指導の学習指導要領で示された内容と位置づけを概観すると、以下の四期に大別することができます[123]。

七－一．「職業」及び「職業指導」という教科での指導

第一期は、一九四六年～一九五七年までです[124]。一九四七年三月に学校教育法が公布され、同法の中学校教育の目標の一つとして「社会に必要な職業についての基礎的な知識と技能、勤労を重んずる態度及び個性に応じて将来の進路を選択する能力を養うこと」（第三十六条の二）、高等学校教育の目標の一つとして、「社会において果たさなければならない使命の自覚に基づき、個性に応じて将来の進路を決定させ、一般的な教養を高め、専門的な技能に習熟させること」（第四十二条の二）を掲げ、学校教育における職業指導の目標が明示されました[125]。

一九四七年三月刊行の戦後初の学習指導要領一般編（試案）で、中学校の必修・選択教科として「職業」が設けられました。「職業」は、この教科に属する農業・商業・水産・工業・家庭の五つの科目から一つ以上を選択履修するものでした（一九四九年からは、「職業・家庭科」）。職業科は男女にかかわらず五教科から一科目又は数科目を選択して学習しますが、「生徒がどの科目を選択するかについては、その将来の生活について、十分考えるように指導して、これを決定させる」とされています[126]。その他に「職業指導」の学習指導要領では、「職業指導とは、個人が職業を選択し、その準備をし、就職し、進歩するのを援助する過程である」と定義され、教科を通じて「職業指導」が行われていた時期といえます[127]。しかし、『職業指導－中学校用』（一九四七年）の教科書の内容については、「新しい発足をした民主教育の高い理想に比して、また、当時の社会科をはじめ各教科において戦前からの民主的遺

産を汲みあげながら開始された教育実践の水準とくらべて、日本職業指導協会にのみ発行を許された教科書の「職業」観は、当時の現実の正確な認識を基礎としておらず、きわめて体制順応的なものであり、民主教育にふさわしいものとはいえなかった」という指摘があります[128]。一方、一九五三年一一月の「学校教育法施行規則の一部を改正するための省令」の制定によって、職業指導主事の制度化が実現しました。

他方、「新制高等学校の教科課程に関する件」（文部省、一九四七年四月七日）では、三種の教育課程（教科課程）が提示されました。（一）高等普通教育を主とする教育課程の「進学課程」と「職業課程」の二種、そして（二）「実業を主とする教科課程」の二九種で、合計三一種が設定されました。また、定時制高等学校が、民主主義社会を志向する観点から勤労者への学習の道を開くために積極的に位置づけられ、転学と弾力的な学習を可能にする単位制が採用されることになりました[129]。『学習指導要領　一般編（試案）』の一九五一年改訂版では、「高等学校には普通教育を主とする課程と、職業教育を主とする課程がある」と二分し、前者を「普通課程」、後者を「職業課程」とし、農業・工業・商業・水産・家庭技芸などいっそう広く深く専門的に学習し、卒業後、それを自己の職業として選択しようとする生徒によって選ばれる課程である」と位置づけられました[130]。

戦後改革期の学習指導要領には、J・デューイの経験主義が影響を与えていたことは周知のことです。例えば、上述の『学習指導要領　一般編（試案）』の一九五一年改訂版の「教育課程とは何を意味しているのか」には、「本来、教育課程とは、学校の指導のもとに、実際に児童・生徒がもつところの教育的な諸経験、または、諸活動の全体を意味している。これらの諸経験は、児童・生徒と教師との間の相互作用、さらに詳しくいえば、教科書とか教具や設備というような物的なものを媒介として、児童・生徒と教師との間における相互作用から生じる。これらの相互のはたらきかけあいによって、児童・生徒は、有益な経験を積み教育的に成長発達するのである。しかも、児童・生徒は一定の地域社会に生活し、かつ、それぞれの異なった必要や興味をもっている。それゆえ、児童・生徒の教育課程は、地域社会の必要、より広い一般社会の必要、およびその社会の構造、教育に対する世論、自然的な環境、児童・生徒の能力・必要・態度、その他多くの要素によって影響されるのである。これらのいろいろな要素が考え合わされて、教育課程は個々の学校、あるいは個々の学級において具体的に展開、されることになる」と記され、教育課程は「教育的な諸経験」と「諸活動の全体」であるとしています。この点は、まさにJ・デューイの経験主義といいえます。

七－二．学級活動及びホームルームで行う「進路指導」

第二期は、一九五八年から一九六八年です。五八年三月に告示された『中学校学習指導要領』において、特別教育活動（生徒会活動、クラブ活動、学級活動の三領域）の学級活動の中に、「将来の進路選択に関する活動」の内容が以下のように明示されています。

特に将来の進路の選択に関する活動においては、次の事項についての指導（進路指導）を行うことが必要である。

一．自己の個性や家庭環境などについての理解

自己分析をしたり、諸検査の結果を検討したりして、各自の個性や家庭環境を理解するとともに、それらと学習や進路との関連、学習や進路の計画・相談の必要、進路選択の一般的めやすなどについて理解すること。

二．職業・上級学校などについての理解

職業については、産業との関連を考慮して、仕事の内容、社会的な役割、資格その他の諸条件、就職の機会などの概要について理解するとともに、上級学校や学校以外の教育施設などについては、将来の職業との関連を中心にして、それらの内容を理解すること。

三．就職（家事・家業従事を含む）や進学についての知識

求人申込の状況、事業所の要求、事業所の選び方、進学先の特色と選び方採用試験、卒業者の進路状況などに

ついて知ること。

四．将来の生活における適応についての理解

職業生活と学校生活との相違、将来の生活への適応のしかたなどについて理解すること。

これらが、当時の進路指導の関係者がいうところの「三理解一知識」です。この内容を「進路指導の六領域」の観点から読み直すと、「啓発的な経験の促進」を除く、五領域が含まれていることがわかります。本改訂で、「生徒の進路、特性に応ずる教育」で、中学校三年生からの選択制が大幅に採用され、選択教科は、外国語の他に農業・工業・商業・水産・家庭科、さらには、数学・音楽・美術など九科目に及びました。以後、中学校では、進学・就職の二コースが実態として進行していくことになりました[131]。また、「職業・家庭科」が廃止され、「技術・家庭科」が新設されました。従来の職業指導は、上記引用のように、「進路指導」とその名称が変更され、中学校では学級活動の中で行われることになりました。

高等学校では、一九六〇年一〇月告示の学習指導要領で、特別教育活動の中のホームルームで、進路の選択・決定やその後の適応に関する問題として、「進路指導」が行われることとなりました。指導上の留意事項として、「進路の選択決定やその後の適応に関する問題」については、最終学年のみでなく、毎学年計画的に指導することが必要である、と記されています。また、能力・適性・進路に応じてコース分けが提案され、学習指導要領（付録三）の全日制の課程の普通科における基本的類型として、A類型（どの教科にも比較的片寄らないもの）、B類型（国・社・数・理・外の五教科に重点をおくもの）が、掲載されています。A・Bの類型区分は、教科内の細分化へと反映し、世界史A・B、物理A・Bなどとなりました。前者は高校卒業後に就職、後者は大学への進学を想定したものです。そして、主な進路指導は、学級担任が行うことになりました。

当時の進路指導のあり方に関わる記述を紹介します。「自分の進路計画、学習の計画を立案するにも、進路を選択

するにも、自校の卒業生の進路先を研究、調査することが必要です。卒業生の進路先は、進学・就職・その他に分かれますが、(一) 自分の希望した進路を実現した人、(二) 実現することができなかった人、(三) 現状に不満であるがどうやら希望を達成した人など、進学、就職、その他いずれにせよ、各自さまざまに進路を決定し、自己の生活設計に努力しています。その状況を調べて、自分の進路計画の立案と反省の資料にしたり、自分の学習計画とどんな関係があるか研究してみなければなりません」と書かれています。[132] 一九六三年度三月高等学校卒業生は、約九九万人で、就職者は六三・四％を超え、進学者は二〇・一％、でした。この進路選択観は、現在、在籍している学校を基点にして将来の進路を考えるというものです。今の時点からみると、これで進路指導といえるのか疑問です。生徒に進路状況を踏まえさせたうえで、分に応じるだけでなく、自分が志望する進路の実現に向けて、教育行為が介在していく必要があったのだと思います。

七－三．学校の「教育全体を通じての指導」と「体験的学習」の重視

第三期は、一九六九年から一九九七年です。一九六九年四月告示の中学校学習指導要領の総則で、個々の生徒の能力・適性等の的確な把握に努め、その伸長を図るように指導するとともに、適切な進路の指導を行うようにすることと、改めて進路指導の重要性が明示されました。進路指導は、特別活動の「学級指導」に、(四) 進路の選択に関することと位置づけられました。また、一九七一年一二月の「学校教育法施行規則の一部を改正するための省令」の制定によって、「職業指導主事」から「進路指導主事」へと名称が変更されました。

一九七〇年一〇月告示の高等学校学習指導要領の編成の方針では、「地域や学校の実態及び生徒の能力・適性・進路等を十分考慮し、課程や学科の特色を生かした教育ができるように配慮して、適切な教育課程を編成するものとする」と記されています。また、総則において初めて、次の事項について配慮するものとするとして、「個々の生徒の能力・適性等の的確な把握に努め、その伸長を図り、生徒に適切な各教科・科目や類型を選択させるように指

導するとともに、進路指導を適切に行うこと。特に心身に障害のある生徒については、生徒の実態に即した適切な指導を行うこと」、また、教育課程編成にあたって配慮すべき事項には、「生徒の能力・適性・進路等に応じてそれぞれ適切な教育をほどこすため、必要により、教育課程の類型を設け、そのいずれかの類型を選択して履修させるようにすること。この場合、その類型において履修させることになっている各教科・科目以外の各教科・科目を履修させたり、生徒が自由に選択履修することのできる各教科・科目をも設けるようにすること」と記され、中学校と同様に高等学校においても総則で、進路指導の位置づけとともに、類型の指示（「多様化」）が明示されました。多様化の方針のもとで、職業学科の総数は四四（従前三八）と増加しました[133]。職業に関する教科指導の留意事項として、「職業に関する各教科・科目については、現場実習をもって実習に替えることができること」とされ、事業所での作業をもって「実習」と読み替えることが認められました。

第三期の当初、六〇年代末から、七〇年代初頭にかけては、全国の高等学校で、大学闘争とともに高校闘争が起き、東京の都立上野高等学校では、一九六九年秋から数年間にわたって自主ゼミ闘争が継続していました。当時校長を務めていた森杉多は当時の普通科高等学校の教育のあり方に関わって、「実験・実習や労働の必要が痛感される。工業高校や農業高校などにおいては、実験・実習・労働が教師・生徒の共同で行われるが、そこには普通科の教科指導や教科外活動の指導に取り入れるべき、優れた教育場面が展開されている」と、七〇年代当時から普通科の高等学校の問題点を指摘しています[134]。

他方、一九七七年七月告示の中学校学習指導要領の総則において、初めて「学校の教育活動全体を通じて、個々の生徒の能力・適性等の的確な把握に努め、その伸長を図るように指導するとともに、計画的、組織的に進路指導を行うようにすること」と記されました。その後現在まで進路指導のキーワードとなる、「学校の教育活動全体を通じて」という文言がここに明記されました。翌年、一九七八年八月告示の高等学校学習指導要領の総則では、「学校においては、地域や学校の実態等に応じて、勤労にかかわる体験的な学習の指導を適切に行うようにし、働くことや創造することの喜びを体得させるとともに望ましい勤労観や職業観の育成に資するものとする」と記され、「勤労にかかわる体験的な学習の指導を適切に行う」という文章が新たに追加されています。これは、前年の『中学校・高等学校進路指導の手引き―指導主事編―』において、進路指導の六領域が明示され、その中の「啓発的経験の促進」を踏まえたものであることが、推測できます。

八〇年代当時の進路指導に関わる文献（中西信男・那須光章）では、進路選択の過程を以下のように説明しています。「まず、自分の進路決定をするとき、どのような方向を選ぶかは、その進路をとることが可能かどうかによるという方式です。現在の受験産業では、いわゆる「偏差値」によって、合格の確率は何パーセントというような形で受験生に知らされるので、比較的情報としては得やすい資料です。また国公立大学の場合では、共通一次の成績によって改めて自分の志望大学を変更することができるので、合否の確率の精密度はかなり高くなったといえます。進むべき大学を決めるもう一つの基準は、大学で学ぶ目的や、その大学に入学して得られる価値です」とあり、前段が当時の高等学校で実施されていた「進学指導」の典型的なあり方です[135]。

他方、同時期の進路指導を教育社会学の視点から研究した文献（山村健・天野郁夫編）の「進路選択過程」についての叙述では、「人間の一生は選択の連続であるとも言える。生まれてから死にいたるまで、人は、意図するとしないとに拘わらず、様々の選択をしている。しかも、一つの選択は後の選択になんらかの影響を及ぼすことが多い。特に進路に関わる選択の場合はそうである。―中略―このような進路選択の過程は航海に喩えられよう。―中略―しかし、人生航路すなわち進路選択過程は船の航路と次の点で異なる。船の航海の場合、一般に、目的地は予め決まっており、その目的地に向けて船は最も適切な予定航路を進んでいく。それに対して、人々の進路選択過程では、目的地は多くの場合、予め定まっていない。むしろ、目的地を捜し、決定し、変更することこそ重要である。その限りにおいて、進路選択過程は極めて個人的で主体的な選択の過程であると言える。それにもかかわらず、進路選択過程は個々人にとって全く自由な選択の過程だというわけではない。そこには一定のメカニズムがあり、個々人の選択に様々な規制を加えている」とし、進路選択の過程には、さまざまな要因が関わっていることを明らかにしています。[136]

一九八九年三月告示の中学校学習指導要領の総則の進路指導に関わる文言は、「生徒が自らの生き方を考え主体的に進路を選択することができるよう、学校の教育活動全体を通し、計画的、組織的な進路指導を行うこと」へと大幅に変更されました。また、「学級活動」の中の「将来の生き方と進路の適切な選択に関すること」の例示項目として、「進路適性の吟味、進路情報の理解と活用、望ましい職業観の形成、将来の生活の設計、適切な進路の選択など」があげられています。

高等学校学習指導要領も同時に告示され、総則では、「学校においては、地域や学校の実態等に応じて、勤労や奉仕にかかわる体験的な学習の指導を適切に行うようにし、働くことや創造することの喜びを体得させ、望ましい勤労観、職業観の育成や奉仕の精神の涵《かん》養に資するものとする」、次の配慮する事項に「生徒が自らの在り方生き方を考え、主体的に進路を選択することができるよう、学校の教育活動全体を通じ、計画的、組織的な進路指導を行うこと」、そしてホームルーム活動における「将来の生き方と進路の適切な進路決定に関すること」の項に、「進路適性の理解、進路情報の理解と活用、望ましい職業観の形成、将来の生活の設計、適切な進路の選択決定、進路先への適応など」が、新たに追加されました。これらは、ほぼ「進路指導の六領域」と同じものです。また、本改定で家庭科は男女共修となり、一九九四年度入学者から実施されました。これは、国連総会において一九七九年に採択された「女子に対するあらゆる形態の差別の撤廃に関する条約」（女性差別撤廃条約）を、日本が一九八五年に批准したことによって実現したものです。

第三期の後半の進路指導の文献（乾彰夫・光岡博美・斉藤武雄・大根和夫・大田政男・若菜俊文・吉村姈子・小島昌夫）では、「自分にふさわしい職業を選ぶ」ためには、次の二つの側面が重要だとして、以下のように説明されています。「まず、自分は何がしたいのか。どのような分野に興味があるのか。なににやりがいを見いだすのか。

自分が大切に思う生きかたや考えかたはなんであるのか。このことを、あれこれの条件（能力、その他）を考えずに、まず明らかにすることだ。もうひとつは、自分になにができて、なにができないのかということだ。ひとつの仕事につくからには、それをやりとげる能力がなければならない。体力、健康、学力などはもちろん、興味、欲求を含めた、自分自身の「適性」とよばれる能力を見つめることだ。これらをつかむために、各種の「能力・適性検査」「性格検査」などを利用することもあるだろう。しかし、検査やテストは、今ある自分をかぎられた目的でつくった特定のものさしで測るにすぎない。自分でも気がつかなかった能力や、可能性をつかむためには、高校三年間の授業、クラブ、ＨＲ、生徒会、行事などの諸活動の荒波に、自分自身をぶつけ、そこで「自分をつかむ」ことが重要だ。―中略―こうしてみると、高校三年間全体が、自分をつかむ、一連の進路選択行動ともいってよい」とされ、学習指導要領の学校教育全体を通じて、主体的に進路選択を行うということと同一の歩調であることがわかります。また、「進学指導」的な側面はみられず、「体験を通じて自己の適性を見出す」という指導観の背景に「進路指導の六領域」があることがわかります[137]。

七－四．「総合的な学習の時間」と「キャリア教育の登場」

第四期は、一九九八年から二〇〇七年までです。一九九八年一二月告示の中学校学習指導要領の教育課程では、「総合的な学習の時間」が新たに編成されました。そのねらいの一つに「学び方やものの考え方を身に付け、問題の解決や探究活動に主体的、創造的に取り組む態度を育て、自己の生き方を考えることができるようにすること」と記され、総則では、「生徒が学校や学級での生活によりよく適応するとともに、現在及び将来の生き方を考え行動する態度や能力を育成することができるよう、学校の教育活動全体を通じ、ガイダンスの機能の充実を図ること」と、ガイダンス（教育相談）の必要性をあげました。また、学級活動では「学業生活の充実、将来の生き方と進路の適切な選択に関すること」として、「学ぶことの意義の理解、自主的な学習態度の形成と学校図書館の利用、選択教科等の適切な選択、進路適性の吟味と進路情報の活用、望ましい職業観・勤労観の形成、主体的な進路の選択と将来設計など」と、新たに「学ぶことの意義」が加わっています。

一九九九年三月告示の高等学校学習指導要領の総則では、「学校においては、地域や学校の実態等に応じて、就業やボランティアにかかわる体験的な学習の指導を適切に行うようにし、勤労の尊さや創造することの喜びを体得させ、望ましい勤労観、職業観の育成や社会奉仕の精神の涵養《かん》に資するものとする」と、新たに就業体験やボランティア活動が追加されました。教育課程では「総合的な学習の時間」が新たに編成され、学習活動では「生徒が興味・関心、進路等に応じて設定した課題について、知識や技能の深化、総合化を図る学習活動、自己の在り方生き方や進路について考察する学習活動」が例示され、活動にあたって配慮する事項として「自然体験やボランティア活動、就業体験などの社会体験、観察・実験・実習、調査・研究、発表や討論、ものづくりや生産活動など体験的な学習、問題解決的な学習を積極的に取り入れること」が、指導にあたって配慮すべき事項に「学校図書館の活用、他の学校との連携、公民館、図書館、博物館等の社会教育施設や社会教育関係団体等の各種団体との連携、地域の教材や学習環境の積極的な活用などについて工夫すること」があげられました。また、普通教育に関する教科として新たに「情報」が必修となりました。その目標は、「情報及び情報技術を活用するための知識と技能の習得を通して、情報に関する科学的な見方や考え方を養うとともに、社会の中で情報及び情報技術が果たしている役割や影響を理解させ、情報化の進展に主体的に対応できる能力と態度を育てる」こととされています。

なお、一九九九年の中央教育審議会答申「初等中等教育と高等教育との接続の改善について」において、初めて、「キャリア教育を小学校段階から発達段階に応じて実施する必要がある」とされたのです。なお、現行のキャリア教育に関わる諸施策については、第二章でその詳細をみることにします。

二〇〇八年三月に告示された中学校学習指導要領の改訂点は、総合的な学習の時間では、「職業や自己の将来に関する学習を行う際には、問題の解決や探究活動に取り組むことを通して、自己を理解し、将来の生き方を考えるなどの学習活動が行われるようにすること」、特別活動の学級活動では、「学ぶことと働くことの意義の理解、自主的な学習態度の形成と学校図書館の利用、進路適性の吟味と進路情報の利用、望ましい勤労観・職業観の形成、主体的な進路の選択と将来設計」が新たに示されました。

翌年、二〇〇九年三月に告示された高等学校学習指導要領の改訂点は、教育課程の実施等にあたって配慮すべき事項で、「生徒が自己の在り方生き方を考え、主体的に進路を選択することができるよう、学校の教育活動全体を通じ、計画的、組織的な進路指導を行い、キャリア教育を推進すること」「学校がその目的を達成するため、地域や学校の実態等に応じ、家庭や地域の人々の協力を得るなど家庭や地域社会との連携を深めること。また、高等学校間や中学校、特別支援学校及び大学などとの間の連携や交流を図るとともに、障害のある幼児児童生徒などとの交流及び共同学習や高齢者などと交流の機会を設けること」が明示されています。

さらにホームルーム活動の内容として、「学業と進路」で、「学ぶことと働くことの意義の理解、主体的な学習態度の確立と学校図書館の利用、教科・科目の適切な選択、進路適性の理解と進路情報の活用、望ましい勤労観・職業観の確立、主体的な進路の選択決定と将来設計」の六項目が例示されています[138]。

他方、職業教育に関して配慮すべき事項では、「学校においては、キャリア教育を推進するために、地域や学校の実態、生徒の特性、進路等を考慮し、地域や産業界等との連携を図り、産業現場等における長期間の実習を取り入れるなどの就業体験の機会を積極的に設けるとともに、地域や産業界等の人々の協力を積極的に得るよう配慮するものとする」とされました。

七－五．「要《かなめ》としての学級活動・ホームルーム活動」

現行の中学校学習指導要領は、二〇一七年三月に告示されました。総則、第四の生徒の発達支援において、「(3)生徒が、学ぶことと自己の将来とのつながりを見通しながら、社会的・職業的自立に向けて必要な基盤となる資質・能力を身に付けていくことができるよう、特別活動を要としつつ各教科等の特質に応じて、キャリア教育の充実を図ること。その中で、生徒が自らの生き方を考え主体的に進路を選択することができるよう、学校の教育活動全体を通じ、組織的かつ計画的な進路指導を行うこと」、とされました。さらに、第5章、特別活動「第2　各活動・学校行事の目標及び内容〔学級活動〕（3）一人一人のキャリア形成と自己実現

ア　社会生活、職業生活との接続を踏まえた主体的な学習態度の形成と学校図書館等の活用　現在及び将来の学習と自己実現とのつながりを考えたり、自主的に学習する場としての学校図書館等を活用したりしながら、学ぶことと働くことの意義を意識して学習の見通しを立て、振り返ること。

イ　社会参画意識の醸成や勤労観・職業観の形成　社会の一員としての自覚や責任をもち、社会生活を営む上で必要なマナーやルール、働くことや社会に貢献することについて考えて行動すること。

ウ　主体的な進路の選択と将来設計　目標をもって、生き方や進路に関する適切な情報を収集・整理し、自己の個性や興味・関心と照らして考えること」、と述べられています。

続いて、高等学校の学習指導要領が、二〇一八年三月に告示されました。総則、第五款の生徒の発達支援において、「（3）生徒が、学ぶことと自己の将来とのつながりを見通しながら、社会的・職業的自立に向けて必要な基盤となる資質・能力を身に付けていくことができるよう、特別活動を要としつつ各教科・科目等の特質に応じて、キャリア教育の充実を図ること。その中で、生徒が自己の在り方生き方を考え主体的に進路を選択することができるよう、学校の教育活動全体を通じ、組織的かつ計画的な進路指導を行うこと」、とされました。さらに、第5章の特別活動、「第2各活動・学校行事の目標及び内容〔ホームルーム活動〕2内容、（3）一人一人のキャリア形成と自己実現

ア　学校生活と社会的・職業的自立の意義の理解　現在及び将来の生活や学習と自己実現とのつながりを考えたり、社会的・職業的自立の意義を意識したりしながら、学習の見通しを立て、振り返ること。

イ　主体的な学習態度の確立と学校図書館等の活用　自主的に学習する場としての学校図書館等を活用し、自分にふさわしい学習方法や学習習慣を身に付けること。

ウ　社会参画意識の醸成や勤労観・職業観の形成　社会の一員としての自覚や責任をもち、社会生活を営む上で必要なマナーやルール、働くことや社会に貢献することについて考えて行動すること。

エ　主体的な進路の選択決定と将来設計　適性やキャリア形成などを踏まえた教科・科目を選択することなどについて、目標をもって、在り方生き方や進路に関する適切な情報を収集・整理し、自己の個性や興味・関心と照らして考えること」、とされ、ホームルーム活動が、キャリア形成の基盤とされました。

この点について、『高等学校　学習指導要領解説』の総則では、第3章で、「地域や産業界等との連携を図り、産業現場等における長期間の実習を取り入れるなどの就業体験活動の機会を積極的に設ける」、さらに、第6章で、「キャリア教育を効果的に展開していくためには、特別活動のホームルーム活動を要としながら、総合的な探究の時間や学校行事、公民科に新設された科目「公共」をはじめとする各教科・科目における学習、個別指導としての教育相談等の機会を生かしつつ、学校の教育活動全体を通じて必要な資質・能力の育成を図っていく取組が重要になる。」と述べ、教科等を通した学校での学びのうえで、就業体験活動等を今後の学びや生活にフィードバックさせることで、自己及び社会の将来を見通す力の育成が期待されています。

これまで述べてきた現行の学習指導要領は、二〇二一年度から中学校で全面実施され、高等学校においては、二〇二二年度から、順次、年次進行で実施されています。学校の「教育活動全体」を通した、計画的・体系的なキャリア教育支援態勢のもとで、「学級活動・ホームルーム活動」を要として、生徒一人ひとりが、「社会的・職業的自立」を目指すことが求められています。

七-六．キャリア教育と「社会的・職業的自立」

現在の中学・高等学校の学習指導要領でキャリア教育のキーワードとなった「社会的・職業的自立」という用語は、キャリア教育の研究者には、すでに聞きなれた言葉です。文部科学省関連の文章に、いつ、どのような経緯で出てきたのかを見ていくことにします。管見の限り、最初に目にしたのは、「今後の学校におけるキャリア教育・職業教育の在り方について」（審議経過報告）中央教育審議会　キャリア教育・職業教育特別部会　二〇〇九年七月三〇日でした。この報告をもとに、「社会的・職業的」自立の意味を読み取ることにします。この特別部会は、二〇〇八年一二月に、今後の学校におけるキャリア教育・職業教育の在り方について、文部科学大臣から諮問を受け、二〇〇九年一月、総会直属の部会として設置され、審議を始めました。審議開始から、半年が経過した段階で審議経過の概要をまとめた報告書が出されました[139]。

報告書の冒頭で、「まず、社会・職業への移行の最終段階である後期中等教育、高等教育段階に焦点を当てて、キャリア教育・職業教育の在り方を中心に整理を行った。一方、後期中等教育、高等教育を経て、社会的・職業的自立、社会・職業への円滑な移行を果たすためには、義務教育段階から、将来の自立の基礎として、勤労観・職業観等を培っていくことが不可欠である。」と記されています。この提言は、当時のキャリア教育のあり方を考える方向性として、極めて妥当なものと筆者は判断しています。一方、報告書では、諸課題についても言及しています。それは、筆者が拙著などで度々言及した「職業教育」の重要性が、社会全体において十分に認識されていないことです。

今後の改革の基本的方向性として、報告書では、以下の三点を挙げています。

「一　勤労観・職業観や社会的・職業的自立に必要な能力等を、義務教育から、高等教育に至るまで体系的に身に付けさせるため、キャリア教育の視点に立ち、社会・職業とのかかわりを重視しつつ教育に改善・充実を図る。

二　我が国の発展のために重要な役割を果たす職業教育の意義を再評価し、職業教育を体系的に整備するとともに、その実践性を高める。

三　学びたい者が、いつでも、社会・職業に関して必要な知識・技能等を学び直したり、更に深く学んだりすることにより、職業に関する能力の向上や職業の変更等が可能となるよう、生涯学習の観点に立ち、キャリア形成支援の充実を図る」と記されています。

その後、特別部会での審議を経て、二〇一一年一月三一日、中央教育審議会の「今後の学校におけるキャリア教育・職業教育の在り方について」が答申されました。

その中で「キャリア教育」について、「一人一人の社会的・職業的自立に向け、必要な基盤となる能力や態度を育てることを通して、キャリア発達を促す教育が「キャリア教育」である。それは、特定の活動や指導方法に限定されるものではなく、様々な教育活動を通して実践される。キャリア教育は、一人一人の発達や社会人・職業人としての自立を促す視点から、変化する社会と学校教育との関係性を特に意識しつつ、学校教育を構成していくための理念と方向性を示すものである」とされました[140]。

生徒の社会的・職業的自立に向け、必要な基盤となる能力や態度を育てることを通して、キャリア発達を促す教育が「キャリア教育」であると規定され、現行の中学・高等学校の学習指導要領に位置づけられたのです。

八．現存する「職業」及び「職業指導」

二〇〇〇年代になって、生徒・学生の進路形成支援のことを、「キャリア教育」と呼称するまでの戦後の長い間、「進路指導」と呼ばれ、現在でも、進路指導とキャリア教育、両者の用語が混在していることから明らかなように、その内容は多くの領域で重なっています[141]。一方、職業・職業指導という用語が、過去のものとなったというわけではなく、現在も学校教育の中などに存在しています。

八－一．教育職員免許法と職業の関係

それは、一九四九年五月に制定された「教育職員免許法」にもとづく、教員免許状としてです。その第四条の五で、中学校及び高等学校の教員の免許状は、次に掲げる各教科について授与するものとするとして、以下のように記されています。

一　中学校の教員にあっては国語、社会、数学、理科、音楽、美術、保健体育、保健、技術、家庭、職業（職業指導及び職業実習（農業、工業、商業、水産及び商船のうちいずれか一以上の実習とする、以下同じ。）を含む。）、職業指導、職業実習、外国語（英語、ドイツ語、フランス語その他の外国語に分ける。）及び宗教

二　高等学校の教員にあっては、国語、社会、数学、理科、音楽、美術、工芸、書道、保健体育、保健、家庭、家庭実習、農業、農業実習、工業、工業実習、商業、商業実習、水産、水産実習、商船、商船実習、職業指導、外国語（英語、ドイツ語、フランス語その他の外国語に分ける。）及び宗教[142]。

また一九五四年一〇月の「教育職員免許法施行規則」には、免許科目に応じて単位を修得すべき専門科目があげられています。中学校教諭免許状の「職業」については、「産業概説」（二、最低修得単位数。以下同様）、「職業指導」（四）、「農業、工業、商業、水産」（一〇）、「農業実習、工業実習、商業実習、水産実習、商船実習」（四）、「職業指導」については「職業指導」（四）、「職業指導の技術」（八）、「職業指導の運営管理」（四）、と規定されています。高等学校教諭免許状の「職業指導」については、中学校の職業指導と同様の規定であり、現行の教育職員免許法に引き継がれています。なお、普通教科を除く、農業、工業・商業・水産・商船などの職業教科の免許状の取得に際しては、「職業指導」という科目が必修とされ、現在に至っています[143]。職業教育科目の教員免許状取得者にのみ「職業指導」を課すという事実をみるだけでも、先述した佐々木亨の「普通教育を主とする学科の教育課程では、

専門教育を併せ施すという目的が一貫して軽視された」という指摘が、的を射ていることがわかります[144]。

前述のような免許制度のため、職業・職業指導の免許状の存在については、特に中学校・高等学校の普通教科担当の先生方や、専門高校（工業・商業・農業・水産など）教員の免許状を修得できる教職課程を持たない、大学の先生方の中にも知らない方がいるくらいなので、その認知度は高くないと思われます[145]。

両免許状の取得の実情を、文部科学省、二〇二〇年度現在の中学校教員（職業）の免許資格を取得することのできる大学及び高等学校教員（職業指導）の免許資格を取得することのできる大学一覧をもとにみると、職業の専修免許状を取得できる大学は、国立二一、公立一、私立四の計二六大学です。職業指導の中学校教諭一種免許状が取得できる大学は、国立一、私立二の計三大学、専修免許状が取得できる大学は、国立二三、公立一、私立五の計二九大学です[146]。

当該年度の大学数は、国立八六、公立九四、私立六一五の計七九五大学です。中学校の職業免許状取得可能大学は、全大学の中、三・二七％に過ぎません。中学校・高等学校の職業指導免許状については、中・高の専修免許状が最も多いのですが、それでも三・六五％です。今般に至っては、キャリア教育だけでなく、多くのキャリアデザイン支援の関連の論考で新たな「職業に関わる学習」への取り組みの推進について度々言及されています。しかし、それを中学校・高等学校で教えることが可能な教員を養成するための制度的な枠組みはまったく整っていない、というのが上記のデータからもわかります。教員養成の基底が不十分な状態をそのままにして、職業学習を推進するとなるとその実践において安定・継続的な取り組みは困難です。児童・生徒のキャリアデザイン支援は、個々の教員の努力にゆだねる問題ではありません。それは学習指導要領で謳われているように学校の教育活動全体を通じて行うものです。だとすれば、現行の教職課程科目の進路指導に関わる科目を通じて、進路指導の理論と実践を学ぶことができるように改革することが喫緊の課題です。

八－二．教職課程での「進路指導」の位置づけと校務分掌

教育職員免許法施行規則の第五条、教科及び教職に関する科目の第四欄に「進路指導及びキャリア教育の理論及び方法」があり、中学校・高等学校の先生方は、大学時代に教職課程で進路指導について学んでいます。

しかし筆者自身の進路指導担当教員の長い経験からいえることは、進路指導担当教員の多くは、進路指導について精通していません。この背景には、教職課程の進路指導論の担当教員が、現場での進路指導経験者が少ないということだけでなく、各学校の校務運営態勢の問題があります。校務分掌の配置は、一般的に輪番制で、数年間担当し、その後は他の分掌に代わるというのが、多くの公立高等学校の実情です[147]。若者のキャリアデザイン支援のためには、学校内で、人材を適材適所に配置することや進路指導部の「窓口機能」を考慮して輪番制の枠をかけずに、進路指導や職業学習を実践することができる専門家の育成を意識的に図ることが不可欠です。

八－三．職業安定法と「職業指導」

本章の最後に、学校教育の範疇ではありませんが職業安定法の中にある、「職業指導」についてみることにします。職業安定法第四条の四で職業指導とは「職業に就こうとする者に対し、実習、講習、指示、助言、情報の提供その他の方法により、その者の能力に適合する職業の選択を容易にさせ、及びその職業に対する適応性を増大させるために行う指導をいう」と定義されています。

具体的な支援策としてあげられているのは、①求人情報の提供、②現在持っている職業能力の評価と、今後必要とする職業能力の付与、③個人の希望と適性に合った求人の開拓、④入社試験に当たっての的確な助言、雇用主との調整と就職の促進援助、⑤就職後の職場適応の指導、の項目です。

さらに職業指導の方法として、①訓練生各自の特質の把握、②訓練生への適切な情報提供、③職業相談、面接による求職動向の把握、④職業講話、⑤多様な働き方に対する就職支援、⑥求職・求人条件の緩和指導、⑦就職紹介、

⑧修了後の指導の八つがあげられています。
そしてキャリア形成の六つのステップとして、①自己理解、②仕事理解、③啓発的経験、④キャリア選択に係る意思決定、⑤方策の実行、⑥仕事への適応、があげられています[148]。
職業訓練機関での「職業指導」の定義、支援策、方法を通観すると、高等学校の進路指導で実践されてきた「進路指導の六領域」の内容とほぼ一致し、学校教育と職業訓練機関での職業指導には、一貫性が保持されていることがわかります。

おわりにかえて

これまで主に学校教育で行われてきた、職業指導、進路指導、キャリア教育の経緯についてみてきました。指導の対象となる個々の児童・生徒・学生は、個別の社会的出自を持っています。苅谷剛彦は、この「社会的出自（social origin）、いわゆる「生まれ」が、学校における学業的なパフォーマンスに何らかの影響を及ぼしていること自体は、日本に限らず、現在では疑われることのない、実証された社会学的事実である」と述べています[149]。このことに関わって苅谷は資源配分の優先順位については、「これまで以上に「下に手厚い」支援が必要だ」ということと、この問題を解決しないと「十分な学習資本を持たない若者が大量に社会に放りだされることになる―中略―訓練可能性（トレイナビリティ）につながる学習能力の格差拡大は深刻な問題となり得る」と警鐘を鳴らしています[150]。キャリアデザイン支援も同様で、「下にこそ」手厚い支援が、求められているのです。

文中の引用文は原則として、原文のままとした。明白な誤字・脱字については修正を行ったうえで掲出した。

注

1　日本近代教育史事典編集委員会編『日本近代教育史事典』齋藤健次郎執筆分　平凡社　一九七一年　三七二頁。
2　田代直人『米国職業教育・職業指導政策の展開』風間書房　一九九五年　一九七頁。
3　岩間英太郎・川野石根・藤本喜八・水谷統夫・荒井昭雄・水戸谷貞夫・鹿嶋研之助・小谷正美・森茂執筆・編集『日本における進路指導の成立と展開』財団法人 日本進路指導協会　一九九八年　一八－一九頁。
4　「進路指導の六領域」のように、生徒を対象にして段階を踏んで指導する職業指導については、対象論的実践的立場に立っての教育学的職業指導という見方がある。佐藤利雄・橋本昭治「職業指導とその可陶期に関する基礎的考察（一）」『福島大学学芸学部論集第九号』福島大学学芸学部　一九五九年　一九頁。
5　文部省『産業教育百年史』ぎょうせい　財団法人産業教育振興中央会　一九八六年、石岡学『「教育」としての職業指導の成立』勁草書房　二〇一一年。
6　前掲書『「教育」としての職業指導の成立』二三頁。
7　天野郁夫『高等教育の時代（下）』中央公論新社　二〇一三年　二五九－二八六頁。
8　前掲書『産業教育百年史』一八五頁。
9　三羽光彦『高等小学校制度史研究』法律文化社　一九九三年二五五－二五七頁。
10　前掲書『産業教育百年史』一八六－一八七頁。
11　前掲書『「教育」としての職業指導の成立』三三頁。
12　前掲書『産業教育百年史』一八六頁。
13　前掲書『「教育」としての職業指導の成立』四〇頁。
14　前掲書『産業教育百年史』一八八頁。
15　菅山真次『「就社」社会の誕生』名古屋大学出版会　二〇一一年　一二七頁。
16　木村元編著『人口と教育の動態史』風間書房　二〇〇五年　一四五－一四六頁。
17　前掲書『「教育」としての職業指導の成立』四六頁。この個性という言葉を「好きなこと」と読み直すと、村上龍の『一三歳のハローワーク』で有名になった「好きなことを職業にする」、という発想に相通じるものを感じる。

18 前掲書『産業教育百年史』一八九頁。
19 米田俊彦は、大日本職業指導協会の発足直後の言説の研究において、同協会は産業能率の向上という思惑を「個性尊重」という教育の論理にすり替えて職業指導運動を開始したが、子どもやその保護者が自覚的に職業と向き合わない限りどうにもならないという現実にいきなり直面してしまった、と批判的に分析している。耳塚寛明・牧野カツコ編「進路指導の原点を探る—歴史を通底するもの」『学力とトランジッションの危機—閉ざされた大人への道』金子書房 二〇〇七年 一八一頁。
20 前掲書『産業教育百年史』一九三頁。
21 梁忠銘「職業教育の概念に関する研究」『東北大学教育学部研究年報 第四四集』一九九六年 一三一-一五五頁。
22 例えば、伊藤一雄『職業と人間形成の社会学—職業教育と進路指導』法律文化社 一九九八年 一九-二四頁。
23 寺田盛紀『日本の職業教育—比較と移行の視点に基づく職業教育学—』晃洋書房 二〇〇九年 六-八頁。
24 特別支援学校小学部・中学部の現行の学習指導要領の規定は以下の通りである。

一 目標

明るく豊かな職業生活や家庭生活が大切なことに気付くようにするとともに、職業生活及び家庭生活に必要な基礎的な知識と技能の習得を図り、実践的な態度を育てる。

二 内容

（一）働くことに関心をもち、作業や実習に参加し、働く喜びを味わう。（二）職業に就くためには、基礎的な知識と技能が必要であることを理解する。（三）道具や機械、材料の扱い方などが分かり、安全や衛生に気を付けながら作業や実習をする。（四）自分の役割を理解し、他の者と協力して作業や実習をする。（五）産業現場等における実習を通して、いろいろな職業や職業生活、進路に関心をもつ。（六）家族がそれぞれの役割を分担していることを理解し、楽しい家庭づくりをするために協力する。（七）家庭生活に必要な衣服とその着方、食事や調理、住まいや暮らし方などに関する基礎的な知識と技能を身に付ける。（八）職業生活や家庭生活で使われるコンピュータ等の情報機器の初歩的な扱いに慣れる。（九）家庭生活における余暇の過ごし方が分かる。

25 文部科学省「学校基本調査」令和三年度版、本文以下の（二）も同様。
26 前掲書『職業と人間形成の社会学—職業教育と進路指導』二一一-二一三頁。
27 文部省『實業教育五十年史』一九三四年 二二六-二二七頁。

28　同上　三八六頁には、実業学校令の発布の日付を、二月六日と記述している。
29　井上毅文相のわずか一年半たらずの在任中に成文化された、いわゆる実業教育関係の法令は、（一）実業補習学校規程　一八九三年一一月。（二）実業教育費国庫補助法　一八九四年六月。（三）工業教員養成規程　同年六月。（四）簡易農学校規程　同年七月。（五）徒弟学校規程　同年七月の五つである。海後宗臣編『井上毅の教育政策』東京大学出版会　一九六八年　四八九頁。
30　海後宗臣編『井上毅の教育政策』東京大学出版会　一九六八年　八七頁。
31　同上　八九頁。
32　前掲書『實業教育五十年史』二四七-二四八頁。
33　同上　二五四頁。
34　前掲書『日本の職業教育―比較と移行の視点に基づく職業教育学―』五頁。
35　前掲書『實業教育五十年史』二五四頁。
36　前掲書『職業と人間形成の社会学―職業教育と進路指導』二三頁。
37　国立教育研究所編『日本近代教育百年史　第五巻　学校教育（三）』財団法人教育研究振興会　一九七二年　一二三五頁。
38　前掲書『實業教育五十年史』四八五頁。
39　同上　四九一頁。
40　同上　四九四頁。尋常小学校卒業者の修業年限は、農業学校が二年乃至五年、商業学校は三年乃至五年、商船学校が五年、水産学校が三年乃至五年であった。同書　四九五-五〇一頁。
41　同上　四九四頁。
42　天野郁夫『近代日本高等教育研究』玉川大学出版部　一九八九年　三九五頁。
43　文部省『学制百年史　資料編』ぎょうせい　一九七二年　一一八頁。
44　阿部重孝『教育改革論』明治図書出版　一九七一年　二一二頁。佐々木亨『高校教育論』大月書店　一九七六年　八六-八七頁。阿部重孝氏の論考を引用して、同様の趣旨の記述をされている。
45　前掲書『近代日本高等教育研究』三八九頁。
46　『資料集成　旧制高等学校全書』第一巻　総説編　資料保存会　一九八五年　三五頁。

47 専門学校については、一九〇三年三月二六日公布の「専門学校令」の制定以前には、一八七三年四月二八日公布した「学制二編追加」第百八十九から百九十七条で規定されている。
48 前掲書『近代日本高等教育研究』三八八頁。
49 前掲書『学制百年史 資料編』一二八頁。
50 同上 一三四-一三五頁。
51 米田俊彦『近代日本中学校制度の確立―法制・教育機能・支持基盤の形成―』東京大学出版会 一九九二年 七二頁。
52 内田糺・森隆夫 編『学校の歴史 第三巻 中学校・高等学校の歴史』第一法規出版社 一九七九年 九七-九八頁。
53 同上 一一二頁。
54 前掲書『實業教育五十年史』一三八-一四〇頁。
55 同上 一四〇-一四二頁。
56 同上 三九一-三九七、四九五-四九九頁。
57 田中萬年『教育と学校をめぐる三大誤解』学文社 二〇〇六年 一五一頁。
58 前掲書『實業教育五十年史』二三五-二三六、三八八-四〇二頁。
59 同上 三八八-四〇二頁。
60 『海後宗臣著作集 第七巻 日本教育史研究I』東京書籍 一九八〇年 四一九頁。
61 網野善彦『歴史を考えるヒント』新潮社 二〇一二年 九四-九五頁。
62 前掲書『實業教育五十年史』三八六-三八七頁。
63 国立教育研究所編『日本近代教育百年史 第六巻 学校教育(四)』財団法人教育研究振興会 一九七四年 一〇四一頁。
64 前掲書『實業教育五十年史』二二七頁。
65 板橋文夫・板橋孝幸『勤労青少年教育の終焉 学校教育と社会教育の狭間で』随想舎 二〇〇七年 二九-三〇頁。
66 前掲書『学校の歴史 第三巻 中学校・高等学校の歴史』一三二頁。
67 前掲書『勤労青少年教育の終焉 学校教育と社会教育の狭間で』七五頁。

68 前掲書『産業教育百年史』九三三-九三四頁。
69 寺崎昌男・戦時下教育研究会編『総力戦体制と教育―皇国民「錬成」の理念と実践―』東京大学出版会　一九八七年　二二七頁。
70 前掲書『日本近代教育百年史 第六巻 学校教育（四）』一四〇三-一四〇五頁。
71 国立教育研究所編『日本近代教育百年史 第四巻 学校教育（二）』財団法人教育研究振興会　一九七四年　一〇八五-一〇八六頁。
72 前掲書『井上毅の教育政策』二七一頁。中学校実科二校は、群馬県尋常中学校（のちの前橋中学校）と福島県第一尋常中学校（のちの安積中学校）である。実科中学校二校とは、佐賀県立東松浦郡実科中学校（のちの唐津中学校）と長野県諏訪郡立諏訪実科中学校（のちの諏訪中学校）で、全て一九〇一年までで消滅している。
73 国立教育政策研究所『技術科教育のカリキュラムの改善に関する研究―歴史的変遷と国際比較―』二〇〇一年　五頁。
74 吉野剛弘「受験準備教育機関としての旧制中学校の補習科」『社会学研究科紀要 第六六号』慶應大学大学院社会学研究科　二〇〇八年　一五頁。
75 同上。
76 原正敏「旧制中学における実業科」『千葉大学教育学部研究紀要 第三五巻 第二部』千葉大学教育学部　一九八七年　二一一頁。
77 同上。
78 前掲書『産業教育百年史』一七三-一七四頁。
79 前掲書『技術科教育のカリキュラムの改善に関する研究―歴史的変遷と国際比較―』六頁。
80 前掲書『教育改革論』一〇七頁。
81 前掲書『日本近代教育百年史 第五巻 学校教育（三）』一九五-一九六頁。
82 同上　一九六頁。
83 前掲書『日本近代教育史事典』岩井龍也執筆分　三七〇頁。
84 前掲書『技術科教育のカリキュラムの改善に関する研究―歴史的変遷と国際比較―』六頁。
85 前掲書『日本近代教育百年史 第五巻 学校教育（三）』一五一頁。
86 同上　一八七頁。
87 同上　一九〇頁。

88 前掲書『教育改革論』一〇九頁。
89 前掲書『学制百年史 資料編』一四三頁。
90 前掲書『総力戦体制と教育—皇国民「錬成」の理念と実践—』はしがきii、二頁。
91 同上 一三一頁。
92 岡津守彦編『戦後日本の教育改革 第七巻 教育課程 各論』東京大学出版会 一九六九年 二六一-二六二頁。
93 同上 二六二頁。
94 同上 二六五頁。
95 同上 二六五頁。
96 同上 二七〇頁。
97 前掲書『日本近代教育百年史 第六巻 学校教育（四）』二九五頁。
98 佐々木亨編『日本の教育課題〈第八巻 普通教育と職業教育〉』東京法令出版 一九九六年 二五一、三九一-三九二頁。
99 前掲書『戦後日本の教育改革 第七巻 教育課程 各論』二七五頁。
100 筆者が、高校生の「進路指導の六領域」の中の特に「啓発的な経験」を重視して、東京、多摩地域で学校間（高大・高専）連携を構想する契機となった著作の一つが、文部省が一九八四年に発行した『中学校・高等学校進路指導の手引 第一五集 体験的・探索的な経験を重視した進路指導—啓発的経験編—』であった。このことについての詳細は、拙稿「学校間連携とキャリア形成」『キャリアデザイン研究 Vol.4』日本キャリアデザイン学会 二〇〇八年 一四一-一五一頁を参照。
101 前掲書『戦後日本の教育改革 第七巻 教育課程 各論』二七五頁。
102 前掲書『日本の教育課題〈第八巻 普通教育と職業教育〉』二五二頁。
103 前掲書『学校の歴史 第三巻 中学校・高等学校の歴史』二一一-二一二頁。
104 堀内達夫・佐々木英一・伊藤一雄編『新版 専門高校の国際比較』法律文化社 二〇〇六年 一二頁。
105 城戸幡太郎編集代表『世界の教育五 世界の中等教育』共立出版 一九五八年 二六〇頁。
106 高等学校設置基準 昭和二十二、三年文部省令第一号の新旧対照表。www.mext.go.jp/component/a_menu/education/detail/__icsFiles/afieldfile/2010/04/06/1230820_003.pdf. 二〇一二年一月二九日情報取得

107 前掲書『日本の教育課題〈第八巻 普通教育と職業教育〉』二五四頁。
108 同上二五六頁。
109 同上二五八頁。
110 前掲書『戦後日本の教育改革 第七巻 教育課程 各論』二九八頁。
111 佐々木輝雄『佐々木輝雄職業教育論集第二巻 学校の職業教育 中等教育を中心に』多摩出版 一九八七年 四二三頁。
112 ノーム・チョムスキー『チョムスキーの「教育論」』寺島隆吉・寺島美紀子訳 明石書店 二〇〇六年 八〇頁。
113 全体としてはこのような状況であったが、村松喬の『教育の森―〝再編下〟の高校』（毎日新聞社 一九六七年）では、富山県が独自に一九五二年以降、産業教育振興策とともに高等学校の職業課程を重視し、普通科三に対して、職業科七の比率を目指した経緯やその影響について約六〇ページにわたって詳細に記されている。同書によると、一九五〇年、普通課程六〇対職業課程四〇の割合であったものが、一九六〇年に、普通科四五、職業科五五と比率が逆転し、一九六六年には、三八対六二となり、目標までもう一息というところである、と記されている（二八頁）。
114 前掲書『戦後日本の教育改革 第七巻 教育課程 各論』一八四頁。
115 同上一四―一五頁。
116 同上一九〇―一九一頁。
117 「学習指導要領データベースインデックス」該当年度版 www.nier.go.jp/guideline/index.htm. 二〇一二年一月二九日情報取得。
118 前掲書『戦後日本の教育改革 第七巻 教育課程 各論』三五頁。戦後教育の総合評価刊行委員会編集『戦後教育の総合評価―戦後教育改革の実像』一九九九年 一三二―一三三頁、三羽光彦『六・三・三制の成立』法律文化社 一九九九年 八三―八四頁。
119 現在アメリカで使われている社会科教材の「職業の価値を調べる機会」には「子どもたちに、学校で重視されている価値（責任、自律、正直、協力、信頼など）が職業の世界と結びついていることを理解させます。子どもたちが、将来、仕事の成功の喜びを感じられるようにするように、また、職業に誇りを持てるようにすることが必要です。困難な仕事をやり遂げることは、人間に意味ある満足を実感させる源泉なのです」、「職場における協同」には、「職業に関して形成される必要のある資質は、他者と協力して生産的に働くという態度です。現実の仕事ではそのように働くことがきわめて重要です。協同的学習では、子どもたちは割り振られた小グループで他者と共に作業を行います。子どもは親友ではない子どもとも一緒に作業に取り組み、問題を解決する経験を遂げます」と記されている。Walter C. Parker『社会科教育カリキュラム』藤井千春訳 ルック 二〇〇九年 八六頁。

120 『学校基本調査』各年度版 文部省・文部科学省。
121 また、筆者は、東京、多摩地域の各ハローワークで行われる中学校就職担当者会議（略称 中担会議）に参加して、長年、中学卒の就職者の、定時制高校への進学推奨を依頼してきた。
122 『あすへの進路をひらく産業社会と人間 新版』実教出版 二〇〇三年、『産業社会と人間 新訂版』学事出版 二〇〇七年。
123 第一期から、第三期については、有本章・近藤本生編著『現代の職業と教育』福村出版 一九九一年 四六‐四八頁を参照した。第四期については、仙崎武・藤田晃之・三村隆夫・鹿嶋研之助・池場望・下村英雄『キャリア教育の系譜と展開』社団法人雇用問題研究会 二〇〇八年 八〇‐八三頁を参照した。
124 第一期の学習指導要領の策定と改訂の詳細については、海後宗臣監修 戦後日本の教育改革六巻 肥田野直・稲垣忠彦編『教育課程総論』第四、五、七章 東京大学出版会を参照。
125 前掲書『現代の職業と教育』四六頁。
126 水原克敏『学習指導要領は国民形成の設計書 その能力観人間像の歴史的変遷』東北大学出版会 二〇一〇年 一〇七頁。
127 前掲書『現代の職業と教育』一四頁。
128 菊地良輔『新・進路指導入門』日本書籍 一九八五年 二七頁。
129 前掲書『学習指導要領は国民形成の設計書 その能力観人間像の歴史的変遷』一一二頁。
130 同上 一一六頁。
131 同上 一二九頁。
132 海後宗臣・岩下富蔵監修『高校生自身―高校生活の探求―〈二年生用〉』国土社 一九六三年 一一六頁。
133 前掲書『学習指導要領は国民形成の設計書 その能力観人間像の歴史的変遷』一五二頁。
134 森杉多『自主ゼミ創出―希望の教育―』学事出版 一九七六年 一二三頁。
135 中西信男・那須光章『進路を決める 高校生へのアドバイス』有斐閣 一九八〇年 一一二‐一一三頁。
136 山村健・天野郁夫編『青年期の進路選択』有斐閣 一九八〇年 一〇五‐一〇六頁。
137 乾彰夫・光岡博美・斉藤武雄・大根和夫・大田政男・若菜俊文・吉村鈴子・小島昌夫『私たちの進路と社会』大月書店 一九八七年 一二七‐一二八頁。

138 文部科学省ＨＰ「新学習指導要領、中学校・高等学校学習指導要領」www.mext.go.jp/a_menu/shotou/new - cs/index.htm. 二〇二二年一月二九日情報取得。

139 「今後の学校におけるキャリア教育・職業教育の在り方について」（審議経過報告）中央教育審議会　キャリア教育・職業教育特別部会 https://www.mext.go.jp/component/b_menu/shingi/toushin/__icsFiles/afieldfile/2009/11/05/1286524_1.pdf 二〇二二年一月二九日情報取得

140 中央教育審議会「今後の学校におけるキャリア教育・職業教育の在り方について」答申 https://www.mext.go.jp/b_menu/shingi/chukyo/chukyo3/004/siryo/attach/1303768.htm 二〇二二年一月二九日情報取得

141 このことを、文部科学省の初等中等教育局児童生徒課長の木岡保雅は、「生徒への進路指導とキャリア教育の定義、概念としては、双方に大きな差異は見られず、進路指導の取組は、キャリア教育の中核をなすものとされています」と述べている。「キャリア教育の現状と展望」『教職課程』協同出版　二〇〇七年八月号　一一頁。中央教育審議会答申「今後の学校におけるキャリア教育・職業教育の在り方について」のポイントでは、「進路指導のねらいとキャリア教育のめざすところとほぼおなじ」、と書かれている。二〇一一年一月三一日　二〇頁。

142 田畑茂二郎・山下肇・徳永清・兼子仁編『大学問題総資料集Ⅶ 大学の教員養成部門と医学部』有信堂　一九七二年　四頁。

143 同上　二四－二六頁。

144 前掲書『日本の教育課題〈第八巻 普通教育と職業教育〉』二五八頁。

145 筆者が東京、多摩地域の高等学校の進路指導担当教員に二〇一一年三月に行った調査では、職業及び職業指導免許状の認知度はわずか、一六・〇七％（調査対象は五六名）であった。一方、二〇一一年一一月に京都市で行われた、日本キャリアデザイン学会関西支部研究会に参加された、大学教員に対する調査では、一二・五％（調査対象者八名）であった。

146 中学校（職業）取得可能大学 https://www.mext.go.jp/content/20210430mxt_kyoikujinzai01-100002459_01.pdf　中学校・高等学校（職業指導）取得可能大学 https://www.mext.go.jp/content/20210430-mxt_kyoikujinzai01-100002452_02.pdf 二〇二二年一月二九日情報取得。

147 拙稿『多摩地区 専門学校チャレンジプログラム 二〇〇八年度 調査研究報告書』及び『多摩地区 専門学校チャレンジプログラム 二〇〇九年度 調査研究報告書』の高等学校教員対象調査

148 財団法人 産業教育振興中央会 編集『九訂版 職業訓練における指導の理論と実際』財団法人 職業訓練教材研究会　二〇一一年

二七〇－二七四頁。

149 苅谷剛彦『学力と階層』朝日新聞出版 二〇一二年 三〇頁。

150 同上 二八頁。

第二章　大学でのキャリアデザイン支援の実践

はじめに

本章では、兼任講師として十数年にわたって、教職志望の学生の指導を務めている成蹊大学でのキャリアデザイン支援の実践を、講義とゼミ活動に大別して紹介します。特に後者のゼミを基盤とした学生（生徒）のキャリア支援の実践事例ついては、大学教員時代だけでなく、この原点となった高校教員時代の実践を含め詳説し紹介します。また、コロナ禍のため、二〇年度から、担当講義・ゼミがオンラインとなったため、オンラインでの実践も併記します。

筆者の研究分野の一つが、「キャリア教育・進路指導論」であるため、毎年、担当講義の中で、高校時代の進路指導についてアンケート調査を行っています。二〇二一年度の受講生調査（成蹊大学、母数は二一〇名）では、高校時代に、偏差値をもとにした進学指導ではなく、生徒の興味・関心・能力・適性をもとにした進路指導を受けていたという学生の割合は、七割です。受講生の出身高校の多くが、「進学校」であることを勘案すると、この一〇年間で、キャリア教育が、僅かですが、拡充してきたものと判断しています[1]。

一．講義の基盤にある「社会構成主義」

①ＯＥＣＤ（経済協力開発機構：Organisation for Economic Co-operation and Development）の教育理論
―「社会構成主義」―

七〇年代までの伝統的な学習観のもとでは、知識を持ち上位に位置する教師が、下位の知識を持たない生徒・学生に、一方的に知識を注入するものと捉えられていました。しかし、八〇年代以降、新たな学習理論が登場しました。それが、「社会構成主義（constructivism）」です[2]。

現在のフィンランドでは、社会構成主義にもとづく教育が、フィンランド国家教育委員会の統括の下で全面的に展開され、日本では、「学びの共同体」の実践として拡大しています。ＯＥＣＤが実施する生徒の学習到達度調査（PISA）では、生徒の学力が高く、先生方の社会的な評価も高いことが特徴です[3]。

社会構成主義とは、教師の説明する内容を生徒・学生全員が、同じものとして認識・理解するプロセスとして学習を捉えていた客観主義に対して、学習者一人ひとりが、つまり、教師の説明を、生徒・学生各自が異なる理解・解釈をして、その意味を「自ら構成していく過程」として、学習を捉えるものです。

②社会構成主義では、「知識や学習」を以下のように捉えています[4]

（1）学習とは学習者自身が知識を構築していく過程である。知識とは誰かによってつくりあげられたものを身につけていくのではなく、自らが学習活動に参加する中で、自分自身で確認し、何故なのかという疑問（Critical Thinking）を身につけていくものであるため、その理解・解釈はそれまでの学習者の知識・体験と切り離すことができない。

（2）知識は状況に依存している。知識は細分化され、構造化されてパッケージになっているものではなく、その背景にある社会的・文化的・歴史的状況と密接に関わっている。そのため、知識は、状況と切り離して理解・解釈することはできない。

（3）学習は共同体の中で相互作用を通じて行われる。学習は一人ひとりが個別に隔離された状態で行われるものではなく、他の学習者、クラス集団・班学習、そして学び続ける教師との関係との関わり合いの中で行われる共同体的・双方向的な営みである。

③上記の説明を「一〇本の包丁」というたとえをもとに考えてみよう

ある人が、「私は一〇本も包丁を持っているんだ」と言いました。それを聞いた友人が、「じゃあ、今度、美味い料理を作ってよ」と言ったところ、「料理を作ったことはないんだ」と返事をした。

↓一〇本の包丁は、いったい何のための包丁なのか。包丁を「知識」と読み替えてみると、現行の学校での勉強のあり方の一端がより明確になります。小学校以来、学校で暗記してきた膨大な知識は、人生を豊かにし、人々の相互理解を促進し、幸福の増進に役立ってこそ、意味を持つはずです。

一―一．「反転学習」の取り組み

筆者が大学で担当する講義は、全て、「反転学習」です。そのため、受講生には、レジュメ・学習資料（史料）は、大学のオンラインシステムを活用し、事前に配布しています。受講生は、それらをもとに、予習して受講することが原則です。

また、実践研究分野であるキャリアデザイン支援は、キャリアデザイン支援科目だけで行われるものではありません。全学の教育活動全体を通じて行ってこそ、その効果をあげることができます。以下の叙述では講義の中で、キャリアガイダンスの一環として、大学卒業後は、社会へと円滑に移行できることを目指して実践してきた事柄を、前期の四月及び後期の九月の第一講時から、指導を徹底していることを、一つずつ説明します。

一―二．挨拶の励行

まず教室に入った時点で、目があった学生には筆者から「おはよう」と笑顔で声をかけます。その後、教壇に立ち、改めて「起立」と号令をかけます。コロナ禍での対面講義・ゼミでは、感染防止の観点から、着座のまま、背筋を伸ばし、黙礼を行っています。

教育の果たす社会化の観点から、学校教育を通じて、規範意識を生徒・学生に醸成していくための身近な取り組みは、「挨拶の励行」です。朝の登校指導時から、毎時間の授業での挨拶の励行の地道な継続が、規範意識の醸成を支えていきます。他方、授業開始時の挨拶がいい加減であると、その後の学習規律にも影響を及ぼします。学習規律の確立には、ここからが講義の開始という「折り目」をただすことが、肝心です。挨拶の励行は、規範意識の醸成、延いては、学習規律の形成にも資する大切な行為であることを理解してください。教室内では、学生の学習の様子を個々に観察し、その際に個別指導を行うために、常時、机間指導を行っています。そのため教壇に立っている時間は、授業時間の半分程度です。また机間指導の利便さを確保し、後方の学生の学習状態を把握しやすくするために、後ろの五列程度には座らせません。また、座席数が一五〇人程度の教室までは、肉声の方が聞き取り易いため、マイクは使いません。

コロナ禍の二〇年度からは、オンライン講義ですが、挨拶の励行は、対面講義と同様に行っています。講義開始時には「みなさん、おはよう」、講義終了時には、「みなさん、お疲れ様でした。失礼します」と受講生全員と挨拶をしています。講義中の呼名・応答時も同様で、率先して、しっかり挨拶を行っています。

一―三．出席確認の重要性

高校教員時代の教育困難校勤務時には、出席簿をもとに、欠席生徒本人や保護者への連絡、その集計に忙殺されました。四〇人の生徒の内、一時間目の出席者が、三〇名程度というクラスもありました。三時間目になると、ほぼ全員そろいますが、一方、午後の五時間目になると、すでに数名が、早退しているという状況を体験しました。休み時間や、空き時間は、自宅へ欠席確認の連絡をいれますが、半数以上が電話に出ません。欠席が続くと、心身の理由なのか、確認し、対応します。また、高校では単位修得、進級・卒業にも影響するため、担任にとって、出席管理は大切な業務でした。

他方、この出席管理は、単位修得だけでなく、例えば、社会科見学や移動教室、修学旅行などの学校行事で、校外に出かけるような場合、その場にクラス全員がそろっているかどうかを確認するために特に重要となります。さらに、火災・災害時の避難の際には、生徒全員の命を守る観点から、これを完遂しなければなりません。「人数確認」は、学級経営の中で、日常的に行うことで、非常時にも対応が可能となります。

しかし、混乱した状況の中で、四〇人の生徒を、瞬時に把握することには、困難が伴います。そこで、多くの高校では、普段の席順をもとに、班を編成していました。具体的には、まとまりのある学校であれば、八人の五班、そうでない場合には、五人の八班編成です。その班のリーダーが、人員を把握して、担任に報告するシステムを稼働させていました。以上のように、班活動と人数確認は、非常時の生徒を守るために、極めて重要な役割を果たします。これらがスムーズに動くための基盤が、日常の生徒との信頼関係や、クラスの学習規律の確立なのです。

他方、大学では、ゼミを除き、受講生が百名程度のクラスを担当しています。高校のようにクラス全員の名前を把握することは、難しくなります。そこで、各自にA4の用紙を配布し、三角柱（講義中は、横に寝かせ使用）を作成させて、それをネームシートにして、名前で呼名するようにしています。その繰り返しによって、次第に顔と名前が一致してきます。

火災・災害時の避難訓練の際には、周りの状況の確認後、迅速に机の下にもぐらせます。例えば、地震の揺れが収まった後は、鞄などをヘルメット代わりに頭に乗せ、教室外まで避難します。その際に、ネームシートは、必ず持ってでるように指示します。受講生の中には、大学で避難訓練の行動をすることに戸惑う学生もいますが、当日の講義の中で、防災教育と避難訓練の大切さについて説明し、理解を得るようにしています。

一－四．オンラインでも、双方向・参加型

コロナ禍でのオンライン講義でも対面講義と同様、反転学習のため、講義は、双方向・参加型です。一〇〇分の講義で、約三〇～四〇名に発問します。オンライン講義の初回から対面講義同様に呼名するため、学生の多くは驚いています。対面講義では、出席票にコメントを書かせていますが、オンライン講義では、オンラインシステムへのリアクションペーパーの提出へと変更しました。このリアクションペーパーの中から、「気づきの多い」リアクションペーパー、約二〇名程度を選択して、次回の講義前半で、「前回講義のフィードバック」として、選択された受講生自身が、ZOOMの共有ファイルをもとに、その要点を発表しています。コロナ禍の対面講義では、出席確認を、リアクションペーパーの提出へと変更しています。これは感染予防の一環として、提出時の三密を避け、ソーシャルディスタンシングを確保するためです。今後も感染が終息するまでは、出席票ではなく、リアクションペーパーの提出を継続します。

一－五．「成績・評価と受講上の諸注意」のプリント配布

担当する講義の初回には、プリントを配布して、それをもとに丁寧な説明を行います。その内容は、成績と評価、講義中の注意、講義全体の目標や全一四回の概要です。

これらの説明中にも、机間指導を行います。最低でも教室全体を三回程度回り、学習の理解状況の確認及び気づいた学生には随時個別指導を行います。私語・居眠りは、二度まで注意しますが、それでも続く場合（実際には、

ありません）には、欠席扱いとします。特に居眠りについては、「体調が悪いのか、寝不足なのか」と、その理由を確認します。この確認で、学生の心身の問題に気づくことがあります。一講時の担当科目で、初回講義で、居眠りをしている学生がいました。注意をすると、「寝ていません」と応答します。九〇分間の中で、数回同じことが繰り返されるため、当該学生の隣及び後席の学生に、寝ているかどうかを、確認させました。そうすると「寝ているようです」と応答がありました。講義終了後、当該学生の状況を、所属学科の事務担当者に連絡しました。当日午後、「病気のため薬を服用中です」というメールが届きました。学生の所属学科及び保護者・学内の保健管理センターと相談のうえ、医師から処方される薬を変更したところ、講義での居眠りは、ほぼ解消したという事例がありました。叱責の前に、「体調が悪いのか、寝不足なのか」という確認が大切です。

オンライン講義では、ノートの作成などの学生の受講理解度の詳細な把握がしにくいため、対面講義以上に、成績・評価については、全講義の半数回にわたって、周知を徹底して行っています。

一‐六．講義の導入と受講生のリアクションペーパー

第一講時から、時事問題（新聞・雑誌の多様な分野）及び講義に関わるプリントを配布または、レディネスを高めるため、学生の身近なテーマについて口頭で発問します。

プリントを作成する際の第一の重視点は、学生の既成概念を覆すことができるか、否かです。学生の既成概念のあり様については、目の前に座っている学生が高校時代に、何をどの程度学習してきたのかが、ほぼわかっているという筆者の経歴が役立ちました。

コロナ禍のため、リアクションペーパーを提出させます。そこには、毎回「初めて知りました」、「今日も驚きました」と書かれています。知らなかった、驚いたということがきっかけとなり、学生の興味・関心が高まり、学習意欲も向上します。

第二は、学生の社会理解を促すことができるか否かです。これは筒井美紀のいう「事実漬け」です。[5] 学生が生きている現在の世界・日本の社会の実情をリアルに認識することが、「目線を上げ」、大学卒業後の自己のキャリアを考える一つの契機となるからです。

第三は、プリント読解時の仕方についての注意喚起です。データの特徴を、解説文を読まずに、まず自分で読み取ることに集中させます。読み取ったことを、言語化（ノート化）させます。プリント及び発問を活用した導入は一〇～二〇分程度ですが、学習に対するレディネスは整ってきます。回を重ねると、個別の時事問題が実はそれぞれ何らかの関連性を持っていることがわかるようになります。例えていえば、ジグソーパズルのピースを少しずつ埋めていくと、ある形が次第に現れる、という理解の過程を歩むことをねらっています。

時事問題を、単に時事問題を学ぶことだけに活用するのではなく、それを材料にして、学生の観察力・思考力・表現力を育成することが目的です。データを自分で読み解き（観察・分析）、それをもとに何故このようなことが起こるのかを推論することを毎講義で繰り返し行います。それらによって、課題を解決するために必要な行動特性（Critical Thinking）が身についていきます。

前述したようにオンライン講義では、リアクションペーパーを提出させます。内容に不備のある場合には、提出期限内にオンラインシステムを活用し、その旨を個人宛に伝えます。一人ひとりのリアクションペーパーを読み、評価し、不備をお知らせする作業を繰り返しています。

一－七．レジュメの事前配布

筆者は、「反転学習」を実践するため、事前にオンラインシステムを通じて、レジュメ・講義資料（史料）を配布します。[6] レジュメを配布するのは、板書を書くことや暗記をする学生の負担を軽減して、その時間を予習にあてて、内容を理解するために使って欲しいからです。講義の内容を理解するためには、講義を傾聴するだけでなく、それをもとに、わかったこと、疑問に思ったこと（Critical Thinking）などを、主体的に考えなければなりません。

高等学校教員時代は主に地歴科を担当していましたが、当時から暗記することよりも、何故こうなったのかということを、生徒自らが考えることを最重要視していました。わかりやすい講義が大切なことはいうまでもありませんが、学生の知的関心を喚起させるには、普遍的な概念をもとにした、個別・具体的で多少難解な事柄を、普遍的な概念をキーワードで包括して教えていくことが必要です。

一－八. 次回講義でのフィードバック

上述したように、対面講義でも、オンライン講義でも、課題のテーマをもとに、リアクションペーパーを提出させます。全受講生のリアクションペーパーを評価し、「気づきの多い」リアクションペーパーを次回講義の冒頭で公表します。

リアクションペーパーのフィードバックは、「社会構成主義」の観点から、受講生の講義の理解度の確認だけでなく、他の受講生がどのように理解し、疑問点を深堀（Critical Thinking）したのか、そのことについて、気づく貴重な機会となっています。

フィードバックの時間が多いと、講義の進行に影響を与えると思うかもしれませんが、予習を前提とした「反転学習」のため、講義は受講生のフィードバックの質に左右されると言っても過言ではありません。このことを受講生の言葉で表すと「この講義は、先生がたくさんいて気づきが多い」となります。「教師が学生から学ぶ」、ということはよく聞かれる言葉ですが、担当講義では、日常的に行われています。

一－九. 講義を通じてのキャリアデザイン支援

一から八までの取り組みを、全講義で着実に続けていくことで、規範意識・学習規律が次第に確立し、講義に集中できる学習環境が確立でき、その結果として、学生との一定の信頼関係が醸成されます。この関係が構築されない限り、たとえ、どんな充実した講義内容であっても、学生の能動的な学習にはつながりません。

以上の諸条件を着実に整えたうえで、学生の社会理解の進展と共に、向社会性（社会を良くしていきたい）が促され、また将来の進路選択に関わる最新情報を常時与え伝えることで、学生の目線が次第に上がってきます[7]。本務校であれば初回講義で、兼任講師校では第二講時あたりから、学生の感応が強くなっていくことを感じ取ることができます。

講義開始前の変化をあげると、目線があった途端に返ってくる、笑顔と「おはようございます」という挨拶です。講義開始直後なら、指示をしなくても配布したプリントを読んでいることに気がつきます。また、学生の視線は筆者に集中し、傾聴力が高まり、ノートに記入して、また顔を上げるという動作が繰り返されるようになります。オンライン講義では、回を重ねる毎に、講義開始時の受講生の挨拶が、次第にはっきり聞こえてきます。提出されるリアクションペーパーに、「先生、進路についてご相談したいのですが……」、筆者からの受講生宛のお知らせに対しては、「先生、ご指摘ありがとうございました。不備を修正いたしました」と、書かれるようになります。

二、ゼミを基盤とした学習支援の歴史的・理論的背景

現在も大学の通常の講義に加えて、新たに放課後に「生駒ゼミ」を開講して、学生の指導を行っています。この指導形態の原点は、七〇年代の初任校に遡ります。

何故、ゼミを主体にして、「意識的な少数者」の学習支援を行うことで、周りの学生を巻き込んで、全体の意識・行為の変革を図る、という発想を持ったのか、その背景には、高校・大学時代の経験が大きく影響しています。六〇年代末～七〇年代の当時は、大学だけでなく、高校でも学園闘争が展開され、自主ゼミが開講され、生徒・学生

が主体的に学び、他者の理解力や想像力の練度を高めていました。[8] そこでは、講師が一方的に教授するのではなく、学生が予習をもとに積極的に質問し、講師・学生が双方向的に議論するという様子が一般的に見られました。筆者が成蹊大学在学中のゼミで、「六八年のフランス五月革命」を研究する過程で、当時の日本の高校・大学の先生方が、学生の要望を取り入れた自主ゼミを開講された、歴史的な背景を理解することができました。

二－一．カール・ロジェの教育思想と五月革命

a．五月革命を主導したナンテール大学

五月革命を主導したパリ大学のナンテール分校（大学）で、心理学の教授であったディディエ・アンジュー（Didier Anziew, 1923-1999）は、知識を持ち教えるものと、知識を持たずに教えられるものとの間に、本質的な相違はないと主張し、大学教育の背景にある階級制を批判して、学生の異議申し立てを支持しました。ナンテール大学では、「教官は何一つ強いず、何一つ組織しない」、「クラスは学生の自主管理によって機能し、教官は言葉の二重の意味で〈アシスト〉する。つまり彼・彼女はクラスに出席（アシスト）し、クラスの講義で専門家として学生の自主的な学習を補佐（アシスト）する。教官は知識を述べるが、その解釈は学生たちに委ね、クラスの学習と討議の進行を調整・促進（ファシリテート）する」だけであると述べています。[9] これらは、前述した「社会構成主義」の教育観とも通底しています。

b．ナンテール大学の教育理念

ディディエ・アンジューによると、一九五〇年代、フランスのカール・ロジェという教育学者が以下に要約した理念が、六〇年代の教官に共有されていました。[10]

・教授者の考えている知識を、そのまま学生に教えることは不可能である。

・学生の生活と遊離している知識を教えても身に付かない。
・自己の行為に有意義な影響を与える知識には関心を持つ。
・個人の行動に影響を与える知識は、自らが発見し自分のものとした知識である。
・個人的な経験を経て獲得された知識を、直接他者に伝えることはできない。
・学校教育で学ぶ知識は、現実を生きる生活の一部に過ぎない。従って、常に学ぶことが大切である。
・学校教育以上に大切なものは、何かしら学ぶ楽しさを学んだ人々が集まることである。
・試験は覚えている断片的な知識を問うだけのものであるのなら、廃止すべきである。
・修了の免許状も廃止すべきである。絶え間なく、学ぼうとする人々には不要である。
・教授者が断定的に結論を述べるのではなく、学習者の観察・分析・推論の結果を尊重する。

二－二．コンドルセの教育理念、「教育の機会均等」

勤務した高校の多くが「教育困難校」であったことが、ゼミを基盤とした学習・進路支援へと向かわせる直接の契機となりました。その実践の背景には、大学院の西洋教育史で学修した、「公教育の父」と呼ばれているコンドルセ（Marquis de condorcet, 1743-1794）の教育理念がありました。コンドルセが、立法議会に提出した「公教育の全般的組織についての報告と法案」（一七九二年四月）で、以下のように述べています[11]。

a．各人がその生業を完成し、各人に社会的職務の遂行を可能にし、自然から受け取った才能を完全に開花させ、そのことによって市民間の事実上の平等を確立し、法によって認められた政治的平等を現実のものにする方策を保証すること。これが国民教育の第一の目的である。

b．あらゆる教育の第一条件は真理のみを教えることにあるから、公教育は政治的権威から可能な限り独立していなければならない。

c．公権力は貧しい市民たちに次のように語りかけなければならない。諸君は両親の財産状態のせいで必要最小限の知識しか得ることができなかった。しかしわれわれは、好都合な手段を保証する。教育は無償である。

d．教育は人々が学校を卒業したとたんに彼らを見捨てるようなことはあってはならず、あらゆる年齢の人々に及ぶべきである。

e．公教育においては、いかなる宗教的信仰の教育も認めない。

f．最後に、いかなる公権力も、新しい真理の展開を妨げたり、個々の政策や一時的な利害に反する理論の教育を妨げたりするほどの権威や影響力を持ってはならない。

前記のａ、ｃに書かれていることは、現在の言葉にすれば、「教育の機会均等」です。勤務校で、多くの経済的問題を抱えている生徒、一人親家庭の生徒、勉強が苦手な生徒に出会いました。もし、生徒にそのような問題がなければ、進学や就職のための学習準備のために、予備校や補習塾に通うという選択も可能だったはずです。

そのような生徒を支援するためには、通常の時間割に追加して、校内で補習をすることで「教育の機会均等」の理念を、一部なりとも実現させたいと考えました。そこで、筆者は当時在職していた都立Ｎ高校で着任後の翌年から、進路指導部長として、放課後の時間を活用して、国語、数学、英語と社会科を、教えていましたが、翌々年には、社会科以外の教科の補習は、それぞれの教科の先生方が自主的に補習を担当し、生徒の学習支援を共に支えてくれました。基本的には勤務時間内で行うように務めましたが、生徒の要望に応え、志望の実現を目指して指導を続けると、午後八時を過ぎることが多くなりました。定時制高校勤務時代は、夜九時以降に指導を開始するため、終了が十一時を過ぎました。

校内で少数の教員の協力を得て、学習・進路支援の態勢ができ始めました。当時は生徒指導部が、生徒の問題行動への対応に忙殺されていたため、生徒指導部と進路指導部が合同で協議のうえ、生徒指導の柱に「進路指導の充実」を掲げてくれました。勉強が苦手な生徒に「勉強しなさい」と言っても、「勉強して、なんになるんだ！」と言い返される場面を見聞したことも度々ありました。そのような時、例えば、「先輩の○○君は、日野自動車工業に就職したよ」、「先輩の○○さんは、三菱銀行に就職したよ」、「君の知っている○○君は中央大学に進学した」というような実績を話すと、生徒は的確な指導の下で努力を継続すれば、志望を実現できることに気がつき、学習に取り組んでくれるようになりました。特に、担任した生徒が四名、中央大学に進学した時には、地域に口コミで広がり、翌年の入学志願者増にもつながり、その結果、生徒指導の負担が目に見えて減るという好循環を実現しました。これらの実績は、進学校の実績とは、比べものにはなりませんが、高校の「ランキング」を打破し、生徒の目線を上げることに寄与していきました。

二‐三．バンデューラの「社会的学習理論」

筆者が八〇年代に読んで大きな感銘を受けた著作が、スタンフォード大学の心理学の教授を務めた、アルバート・バンデューラ（Albert Bandura, 1925-2021）の『社会的学習理論』（モデリング理論）でした。これが、その後のゼミ運営の理論的な基盤になりました。

モデリングとは、人は自分自身の体験だけでなく、他者の行動を観察・模倣することによっても学習する、とした理論です。著書の中で、「任意にある瞬間に行動に影響する予期手がかりのうち、他者の行為ほど効果的で、一般的なものはない。―中略―他者の行為は、非社会的な物理的刺激や象徴的刺激と全く同様に、結果と相関することにより、予期的価値を獲得する。モデリング手がかりは、他者と同じ行動をすれば報酬的結果を生ずる時には、類似の行動を刺激するし、―中略―状況に精通しているモデルの行為に依存することにより、新参者は、手探り行動をしてみてショックを受けるかあるいは好ましい結果になるかを試してみなくとも、いろんな場面や事象に適切に対処できる。」と述べています[12]。

この理論は、部活動や学習塾の経験者にはとてもわかりやすいものです。努力を続けて、目標を達成した先輩の姿を身近に観ることで、自分も頑張ろうという行動につながるのです。努力をしなければならない、という気持ちは多くの人が持つものです。しかし、実際に、目標を目指して努力を継続することは至難の業です。ところが、身近に同じ目標を達成した多くの先輩方、同じ目標を目指す信頼できる友人がいるのであれば、話は全き別です。そのうえで、目標実現の方策を熟知した指導者が、練度の高い指導を行っていれば、そこで諸先輩を模倣して努力を始めることで、数年後、自分自身が、諸先輩と同じように目標を実現することが可能です。ここで肝心なのは、諸先輩が多くの実績を残していることと、指導者の熱意が、一人ひとりに着実に伝わることです。筆者は、この点を、ゼミの運営で重視してきました。そのため、規範意識と学修規律をもとにした、質の高い講義・演習を行うことで、ゼミ生を事前にスクリーニングしました。ある種の厳しさを受け入れることができる学生を、ゼミ生として受け入れました。彼女・彼らに、士気の高いゼミの諸先輩の中で、目標を実現するためには、深夜・休日の関わりなく、指導を続けてきました。その結果については、第三章の「ゼミ体験の振り返り」をお読みください。

二－四．都立高校での自主ゼミの実践

五月革命の下で、大学・高校は、バリケード封鎖され授業は中断しましたが、ロジェの教育観に共鳴する多くの先生が、学生の求めに応じて、「自主ゼミ」を開講し、生徒・学生は、主体的に学び続けていました。

以上はフランスの事例ですが、東京の都立高校でも、六〇年代末から、七〇年代初頭の高校闘争の下で、自主ゼミが展開されていました。第一部、第一章の七－三で言及した、都立上野高校の校長であった森によると、「新授業の中核である自主ゼミは、経済主義的・利己的人間像を否定し、協力と連帯を人間の自然性と認め、これによって社会をよくしようとする努力する人間を目指すものです。新授業によって、全般的な学習意欲は目立って向上し、学園から三無主義（無気力・無関心・無責任、筆者注）の声は聞かれなくなりました。ゼミで学習した生徒の多く

は、勉強のたのしさ、きびしさを知った。責任感が養えた。同じ仲間だから遠慮なく質問できて深く理解できた。先生と膝をまじえての学習が何よりの収穫であった。大学へ行って勉強する意味がはじめてわかった。ゼミの中にこそ生きた学習があり、人生目標の探索があり、友情がある。自主ゼミは読書と討論による自己統一であり、人間科として高校必修にすべきである」と述べています。また、自主ゼミに時間を取られて、受験学力の低下を招くのではないかという質問に対しては、「新授業は、受験指導に偏しない進路指導に力を入れるので、新授業が徹底すれば大学合格率も上昇すると思われます」と答えています[13]。

筆者がこの書籍を読んだのは、教職に就いた後のことです。大学の卒論の「五月革命」と相通じる教育観がそこには表れていて、都立高校という、自分が務めている学校現場での実践事例を、驚きを持って読みました。社会を良くしたい、という筆者の意思が、その後、「生駒ゼミ」として結実していきました。

二－五．高等学校での自主ゼミの実践

高校の初任校（区部の中堅の進学校）で、担当科目である「世界史」で、大学を受験する仲が良くなった生徒から、「放課後に受験に対応できるように、教えて欲しい」という要望が一学期に出され、早速、二学期から自主ゼミをスタートさせました。

週に二回、午後四時から、六時まで、S予備学校の世界史の資料ノートをもとにゼミ形式で実施しました。一斉授業の形式をとらなかったのは、自主的な勉強会で正規の授業ではなかったこと、予習による生徒からの疑問点の質疑応答に応えることを重視していたためです。ゼミの名称を付けることになって、生徒の発案で「敦煌の会」としました。当時学習していたのが、中国史であったためでした。「敦煌の会」の実践については、拙編著『実践キャリアデザイン』の第二章で詳説しましたが、現在は絶版なので以下に、その要点を転載します[14]。

進路指導の原点―「敦煌の会」の生徒、偏差値が五〇から六〇へ―

私の教員生活は、七〇年代後半に、東京都、区部の中堅の普通科高校から始まりました。教科は世界史、分掌は、進路指導部です。担当した一年生の中に、世界史に関心を持つ生徒が十数名いました。一学期の半ばには、仲良くなって、授業外でも日常的に話をするようになり、将来は世界史で大学を受験したいということを話してくれました。社会科の中でも、世界史で大学を受験するためには、学習の範囲が広く、人名が覚えにくいことなどの理由のため、それ相応の準備が必要でした。

早速、世界史で受験を希望する生徒の要望をもとに、放課後の講習を開講することにしました（生徒の発案で、「敦煌の会」と命名することになります）。毎週、月・水曜日の午後四時から、六時ごろまで教科書の理解を基本にして、S予備学校のテクストを基に、生徒の予習を前提・徹底させた受験勉強を開始しました。受験のためといっても、事項を暗記するだけということでは、味気ないことを自分の受験体験で感じていました。そこで世界史の流れを中心にして、行間の具体的なエピソードを交えて歴史の流れをイメージさせることに重点を置いて指導を行っていきました。また、少し専門的で高度な講習を展開することを心がけました。彼らが学習していることに、「プライド」を持ってもらうことをねらってのことです。教材作成ために、『大世界史』シリーズ（文藝春秋社）、岩波、中公、講談社などの歴史関係の新書が大変に役に立ちました。そのうえで、『傾向と対策』（旺文社）や『世界史一〇〇〇題』（学生社）などを基にして、過去問対策に取り組ませました。秋から冬場になると、講習が終わって、生徒と共に学校を出る頃には、外は暗くなっています。時には、駅の近くで夕食を共にして、彼らの夢や悩みを聴きました。二学期末には、学力を把握するために、校外の模試を受けさせました。世界史の偏差値は、おおむね五〇程度でした。その時点では、半年あまりしか世界史を学んでいないので、それでも上出来であったと思います。

講習の参加者は二年生の二学期末には、O社・G社模試の偏差値が、平均六〇を超えるまでになってきました。彼らは、向上心を持ち、早くから着実に準備をすれば、成果が出るということを実感したようです（後に生駒ゼミでは、「早い準備は半ば成功」という言葉をモットーにしました）。その実感が、他の教科への取り組みを意欲的にしていくことになりました。高校卒業後、敦煌の会の生徒は、全員が大学へと進学し、ほとんどの教え子が、現在、大学・高校・中学校・小学校などの教師になっています。筆者が教職に就いて、生徒の夢の実現を支えることができただけではなく、志望の職業に就くことを見届けたという経験は、保護者を別とすれば、教師という仕事でしか味わえない至高のものです。最初の高校での言葉に表せないほどの充実した経験が、その後、二〇年ほど担当していくことになる、学習指導、生徒指導の基本姿勢を形成しました。

三．大学でのゼミ活動の実践

現在は教職に就くことを志望する「教職ゼミ（一〜四年生が在籍）」を担当しています。兼任講師として勤務している成蹊大学では、一六年度の講義内での進路個別相談時に教師志望の学生から、「将来、教師になりたいのですが。どのような準備をすればいいですか」という相談を受けて開講したものです。本務校での教職ゼミの指導・運営の経験を活用し、教職課程センターのご協力で、教室を確保し、現在に至っています。

また、筆者は、約四〇年前に、高校の教師を目指し成蹊大学に入学しましたが、大学には、教育学科あるいは教育学専攻がありませんでした。幸いにも、後述する教職課程担当の先生に、講義外の時間や夏季休業中に教員採用選考試験の対策をしていただいたという経験がありました。成蹊大学の卒業生の立場から、長く教職志望の学生の指導の一端に関わることで、教育学科はないが、教職ゼミを活用して、教育学科に迫ろうという、密かな想いもありました。これを保護者や高校教員の立場から見ると、成蹊大学は卒業後、教職に就く学生もいる、という評価になるはずです。母校の「競争力」に与するというのは大げさですが、毎年、教職ゼミの四年生が全員、卒業後には、教壇に立っているという継続的な事実は、一定の意味を有すると思っています。

三―一．教職志望の学生支援の経緯

まず、ここで、教職志望学生の指導の端緒について述べておきます。筆者が成蹊大学文学部文化学科の学士課程を卒業したのは、一九七〇年代の半ばのことで、幸い、東京都教育委員会の教員採用選考試験で高等学校の世界史に合格し、採用されました。幸いと記したのは、当時の世界史の採用者数・倍率が、三名の採用で、約八〇倍であったからです。また、大学の所属学科が、全国で初めて設置された文化学科で、「史学専攻」ではなかったためです。ちなみに、他の二名の採用者は、早稲田大学教育学部地理歴史専修、横浜国立大学教育学部中等教育社会専攻の方でした。

在学中から教職課程で親身なご指導を受けていた稲垣友美教授（前、成蹊高校教諭）から、卒業した年の夏休み前にお電話をいただき、「八月に教員採用選考試験一次合格者の面接の指導」を依頼されました。この経験が契機となって、その後、現在まで、約四〇年にわたり、教職志望の学生の指導に関わることになりました。

当初、四年生には、八月に二週間程度、教員採用選考試験の二次指導対策（当時は、主に面接指導）を行っていましたが、翌年には、四年生の後輩にあたる三年生及び稲垣先生から、春休み中に「教職教養」の指導・助言を依頼され、こちらも、後輩の役に立つのであればと、引き受けました。当時は教職教養の主に教育法規の過去問対策が中心でした。

七〇年代末には、稲垣先生から、三年生への「教育実習事前指導」及び二年生への「教職ガイダンス」の講師の依頼を受け、上述の指導にプラスして、九〇年代の後半まで担当しました。八〇年代に、稲垣先生が他大学への転出の際、教職に就いた卒業生の組織化をして欲しいというご相談があり、「成蹊教職課程ＯＢ・ＯＧ会（後に、「成蹊教職研究会」）」を立ち上げ、その後、長く事務局長を務めました。この会は大学との正式の関わりはありませんでしたが、教務部の教職課程担当者のご支援を受け、毎年、八月に大学で定例研究会を開催し、教職に就いた先生方との交流を深めました。例年、三〇～四〇名の先生方が参加していました。これが、一九九六年に発足した、現在の「成蹊教職研究会」の母体です。現、教職課程センターの高瀬正弘課長には発足前から、四半世紀以上にわたり、ご支援をいただきました。

九〇年初頭には、多摩美術大学の教職課程の西谷成憲教授（東京学芸大学大学院の先輩）から、多様な現場経験（養護学校高等部、専門高校、定時制高校、普通高校）があり、大学院で教育社会学を専攻し、八〇年代から研究業績があるという理由で、教職志望学生の指導の依頼があり、その後、講師として、十数年間にわたり、教職志望の学生と深く関わることになりました。他方、高等学校の教員として、多摩地区高等学校進路指導協議会の事務局長を務めていました。成蹊大学と地域の高等学校との高大連携実現のため、成蹊大学の学長から、高等学校の連携の代表就任への依頼を受け、お世話になった母校の役に立ちたいと思い、引き受けました。これらの活動を通じて、大学の教職課程センターとも連携を深めていきました。

一九九九年の三月に成蹊大学の木内剛教授から、翌々年度から、「教職研究」を担当して欲しいとの依頼がありました。早速、ゼミの恩師である神部武宣教授に連絡すると、「教授会の配布資料に、お前の名前が出ていた」と喜んでいただくことができましたが、「ところで、何を教えるの」と尋ねられました。その後、一年間、文部省に提出する書類の作成、シラバス、教材、ノートの準備を行い、二〇〇〇年代前半は、毎週、講師として成蹊大学に出講し、前述の教職志望者への指導を継続しました。担当講義は、一年生の必履修科目であったので、講義の中で、教職を志望している学生に声をかけ、夏季休業中及び春季休業中の指導を告知し、当時の教職課程指導室を主な会場にして、時には専任の先生と共に、指導を実施しました。これらの指導は、二〇〇四年度末まで続け、筆者が京都の大学に転出することで、中断となりました。指導の復活は、二〇一五年度からの成蹊大学での兼任講師の担当が契機で、二〇一六年度の前期、前述したように、現在に至る「教職ゼミ」を開講しました。

三－二．ゼミ活動の目的

まず、教職を目指す学生を、教員採用選考試験に合格できるように全面的に支援することが、大原則です。しかし、単に、教員採用選考試験に「合格」することを第一の目的にしているわけではありません。ゼミ活動を通じて、合格できるような教職の力量の基礎を育成し身につけることが目的です。その基本は、三つに大別することができます。一つ目は、課題を観察して読み取り、分析し推論し、それを発表する過程を繰り返し経験させ、教師に求められる課題解決能力を育成することです。二つ目は、大学外の教育現場を含めた、社会理解のためのボランティア活動、教育系のインターンシップへの参加促進です。そして、三つ目は、すでに現場で教壇に立っているＯＧ・ＯＢの先生方や教員採用選考試験を経験した四年生のゼミでの経験を、後輩にフィードバックさせる機会の提供です。

また、教育委員会主催で、毎年、三～五月に開催される教員採用選考試験説明会と、教職予備校として定評のあるＴアカデミーの教員採用選考試験の分析会には、一年次から参加させ、ゼミで参加報告をさせています。以上の両者については、首都圏だけでなく、大阪府・愛知県などの説明会にも参加しています。参加することで、最新情報を得るだけでなく、新たに教職への士気も高まり、それをゼミ内で共有しています。

三－三．教職と他の職業との違いを理解する

ゼミ生は教職に就くことを目指していますが、他の職業との違いを充分に理解しているわけではありません。そこで、以下のプリントをもとに、体験も交えて解説しています。

ａ．大学で学んだ専攻科目を、「学習指導」を通じて退職まで、一貫して活かすことができる。

↓企業では、一部の限定した採用職種（例えば、建築・設計など）を除くと、課（総務・販売・人事・営業・開発など）を、数年のローテーションで経験させ、評価を経て、管理職となる場合が多い。

b. 公立（私立）学校教員・公務員は、業務において「利潤」を追求されることがなく、労働基準法等が厳格に適用され、男女同一労働条件・賃金で、身分が保障されている。ただし、教育公務員（先生）は、時間外割り増し賃金（「残業手当」）を、教職調整額（給与の一律四％）として加算されているため、残業手当は支給されない（次のc.を参照）。また、生徒が夏・冬・春休業中なども通常の勤務である（「カレンダー」通り）。

　なお、研修（国内・海外）制度が、「教育公務員特例法」に於いて認められている。

c. 賃金は、大企業に比べ、月額支給額及び特に賞与（夏・冬のボーナスのこと）の面で低い。

　文部科学省が二〇〇六年度に行った公立小・中学校教員調査では、勤務時間は約十一時間で、休憩は八分であるが、前述の理由で時間外手当は支給されない。その一〇年後、二〇一六年度の同調査では、さらに労働条件は悪化し、世間では、「教職＝ブラック」と言われるまでになった。なお、退職金は、大企業より、少し低い程度である。

→他方、企業では、時間外労働には、割り増し賃金（残業手当）が、二五％増しで支給される。休日出勤の場合には、三五％増し、深夜勤務（午後一〇時〜午前五時）の場合には、二五％増しである。従って、時間外労働＋深夜労働は五〇％増し、休日労働＋深夜労働は、六〇％増しとなる。

d. 定年（現在は、移行期でほぼ六五歳）まで、働くことができる。希望すれば、再任用として七〇歳を超えて勤務が可能である。年金の支給は、原則六五歳からであるので困ることはない（今後七〇歳支給への移行が検討されている）。一方、公立学校教員の場合には、数年（ほぼ、四〜六年）ごとに異動がある。異動先には、島しょ、定時制（高校勤務の場合）、特別支援学校も含まれる。

　他方、私立学校は、有名国立・私学の大学院出身者を採用する傾向がある（経営的観点から）。他方、異動はなく、原則退職まで継続して勤務が可能である。ただし、生徒減等の場合には、馘首《かくしゅ》される可能性がある。

→企業の場合は、五〇歳を過ぎると、一部の幹部要員を除き、子会社に出向する。業績不振に陥ると、倒産、人員整理される場合もある。また、総合職には転勤があるが、一般職・地域限定採用の場合には原則、転勤はない。しかし、前者に比べると給与は低い。

e．公立学校の職場の階層性・男女格差の程度は、企業に比べると著しく低い。

公立学校の場合、職階制は上から順に、統括校長・校長・副校長までが管理職で、以下、主幹教諭、主任教諭、指導教諭、教諭・実習教諭の順となっている。しかし、区分されているほどには、現場で上下関係が徹底しているわけではなく、「生徒の学習指導・生徒指導力」が重視されているといってよい。また生徒も、上記の職階制にもとづいて見ているわけではなく、「先生」として見ているため、「○○先生」と呼ぶ（大学も同様）。

↓他方、企業では、社長・副社長、執行役員・常務・専務取締役・部長・課長（ここまでが管理職）、係長、主任などに区分されており、職責・業績に応じて権限・権能・上下関係が明確化している。そのため、○○さんと名前で呼ぶのではなく、課長、係長と「○○職名」で呼ぶのである。

f．受験の機会・回数と教育実習（二週間または三週間以上）

四年次に教員採用選考試験を受験する場合、全国で北海道、関西地区が最も早く、六月の最終の日曜日である。

七月、第一～三週の首都圏、愛知・四国・九州などとの重複受験は可能であるが、それでも年にわずか、「二回のチャンス」しかない。そのうえ、八月中・下旬の教員採用選考試験の二次試験に合格（概ね、一〇月下旬に発表される）し、採用予定名簿に登載されても、赴任先の学校との採用面接は、翌年三月の上旬である。また、教育実習（概ね、四年次の五月下旬～六月）と、企業の採用試験の時期（四年次の六月）が重なる。教育実習を、欠席することは認められていない。この事態に直面し、困り果てる学生がいる。

↓他方、企業の場合には、平均すると五〇～一〇〇社程度にエントリーすることが可能である。しかしその中で、「内々定」まで到達するのは、数社というのが現状である。

g. 教職と学歴「フィルター」

東京都の教員採用選考試験の合格者の出身大学一覧（以前は公表されていた）を見ると、いわゆる「威信のある大学」が多いことは、事実である。しかし、大企業に顕著な、特定の大学出身者に偏重して採用される現状と比較すると、教員採用選考試験での出身大学の多様性ははるかに高い。この傾向は、教員採用選考試験の一次選考が筆記で、二次選考が個人・集団面接、模擬授業であることと関係している。教員採用選考試験では、首都圏・関西圏などに限らず、多くの教育委員会が、「人物重視（教師としての適性が最重要視される）」と、謳っているがこれは、一次選考は学力、二次選考は面接という、合否判定の仕組みからみても納得できる。

↓他方、就職活動の入り口のエントリーシート（ES）の合否判定時で、七～八割が落とされる。ESの合格者は、SPI3（一般教養・公務員試験と類似）の受験で選抜される。その後は、グループワーク（GW）を通じて、コミュニケーション・問題解決能力を見極められ、最後の役員面接で、採否が決定する。

一般的には、教職＝ブラック（「やりがい搾取業」）と見られがちですが、長い教職志望学生の指導経験から、筆者は教職の特性の中でも、b.が教職への適職判断の分岐点であると思います。現在の資本主義社会の中で、「利潤」の追求を第一にしない職業は、公務員以外には、ほぼありません。教員も教育公務員です。二十歳前後までの学びと経験をもとに、自分は「利潤」を追求する方に向いているのか、あるいは、向いていないのか、このことを感覚的に判断できるはずです。前者であれば、企業への就職が、後者であれば、公務員・教員が向いていると思います。そのうえで、上記のa.に魅力を感じ、学ぶ努力を続ける意思が強いのであれば、教職は適職であると言えます。見方を変えて考察すると、学生に教職への志望動機で語られることが多いのは、恩師との出会いです。その恩師について、どのような先生かを尋ねると、上述のａ．ｂ．を兼ね備えている方が多いです。

三－四．ゼミ生の募集及び選考

毎年、前期の四月及び後期九月の担当講義で、ゼミ生が「教職ゼミ」の紹介を行います。ゼミ活動の実情を理解しやすいので、以下にゼミ紹介文の内容を転載します。

「皆さんこんにちは。私たちが所属する教職ゼミは一年生から四年生まで、二四人が所属しています。このゼミには、様々な学部・学科の学生が参加しているため、普段関わる機会が少ない他学部の方と関わることができ、自分の学科では得ることの出来ない視点を得ることも出来ます。ゼミの活動時間は毎週水曜日の十八時四〇分から、二〇時四〇分頃までの二時間となっています。現在は感染症対策のためオンラインで開講されています。

次に活動内容について紹介します。主に、ゼミ生の教員採用選考試験説明会やボランティア等の活動報告、次に、生駒先生の講義による教育法規についての学習、グループワークなどを行います。加えて、三～四年生は別メニューで、教員採用選考試験の二次試験対策として、生駒先生から面接や単元指導案の作成、模擬授業のご指導もあります。生駒先生は約二〇年間、高校の社会科の教員として実際にお仕事をされていたので、現場の実情やご自身の体験談、教育時事等について詳しい具体的なお話を聞くことが出来ます。

次に私が入会した理由と入会してよかったことについてお話しします。まず、早い段階から教員採用選考試験について学べることです。教職ゼミのモットーは、「早い準備は半ば成功」です。多くの人は教職の勉強を後回しにしがちですが、教職ゼミに入れば、一歩先に教師になるための勉強を始めることができます。ただし、教職ゼミでは、教員採用選考試験に受かるための勉強をすることだけが目的ではなく、教師としての資質・力量を向上させることに重きを置いています。皆さんは教師になるなら立派で尊敬される教師になりたいと考えていると思います。

教職ゼミでは、社会人としてのマナーをはじめとして、生徒との接し方や指導案の書き方など、教師として必要な能力を学ぶことができます。

また、ゼミの卒業生で教師になった方々からも、直接お話を伺うことができます。教師になってみて感じたことや、やっておくべきことなど、本当にためになるアドバイスを頂けることも教職ゼミの強みのひとつです。教職ゼミの先輩方はとても優しく、教職で不安なことや分からないことなど丁寧に優しく教えてくださいます。このように、教師になりたい熱意のあるゼミ生と切磋琢磨しながら学びたい方は、入会を検討してください。

こんにちは。私からは教員採用選考試験の補足とゼミでの体験についてお話します。まず、前者についてです。試験は各教育委員会によって相違がありますが、基本的には、一次試験では筆記試験、二次試験では個人面接や集団討議などです。筆記試験では、教職教養と専門教養そして、一般教養などが加わります。各教科の専門教養については各自で対策をすることになりますが、教職教養については教職ゼミで学ぶことができます。教職教養の中でも特に教育法規は、出題の約六割を占めており、教員採用選考試験合格のために欠かせない内容です。教職ゼミでは生駒先生が教育法規について講義してくださっており、早い段階から教育法規の学習を始められることが大きな強みと言えます。

また、定期的に面接や集団討議の模擬練習も行っており、二次試験までしっかりと対策を行っています。このように通常の講義では得ることのできない経験を積める点が、教職ゼミの大きな魅力であると感じます。

私はゼミに入会してからは他のゼミ生の士気の高さから刺激を受ける日々を過ごしています。他学年、他学部の教員志望の学生と一緒に学び、切磋琢磨することができる環境はなかなかありません。何事も早くから始めるといいと言われますが、教員採用選考試験に向けての対策も同じです。最後になりますが、教職ゼミは試験の合格だけでなく、お互いに学び合い、試験合格後の自分の教師の姿を見据えてその力量を育成することが目的です。そのため、ゼミ生の一員になった場合は教員になるという覚悟があること、社会に出たら当たり前に求められるマナーを守ること、自分の言動に責任を持つことが重要です。

みなさん、こんにちは。私からは教職ゼミの入会方法についてお話しします。入会に際して、入会希望者には、ES・課題の提出と面接による選考を実施しています。これらの選考では、ゼミ活動に対する考えや教員志望の熱意などを見ています。そのため、必ずしも希望者全員が入会できるわけではありませんのでご承知おきください。」

三－五．教職ゼミの活動

ここで最近、一年間のゼミの活動内容を前期四月の開講から、後期末の一月までの事例を紹介します。

前期、四～五月は、ゼミ生全員が、各地の教育委員会主催の教員採用選考試験説明会へ参加し、ゼミで報告します。二一年度は、大阪、神奈川、千葉、埼玉、さいたま市、茨城、愛知、横浜市、東京都の説明会への参加報告が行われました。報告の際には、レジュメを事前に作成し、それをもとに、ZOOMで行いました。ゼミ生には、進路指導における「啓発的な経験」を重視しているため、積極的に学内・外の教育に関わる活動への参加を促しています。ほぼ全員が、塾講師、教育系のインターンシップ・プロジェクト活動に参加しているので、その報告も加わっています。ここまでで、お気づきかもしれませんが、ゼミ活動の内容は、「受験対策」が中心ではありません。

しかし、受験対策を行っていないわけではありません。筆者が過去問の傾向をもとに受験対策用に作成したプリント（主に、教育法規）で、講義も行います。この講義の際には、法規の内容と現場の先生がどのように関わっているのか、その観点を重視して、筆者の知見と経験も交えて解説します。ゼミ生は、次第に問題を教師の立場から考察する習慣を身につけていきます。ここがゼミで育成を目指す、教職の力量につながっていきます。

六～七月です。六月は、私学適性試験、栃木、愛媛、横浜市の説明会の参加報告が続き、ご縁ができた管理職の先生のご講演、ゼミのOG・OBによる前期オンライン講演会です。これは現職の先生方の勤務に配慮し、午後九時に開催で、一〇時半頃に終了しました。現場の先生方の近況報告及びゼミ生からの質疑及び先輩から後輩への助言です。ゼミ活動の中でも盛り上がる会です。そして、最後に、前期の納め会が開催されました。

　前期末の時期は、大阪府教育委員会の教員採用選考試験を皮切りに、全国で試験が始まります。そのため、四年生には、四月からは、ゼミ活動と並行して、別の指導スケジュールで指導を開始します。この内容については、次項で解説します。

　後期、九～十月です。まず、九月は、教育法規を主体とする通常講義です。十月は、例年、Tアカデミー主催の「教員採用選考試験の分析会」の参加報告を行います。ゼミ生全員が、九～十月に第一志望先の分析会に参加します。本人の希望で、第二志望先の説明会に参加するゼミ生も多数います。六～七月に行われた教員採用選考試験の一次の分析会の参加報告によって、最新の情報の共有が行われます。対面で開催された会場に参加した場合には、本番の予行の経験を積むことになります。参加することだけでも充分学ぶことがあると思いますが、それをゼミで報告するため、参加時の傾聴の度合いが高まるだけでなく、レジュメの書き方・報告の仕方などの場数が、次第に増えていくことになります。

　十月に入ると、四年生の受験の結果が、教育委員会から順次公表されます。発表当日の午前十時過ぎに「先生お陰様で、合格いたしました」というメールが届きます。喜びと安堵の気持ちが押し寄せ、四年間の努力が報われる瞬間です。コロナ禍のため、当日の夜、オンラインで、おめでとう！と共に、これまでの努力を労います。しかし、これはスタートに立つことができただけです。今から、さらに教材研究を進めなさい、と助言します。

　十一月、四年生の合格が決まった後、受験教育委員会ごとに、受験報告会を開催します。受験し合格した四年生から、直接合格の報告を聞くことで、後輩ゼミ生の士気も一層高まります。その後、役職ゼミ生の退任式と新たな役職ゼミ生の委嘱式を行います。

　十二～一月は、ゼミのOG・OBによる後期オンライン講演会と、四年生の模擬授業です。諸先輩をお招きして、近況や助言をお聞きし、その中で、教員採用選考試験への合格を祝福されることで、ゼミ生は将来の姿を想像し、四年生のレベルの高い模擬授業を受講することで、さらに教職に就く意識が高まっていきます。
年度内最後のゼミは、しめくくりとしての「予餞会」です。三年ゼミ生の送辞、四年生による謝辞が行われます。以下に四年間のゼミ活動の集約ともいうべき、送辞並びに謝辞の内容をご紹介します。

送辞（三年ゼミ長）

「初春とはいえ厳しい寒さが続いております。まずは、Mさん、Aiさん、Yさん、Hさん、Arさん、ご卒業、そして合格おめでとうございます。

諸先輩方にはここでは伝えきれないほど、沢山お世話になりました。

M先輩。M先輩はいつも親身になって話を聞いてくれて、教職や大学の悩みを解決することができました。また、話を聞いてくれるだけではなく、アドバイスなどもいただき、自分の考えを見つめ直し、新たな考えを見つけるきっかけを多くもらいました。いつも優しく、頼りになる先輩のもとで一緒に学ぶことができてとても楽しかったです。

Ai先輩。Ai先輩は常にゼミ全体に目を通している姿がとても印象的です。私が役職ゼミ生としてゼミを運営する立場となり、ゼミをよりよくするために何度も話し合いを重ね、そのたびに的確な案を提示してくださいました。また、試験に向けての個人的なお話しにも親身になって聞いてくださり、見習うべきことが沢山あると感じています。

Y先輩。Y先輩からは横浜教委教師塾、アイ・カレッジの経験をもとに教育の方法や面接の臨み方など数多くのことを教えていただきました。また、ICT教育や生徒指導に対する考え方は非常に参考になり、「生徒が答えたことをすべて肯定する必要はないのではないか」という意見は、まさにクリティカルシンキングの表れであり、その考え方も含めてYさんから学ぶことは多くありました。

H先輩。H先輩の膨大な知識量に、ゼミなど様々な場面で圧倒されていました。大変なことや苦労したことが数多くあったことと思いますが、日々の積み重ねが大切であると、考えさせてくれました。また、ゼミに対しても気にかけてくださり、ご助言を何度もいただけたことが大変嬉しかったです。先輩の言葉や姿勢から、沢山のことを学びました。

Ar先輩。Ar先輩は学科が同じだったこともあり、教職の話だけでなく、勉強に関する話も多くできました。卒論と教採をどのように両立させればいいのか、今後どんな過ごし方をしていけばいいのかなどゼミの時間以外にも相談に乗っていただき、多くの不安を解決してくれました。先輩からしていただいたことを今度は自分が後輩にできるように頑張っていきます。

諸先輩方の教職への熱意、姿勢から私たち後輩が学んだことは沢山あります。先輩方の後輩でいられてとても幸せです。本当にありがとうございました。後輩一同、先輩方の益々のご活躍を願っております。

以上をもちまして、送辞の言葉とさせていただきます。」

謝辞（前ゼミ長、Mさん）

「凛として澄んだ冬の空気を感じる今日この頃、私たちは教職ゼミを卒業しようとしています。先ほどは温かい送辞の言葉、ありがとうございました。

さて、大学一年生の後期にこのゼミの門を叩いてから、はや約四年が経ちました。当時、教員になれるか不安でいっぱいだった私は、この春から胸を張って教壇に立とうとしています。ここに来るまでは、言葉で語り尽くせないほど多くの助けがありました。

生駒先生。生駒先生はご自身の経験から私たちを導き、指導してくださいました。いつだったか、無償でそれをしてくださっていることへの感謝を述べたところ、「それは好きでやっているからいいんだよ。Mが教員になったときに、生徒に返してあげなさい」とおっしゃいました。大げさですが、私はそれを聞いて「教育」というものの真理を見た気がしました。たとえて言うのなら植物です。生駒先生が蒔いてくださった私の種が芽を出し、花になってまだ見ぬ私の生徒の種を蒔く。そうした形で学びの種を繋げていくことが、生駒先生への最大の恩返しになると信じています。

後輩たちへ。皆さんにとっては、きっと四年生の背中が大きく見えたことと思います。私たちにとっても先輩の存在は大きく、今でも追いつけたような気がしていません。しかし、実は私たちも皆さんから学んでいたと言えば驚かれるでしょうか。学年の違いによって、私たちはほんの少しだけ皆さんよりも先を歩いていたけれど、一人ひとりが得てきた経験や視点は何事にも代えがたいものです。だからこそ、皆さんの発表やご意見から新しい学びを得ることもありました。それはきっと、皆さんが皆さんの後輩に感じることと同じであると思いますし、私たちはそうした学年の垣根を越えて学び合うゼミを作ってきたつもりです。後輩の皆さんに、少しでも残せたことがあれば嬉しく思います。

そして、四年生の皆さん。私たちは理想も考え方もバラバラだったけれど、誰よりもその存在に助けられました。しょっちゅう集まって大真面目に議論していたかと思えば、全然関係のない個人の趣味の話が始まっていましたね。お互い認め合い、尊重していたからこそ成り立っていたと思います。私はつい完璧なふりをする悪い癖がありますが、皆さんといるときはその必要がなく、等身大の自分でいることができました。今皆さんと一緒にこのゼミを卒業できることを誇りに思います。

生駒先生を始めとして教職ゼミの皆さんには、感謝の念に堪えません。本当にありがとうございました。春から教員として、また地道に努力を積み重ねてまいりたいと思います。卒業後も先輩として、少しでもこのゼミに貢献できれば幸いです。最後に教職ゼミのますますの発展をお祈りして、謝辞の言葉とさせていただきます。

（前ゼミ長、Aiさん）福寿草の花が一足早く春の訪れを告げる頃となりました。この度は、我々四年生のためにこのような機会を設けてくださり、心より感謝申し上げます。また送辞の言葉を賜りましたことに、重ねて御礼申し上げます。

振り返れば約四年前、教員になりたいという意志はあるものの、右も左もわからない私たちに、一から丁寧に教えてくださったのは生駒先生と先輩方でした。特に、生徒と本気で向き合うとはどのようなことなのかを、生駒先生から学ばせていただきました。

一年生の頃に先輩方から「教員採用選考試験の二次試験を受けるときは、生駒先生が遅くまで指導してくださるんだよ」と教えていただいた時、「生駒先生も忙しい中、本当なのだろうか」と感じたことがありました。しかし、ゼミの中で私たち学生の意見を尊重しつつ、指導してくださる生駒先生のお姿から、すぐに杞憂だと気が付きました。それから今に至るまで、生駒先生が熱い指導をしてくださったことで、私たちの教員像が明確になったと感じております。四年間、大変お世話になりました。

さて、新型コロナウイルスによって大学では対面での講義の中止を余儀なくされ、教職ゼミもその影響を受けてオンラインのみでの実施となりました。最初は後輩の皆さんと、直接関わる機会が以前よりも少なくなってしまうのではないかと、少し心配していました。それでも、ゼミ後のＺＯＯＭや、対面講義再開後の帰り道で様々な話ができたことは大変嬉しい思い出です。加えて、皆さんの発表の様子やゼミ外での活動の話から、素敵な教員になれると確信しています。ぜひ皆さんの経験や知見を、これまで以上にゼミへ還元してもらえたらいいなと思います。四年生もこれからは現場での経験をもとにお話しすることで、教職ゼミに還元して参ります。

また同期の四年生には、未熟な私を優しく受け止めてくれることもあれば、時にははっきりと「それは違うと思うよ」と教えてもらい、本当に助けてもらいました。今まで、ありがとうございました。そして教員になってからも、皆さんから、沢山学ばせてもらうつもりでいるので、よろしくお願いいたします。

これから四年生は、それぞれの場所で目の前の生徒と向き合いながら、教育者としての使命を精一杯果たして参ります。最後になりましたが、生駒先生とゼミ生の皆様に改めて御礼を申し上げると共に、皆様の御健康と教職ゼミの輝かしい発展をお祈りいたしまして、謝辞とさせていただきます。」

以上の予餞会での送辞と謝辞には、生駒ゼミで学んだ四年間の全てが凝縮されています。筆者が教員としての立場から述べる実践と、受講ゼミ生の言葉の両者から、本書の読者のみなさんも、ゼミ活動の実情を総合的にイメージしていただけたことと思います。

三－六．教員採用選考試験の一次合格者への指導事例

四年生の指導の内容：主に八月の二次試験の対策です（大阪府の場合には、三次試験）。直接の指導は、前年、三年生の後期の個別面談から始めます。まず、現在の教職に就く意思の確認です。三年生の後期には、就職活動が事実上始まり、各種のセミナー、ワンデーインターンシップが開催されます。この時点で、就職か、教職か、迷っているゼミ生も若干います。そのため、本人・保護者の意向の確認を行います。

三年の二月（冬季休業中）に、面接のコア項目を全員に送付します。コア項目とは、過去数年間の教員採用選考試験二次の受験報告に記載された、多くの教育委員会で頻出された項目のことです。回答を作成次第、提出させます。その後、三月末までに、コア項目をもとに、個別面談を実施し、面接で表現する本人像を徐々に固めていきます。

二〇二二年度の都教委の一次合格者の発表は、八月の第二週の月曜日です。二次の試験日は、翌週の週末です。そのため、準備の期間は実質的に、十日余りです（二〇二二年度 東京都公立学校 教員採用候補者選考、二〇二三年度採用、実施要綱より）。その間に、個人面接・集団面接、単元指導計画案の作成の対策を十全に行うことには無理があるため、一年前の十月から指導を開始します。具体的には、前年の八月の二次の集団面接の四つのテーマをもとに、模擬集団面接を毎月一回実施します。個人面接についても、同様です。実際に受験した四年生に指導をサポート

させます。八月の受験の記憶が新たな内に行うことで、そのリアルが後輩に伝わり、一気に集中力が高まると考えています。ゼミの一年生は、上級生のグループワークを目の当たりに体験し、会話の内容の質の高さに驚いています。

ここまでは、三年次での準備ですが、これからは、四年次、八月の指導を説明します。七月の一次試験後、すぐに二次の対策をスタートします。今までゼミでは、教員採用選考試験一次での不合格者はいないためです。まず、前述の個人面接対策のコア項目の添削指導を繰り返し、各自の軸を明確にしていきます。一方、単元指導計画案の原案を、所属学科の先生のご協力を得て作成させます。筆者は都立高校勤務時代、指導案を作成する立場から、次第に校閲をする立場になっていたため、その経験を活かし原案をもとにキャッチボールを繰り返し、完成させます。筆者は社会科の教員であったので、国語科・英語科・数学科などの指導案を作成した経験はありませんが、校内・外の研修時に多くの教科の指導案をもとにした授業を見る機会を活かして、指導案を仕上げていきました。この二年間は、コロナ禍のため、この指導過程はＺＯＯＭで、一人二時間程度で、週に二回ほど実施しています。添削・校閲指導は、連日行います。ＺＯＯＭの利用以前は、対面指導にプラスして、成蹊大学のゼミ生には、主に携帯電話を活用しての指導で、ゼミ生の人数が多い年には、度々指導が深夜一時を過ぎました。

四　実践のための不断の努力

これまで叙述してきた実践が効果を発揮するには、学生との信頼関係が不可欠です。学生は筆者の行為を、講義・ゼミなどを通じてよく見ています。

以下、日常的に注意していることを、一日の流れを追ってまとめます。

a．普段から体調の管理には注意をしています。特に講義・ゼミの前日は寝不足にならないようにしています。そのため、高校・大学教員の勤務、約四〇年間皆勤です。

b．朝大学に出勤し研究室に着くまでに学生に会うと、「おはよう。今日は暑いね（寒いね、雨だねなど）」と声をかけます。疲れているようなら、様子を尋ねます。一講時の教室を確認して、照明をつけ夏季は暑ければ冷房を、冬季は寒ければ暖房を入れます。

c．講義中の注意点は、その詳細をすでに本章で説明しました。繰り返しをさけて付け加えると、私語・居眠りなどを叱責する際には、瞬時に注意して、出席票提出時に、その理由を確認することが大切です。

d．教育実習前の模擬授業を繰り返す四月から五月の時期は、午後九時まで講義を続けます。午後七時半頃になると、学生も筆者もお腹がすいてきます。学食に行ってもうひと頑張りしようか、と声をかけ、学生と一緒に食べ、気分転換を図ります。

e．ゼミが終わるのは、午後八時半頃です。大学正門への帰路、前方を楽しく語り合いながら歩いているゼミ生に追いつくと「お疲れ様でした。気をつけて帰りなさい」、と声をかけて一日の労をねぎらいます。これで、大学での仕事が終わります。

f．帰宅後には、メールの対応をします。必ず、速やかに受信確認の返信をするようにしています。学生への返信に限らず、学内・外の方や企業とのやり取りでは、これはあたりまえのことです。添削の依頼に対しても前述したように、可能であれば当日、もしくは翌日には戻すようにしています。

g．前期の七月には納め会、後期の一月には、予餞会を開催しています。これは、普段の講義・ゼミでは緊張を強いられるので、リラックスする機会を設けてバランスを取るということと、下級生が上級生の所作を見て、社会の中でどのように動くのかを体験的に学ぶことを目的としています。納め会の前半には、自己紹介及びゼミ活動の振り返りコーナーの時間があるため、ゼミ活動の延長といえます。後半には、参加者全員、一人ひとりと話します。未成年者の飲酒は厳禁、喫煙は全員禁止です。午後一〇時までには、お開きにするようにして、ゼミ長に帰宅方向別にまとまって帰るように指示を出して、筆者は先に引き上げます。帰宅後メールを確認すると、ゼミ長からは、「それぞれが無事、引率帰宅しました」という報告が届きます。納め会は下級生だけでなく、ゼミ長にとっても、組織運営の経験の場になっています。

h.　夏季・春季の休業中は、専ら、文献講読、調査などの研究に時間を使っています。高校の教師になった際に、研修時の指導主事や教科主任から、繰り返し教材研究の重要性についての指導を受けました。簡潔に要約すると、一時間の授業の準備には一〇倍の時間がかかる、というものでした。教師一年目は、翌日の世界史のノート・プリントの作成に追われていました。上記の助言の重さは、教師一年目から実感させられました。

夏季休業中には、主に神保町の古書店街に通って、翌年の授業の教材となるような一次史料や学習に役立つ資料を探すことを続けました。教科書の行間を埋める教材研究に裏づけられ、わかりやすく工夫された授業には生徒が関心を持ってくれました。充分な教材研究をして授業に臨むと、学習効果が上がるということを体験した達成感はとても大きなものでした。その後も、教育と研究は、表裏一体だという確信を持って学生に接しています。

i.　高等学校の教員になって、まず一学年の副担任に配属されました。一学期末の納め会での学年主任からの助言は、今も心に残っています。このことは、教職を目指す学生にも度々話してきました。それは「生駒先生、クラスの一割の生徒と信頼関係ができて、卒業後も会うことができれば、それはもう教師冥利というものですよ」という言葉です。当時の筆者は、クラスの全員から好かれ、信頼される教師が理想で無我夢中だったのです。その様子を見ていて、声をかけてくださったのだと思います。時は流れて、筆者の教員歴は四十年を超えました。初任教員当時は懐疑的に受け取っていたベテランの学年主任の言葉は、年を経るごとに得心できるものへと変わっていきました。映画やテレビドラマで描かれるスーパーマン教師ではなく、真っ当で、一割の学生に信頼される教師でありたいと思っています。常に「でき得ることはなんでもやる」という「仁義」を大切にしています。

五．自己の教師像の原点

筆者は、これまで述べてきたように、規範意識の育成と学習規律の確立した講義、意識的少数者を中核とするゼミ活動の両輪をもとに教職を遂行してきました。現場の先生方の研修会終了後の懇親の場で（まれにゼミのＯＧ・ＯＢから）、度々、同じ質問を受けました。それは、「先生の教育の原動力とはなんですか」、「先生の理想の教師像はなんですか」というものです。その答えは、大きく分けて二つあります。

まず、一つは、教育によって、人々や社会を幸せにしたい、ということです。高校の進路指導の担当教員として、養護学校高等部、教育困難校に長年勤務して、社会の厳しい選別と配分のあり方に直面してきました。社会を簡単に変えることはできませんが、生徒・学生の成長・変革を促す助力は、通常の講義にゼミを加えるという形態をとることですぐに実行可能です。換言すれば、どのようなランクに在学している生徒・学生にも、彼女・彼らの第一志望先に就けるように、時間をかける、わからないところまで戻る、という指導方法と、前述してきた練度の高いスキル、そして、信頼関係をもとにした情熱を持つことで支援することができます。

次に、もう一つは、子どもの頃、熱心に視聴し、後年は再放送を録画し繰り返し観ていたアメリカの連続テレビドラマ、「コンバット（全一五一話）」と「逃亡者（全一二〇話）」から受けた大きな影響です。このように答えても、若い先生方や学生は、どこかで聞いたことがあるけれど、実際に観たことはない、という反応が大部分です。

前者の主人公、サンダース軍曹からは、分隊の指揮官として、部下の全員を戦場から生還させるというリーダーとしての使命観を学びました。その達成のために、彼は、常時、厳しい訓練を課し、戦闘の際には、一糸乱れず、慎重にかつ果敢に、互いに援護し合う行動がとれるように分隊を統制していました。例えば、声ではなく、手指の合図だけで、クラスを適切に動かすことなどを学び、校外行事などの声を聞き取りにくい場所での指示の徹底の際に役立ちました。前述の規範意識と学習規律の重視は、クラス・学年全員を卒業させ、志望先で活躍する人材の育成を強固に支える柱です。一方、子どもの頃「戦争ドラマ」として、ドイツ軍と勇敢に戦うサンダースの分隊に関心があったものが、一〇数年後、高校の教師時代に、再放送で観た時に、見方が次第に変わっていきました。これは「反戦ドラマ」ではないのか、という、新たな発見です。ドラマでは、多くの死、それによって翻弄される老人、女性や子どもたち、そして、破壊された街、特に、狙撃兵が隠れている教会の尖塔が象徴的に描かれていました。戦争がもたらすものは、死・絶望・諦めであり、人々の生命・家族・希望・夢を無残にも奪っていった。この点について、ジョー・デイビットスマイヤーは、「コンバットは、ヨーロッパ戦線で戦った平均的なGIたちに対する賛辞ではあったが、戦争や暴力を賛美してはいなかった。そうではなく、この番組は戦火の試練にさらされた男女がそれに対処できるという類いの栄光を示していた。せいぜい言えることは、『コンバット』が戦争によって引き裂かれた世界の中で、自分たちの道徳の中核を見つけそれを維持しようと苦闘する兵士たちを示しているということである。」と述べている文章に出会いました[15]。やはり、そうだったのか、と得心しました。これらのことが、社会科・教職課程科目の担当者として、常に日本国憲法を守り、戦争をしない社会を目指すことを、道徳として大切にしてきた大きな理由です。

後者の主人公、無実の罪で死刑を宣告された医師リチャード・キンブル博士からは、死刑宣告を受けたことが、明かされるような状態に陥っても、医者として、人間として、「自分の命」を賭して、社会的なさまざまな弱者や迫害を受けている人々を救うという倫理観を学びました。最終回で、彼の無実が証明されるまでは、毎回、ドラマの最後で、寒空の下で、ジャケットの襟を立て、夜の街を暗闇へと去っていきました。最終回を除き、彼は逃亡し続けましたが、その度に、そこには、彼に救われた人々が確かにいたのです。

幸せな社会とゼミ生の夢を実現するために奮闘して、夜の闇に包まれた高校・大学から、帰路につく日々を、ドラマの主人公二人が、今もどこかで、鼓舞してくれています。

第三章で後述する「ゼミ活動の振り返り」で、久保千晶さんが自身の仕事観について述べていますが、筆者にとって、教職は天職です。

注

1 拙著『キャリアデザイン支援と職業学習』に記した、二〇一二年度の同調査では、六割の学生が進路指導を受けたと回答した。

2 OECD教育研究革新センター『学習の本質―研究の活用から実践へ』監訳者 立田慶裕 平沢安政 明石書店 二〇一三年 三〇-三一、四八-五〇頁

3 木村吉彦『「フィンランドから学ぶ『未来学力』」「教職大学院と学士課程教育を接続した六年一貫の教員養成カリキュラム開発」研究成果報告（1）上越教育大学 二〇一一年 一-七頁

4 久保田賢一『構成主義が投げかける新しい教育』コンピュータ&エデュケーション 一五巻 二〇〇三 編集・発行 一般社団法人CIEC 一三頁

5 筒井美紀「大学の〈キャリア教育〉は社会的連帯に資するのか？」『現代の理論』二〇〇九年春号 一七五頁

6 「反転学習」の実施のため、事前にレジュメを配布することについて、所属学会の研究会で報告をした際に、「学生が配布レジュメを確保したことで安心して、学ぶ意欲が低下する」という事例があるという意見が出された。筆者は高等学校教員としての経験から、板書をすることの意味や、学生がノートを取ることで得られる大きな学習効果は充分に理解し、体験してきた。しかし、板書をノートに書いて、定期考査まで読まない学生が多いことを勘案すると、レジュメを配布し、予習ができる状態を設け、学習の道案内とさせること、また欠席者のフォローアップも可能だと考え、弊害よりも利点があると考えている。

7 氏家達夫・陳省仁『基礎 発達心理学』によると向社会性とは「他人あるいは他の人々の集団を助けようとしたり、こうした人々のためになることをしようとする自発的な行動」である。放送大学教育振興会 二〇〇六年 一四四頁

8 しいら書房編著『世界は業火につつまれねばならない』しいら書房 一九六九年、小林哲夫『高校紛争』中央公論社新社 二〇一二年、都立立川高校「紛争」の記録を残す会『鉄筆とビラ―「立高紛争」の記録 一九六九―一九七〇』同時代社 二〇二〇年

9 江口幹『五月革命の考察』麦社 一九七一年 三二頁

10　前掲書『五月革命の考察』三三頁
11　渡邊誠『コンドルセ　―フランス革命教育史―』岩波書店　一九四九年　五三-六三頁、コンドルセ他著『フランス革命期の公教育論』坂上孝編訳　岩波書店　二〇〇二年　一一-一五頁
12　アルバート・バンデューラ『社会的学習理論』監訳者　原野広太郎　金子書房　一九七九年　九八頁
13　森杉多『自主ゼミ創出―希望の教育―』学事出版株式会社　一九七六年　二〇五-二〇六頁。都立上野高校の自主ゼミ及び全国の高校闘争については、小熊英二『一九六八　下　叛乱の終焉とその遺産』新曜社　二〇〇九年　一一-七七頁
14　生駒俊樹編著『実践キャリアデザイン―高校・専門学校・大学』二〇一〇年　ナカニシヤ出版　二五-二七頁
15　ジョー・デイビットスマイヤー『コンバット・クロニカル』中村省三訳　グリーンアロー出版社　一九九八年　一一頁

第三章　卒業生及び在学生による「ゼミ体験」の振り返り

これまで、主に成蹊大学での教職ゼミでの実践について述べてきました。ここで視点を反転させて、筆者が勤務した高校・大学在学中にゼミに参加して、その後、社会人になってご活躍の諸先輩方及び教職に就いている方と、現在、教職ゼミに所属している四～二年生にとっての、ゼミ体験の振り返りを紹介します（所属等は最新のものです）。そこからは、ゼミでの出会い、そこでの学び、そして、その後のキャリア形成が綴られて、ゼミ活動の果たした役割と各自のキャリア発達の事例を読み取ることができます。

一．高校教員時代の卒業生

ベルーフへの道

全日制の高校から定時制高校に編入したのは、高二の五月です。生駒先生とは教師と生徒の間柄。気難しそうな人だなぁ、それが第一印象、授業は真剣そのもので、厳しさも感じました。そんなイメージを払拭するのに時を費やす事は無く、吉田拓郎、フォークソング、弾語りの共通点が二人の距離を無くしてくれました。授業では、一時間弱のお付き合いでしたが、授業終了の二一時以降は終電（府中発、一二時四五分発、高幡不動止まり）が来るまで、部室でギターを弾いたり唄ったり、ファミレスで語り合ったりの毎日、盛り上がりすぎて、終電を逃して車で送っていただいたことも、しばしば…。授業はもとより、楽しい二度目の高校生活はスタートしました。

そんなある日、先生から「久保チャン、進路どうするの？」と声をかけていただき、自分は和菓子職人になってみたい、たとえ挫折しても、そんな仕事を体験してみたい、出来ればそれを京菓子…京都で学びたい…そう伝えました。

手のひらの上の小さな芸術、人の心を動かせるような、和菓子…京菓子を自分のこの手で作りたい、それが私の夢でした。なにげなしに観ていたテレビの画面に、人の手と、その手の上で形作られる和菓子を見た時、あ、こんな世界、こんな仕事もあるんだなと、心を動かされ、とりあえずはそんな世界、仕事を覗いてみたい、些細なきっかけかも知れませんが、そう思いました。

私の希望を受け止めてくれた先生は、求人が出ているのか、出ていないのか等を直ぐ様に京都の職安に連絡して、確認をしていただき、毎年何社かは、新卒採用の求人があるとの情報を得ることができ、いてもたってもいられず、とりあえず、京都の職安に行きたいと思った私に、職安への連絡、行き方、新卒採用の求人が出た時の送付先等、的確な指導をしていただき、先生のお名刺をお預かりして、京都を訪れました。以前の求人票を閲覧し、菓子屋を見て、帰りは金沢に立ち寄り、そこでも菓子屋を巡り、歩き疲れて映画館で熟睡した記憶があります。

それから一ヵ月、四社からの新卒採用の求人票が送られてきて、ここで仕事が出来たらいいなぁと思っていた、俵屋吉富様の求人票を見て、即決しました。京菓子に関する書物や雑誌を収集している時に、俵屋吉富の会長、石原留治郎さんの職人の話を読み、こんな人の下で働いてみたいなと、思っていたのでした。

そして、秋に採用試験を受けるために上洛しました。先生のアドバイスにも助けていただき、面接もスムーズにスタートしましたが、そこで決定的な大失言を発してしまいました。総務から、「久保君には寮に入って貰うことになるけど、他の寮生とトラブル起こしたら、どうします？」との質問に対して、寮なんて聞いてない、それに私の性格柄、そこまでのトラブルには発展させない自信もあり、会社には迷惑をかけたくない、そんな意味を含め、口から発した言葉は、「そんな時には、会社辞めます！」、あ～やってしまった、言ってしまった。先生のご指導が、俺の希望が全て崩壊しました。夕刻、東京駅に着いたその足で、生駒先生のところへ猛省しながら報告しに行き、

「先生ごめんなさい、俺のバカ野郎！」を繰り返し、悔やんでも悔やみきれず、泣いても叫んでも、どうにもならない。結果は想定通りの不採用。これは、当たり前の結果で、試験日当日、既にあきらめていました。

しかし、あきらめてない人が一人いました。生駒先生です。「俺、会社と話ししてみるわ、久保チャンの情熱は、しっかり俺に伝わっているので、なんとかしてみる」。不採用が採用になるわけが無いと、あきらめていた私に、再び猛省を促しました。その後、先生のフォローで、先生のお力ひとつで、採用となりました。本人ですら諦めていたのに、諦めず必死に私のフォローをして、食い下がってくださった。先生の大きさと、自分の惨めな程の小ささを痛感しました。言葉では表せない、言葉にすればあまりにも薄く感じられるかもしれませんが、感謝と愛しかないです。苦い体験でしたが、私の夢の京菓子職人の扉は、先生の大きなパンチで（少しくらいは、私の情熱で）開かれました

就職のため、京都へ上洛する日、東京駅のホームまで見送りに来てくださったのも、生駒先生でした。ガッチリと握手そして抱擁、ドアが閉まる直前の万歳三唱、涙が止まりませんでした。こんなに良くしてくれる人、素敵な環境、知人や家族から、身勝手に離れていく自分はなんなんだ！いろんな思いが頭をよぎり、しばらく呆然とドアの脇に立ったままで、席に座ったのは、静岡を過ぎてからでした。

こうして京都での京菓子と共に生きる生活は始まりました。さて生駒先生とですが、私が帰省する時には、必ず連絡を入れ、時間が作れるようならお逢いして、先生が修学旅行などで、ご入洛される時は顔を出させていただくという、数年にそう何回も訪れない機会を大切にしていました。しかし、幾年か経過した頃から、どちらからともなく連絡は途絶え、年賀状のやり取りだけで、お会いする事は無くなりました（けど、繋がりは無くしたくない）。いいように考えれば、石の上にも三年はクリアしたので、見守って下さる時期になったのかと、思っていました。

いつしか十年以上の音信不通が続いた二〇一〇年の初夏、突然会社に送られてきた一冊の本。生駒俊樹編著の『実践キャリアデザイン』、その本に挟まれていた手紙には〝ご無沙汰しています。元気でご活躍の様子を、テレビ

で拝見しました。夢を叶えて、一流の創作和菓子職人になりましたね。僕もとても嬉しいです。今は縁あって、京都の大学に務めています。アドレスをお知らせします。会いましょう。連絡ください。〃と書かれていました。涙と震えが止まりませんでした。十数年の月日が過ぎたのに、いまだ私を気にかけてくださるそのお心遣い。

本の編者略歴を見ると、学会の常務理事やら、事務局長、教授、調査責任者等、先生の止まらぬ進化を目の当たりにし、超ご多忙の中ででも、忘れられていなかった事への感謝、ほんとにありがたく受けとめさせていただきました。

さて、私自身も日々の勤勉、回りの人にも助けられながら、生菓子のトップに立つことができ、テレビや雑誌の取材等、菓子作りの実演や、菓子教室の講師を全て引き受けるほどに成長はしていました。仕事は趣味！みたいに楽しく、お菓子と向き合っている時が一番の幸せ（ま、辛い事も多々ありますが）そんな時期でした。

早速先生とメールのやりとりをして再会したのは、四条のビアホールでした。実に、十数年ぶりなのに、話を始めて五分もたたないうちに、お互いが〝あれっ？、昨日も話ししたよね？、昨日会ったよね〃と、なんとも例えようのない、不思議な空間に包まれ、十数年の時は消去され、あの頃に戻って、二人の宴を楽しませていただきました。

それからは、一年に一度くらいの再会を楽しく過ごすことができ、先生の誕生日には、私の創作和菓子でお祝いすることができました。僅かな許された時間を、先生を捕まえ、礼儀もなく立場を誇示することもなく、接していただいた事、失礼極まりないかもですけど、会えばあの頃の二人になれる、そんな大切な時間を過ごさせていただきました。

お互い住む世界は違っていても、相当な立場の違いはあるにしても、ベルーフ（Beruf 天職、筆者注）に就けた事、それは同じで、学習や並々ならぬ努力、人様からみれば、そんな苦労と見られてしまうかもやけど、当の本人は苦労や負担は感じていない、それは、その訳は、それが好きだから！　そのひと言で、全ては片付くと思います。

常に新しい事を発見し、多角度から見る事ができる眼、苦労や挫折を前に進めるパワーに換え、決して前に進むことを怠らず、自分のため、人様のために試行錯誤、そんな考えが、先生とはほぼ同じで、こうして仲好くしていただいている同士として、お付き合いしていただいているのかなと、自分自身勝手に思っています。

あの日、あの時、先生が諦めず、会社と話をしてくれたことに、一生感謝です。謝っても、お礼を言っても、表現しきれない私の心、気持ちです。しかし、その事は、生駒先生が一番理解なさっていらっしゃるだろうと、そんな思いです。

（久保千晶、京菓子司株式会社 俵屋吉富 生産部、菓匠）

書かれた文章には生き方の全てが現れる

生駒先生との出会いは、卒業後の不安とともに、ぼんやりと将来の進路を考え始めた頃でした。クラス担任のS先生からホームルームで、新しく進路指導の大ベテランの先生が赴任される旨のお話があり、それまでは校内になかった定時制用の進路室の教室が出来ました。そして放課後、希望者は、その進路室での講習会に、ぜひ参加するよう勧められました。言われるがまま、新しくできたばかりの定時制用の進路室の扉を叩くと、二〇人程が車座で囲める大きな机の奥に、いつも変わらぬ優しい満面の笑顔と快活な挨拶で迎えてくださったのが、生駒俊樹先生でした。赴任当初から先生の授業と同様に、「生駒ゼミ」の実践と学びの深さは、四半世紀を経た現在でもとても心に残っています。

まず、進路説明会（キャリアガイダンス）では、他校の定時制高校の実態も踏まえたリアルな卒業後の進路が明確な数字と共に丁寧に解説されました。幸いにも当時のプリントが手元に残っています。多摩地区内二〇校の定時制高校卒業生の進路状況が就職者・進学者・進路未決定者の実数と割合の一覧表などの詳細な進路状況が示されました。そして正社員としての就職や大学・短大進学者が多くない現状とともに、少ないながらも正社員として希望する企業への就職が実現するもの、四年制大学へも進学するものが一定数いるという実情を話されました。

周知の通り、キャリア教育が叫ばれる十年以上前のこと、経済的理由の他、転校や留年、中退、不登校などを要因として、基礎学力の不足、それ以外にもさまざまな理由からドロップアウト等の経験による自己肯定感の低さなどの諸困難を抱える生徒たちが少なくない定時制高校にあって、加えてバブル崩壊後の一九九〇年代、新卒労働市場の縮小に象徴される「失われた十年」という世相も相まって、クラスメイトの仲間たち（もちろん私もその一人でした）は、卒業後の将来の夢や希望、キャリア展望を描けないという課題が顕在化していたように思われます。

そのような状態にあって、詳細で具体的な進路情報の提供と自己の希望進路に伴う準備の重要性が伝えられる時、特に教育困難校や底辺校とも称される進路実績の厳しい学校においては、そのことが生徒たちに与える影響は、「諸刃の剣」にも成りえるものです。定時制高校からでも、数は少なくても四年制大学へ進学し、正社員に就職できる生徒がいる一方で、卒業生の大多数が進学もせず、正社員にもなれず、ニートやフリーターになっているという現実は、必然的に、自分たちもそうなってしまう、という負け犬根性を醸成してしまう危惧があります。

都立F高校では担任の先生方をはじめ、そうした生徒たちを一人でも多く、何としても定時制高校を卒業させ、かつ卒業後の進路保障を支援するという雰囲気がありました。そうした先生方のなかでも、生駒先生の熱い想いを感じる場面は、少なくありませんでした。配布された進路関連資料の一つであった進学希望者用のプリントのなかに注意事項が以下のように示されていました。

・負け犬根性を捨て、最後まで気を抜かずに頑張ること。
・新聞を毎日読み、小論文を書いて、先生に見てもらうこと。
・〝早い準備は半ば成功〟

この注意事項は、F高校の進路指導、つまり生駒ゼミの指針を余すことなく表しているように思われます。それは、先生のご著書『キャリアデザイン支援と職業学習』（旧版 筆者注）にも示されているように、生駒俊樹先生の授業の充実度、率先垂範される言動の一致、時間厳守や丁寧な言葉遣いと生徒指導の公平感などの積み重ねによる、生徒たちとの信頼関係が前提となって、生駒先生が旨とされていた「社会理解と職業学習」を担保する有効な進路指導に繋がっていました。日ごろは温厚で笑顔が絶えない生駒先生が、授業中の居眠りや学習規律の乱れには、時に厳しく叱責されていた事が思い起こされます。

それは、生駒俊樹先生ご自身が大学院で教育学を学び、教育社会学担当の大学講師として教えられておられた知識と教養に裏付けられた問題意識や教材の内容がタイムリーに反映されていたからであり、何より定時制に集う生徒たちが社会化（社会に適応）できてないのは、教育社会学の視点から「選別と配分」による教育達成の一つの側面として、生徒たちの個人的な問題ではなく、鋭く社会の側の問題として進路指導を捉えられていたことが、現在では、理解できるようになりました。

ゼミでは、週一回、十数人程度のメンバーが夜九時過ぎ、Ａ４のリポート用紙一枚にまとめた課題のレジュメを持って集まります。小論文の書き方指導を目的に、レジュメの書き方は形式が〈要約〉と〈感想〉から構成され、基本的に要約が四割、感想が六割での記述が求められ、その割合は、課題文の内容に応じてその都度変化するものであると指導されました。発表者は、レジュメを前日までに生駒先生に提出し、当日、発表者のコピーが参加者全員に配布されます。それを毎回一～二名が発表し、主題の的確な要約と主題を焦点にした感想のコメントについて参加者が自身のレジュメと比較検討しながら、意見を交換し合うという流れでした。

用いる資料は、周知の通り大学入試出題数トップの朝日新聞の社説や「天声人語」「窓」と、三大新聞の名物コラムとの比較に留まらず、日本経済新聞の他、専門雑誌などから、生駒先生がご用意された各種の時事問題の記事を読み込みます。その資料の選定と解説は、終始一貫して生駒先生ご自身から溢れ出る広くて深い社会性と歴史認識に基づいて分かりやすく伝えられていきました。

取り組み始めた当初は、どの内容が重要なのかが判別できず、要約をまとめることも、それを焦点化して感想を述べることにも苦心したように思い出されます。私の手元には、計二十枚のレジュメが残されていました。最初の頃のリポートは、〈要約〉と〈感想〉のバランスの悪いリポートが続いていますが、繰り返し、自分の文章としてまとめる作業を通じ、社会経済の基本的な知識や概念の理解のみならず、自分なりの観点で、歴史的に俯瞰的な感想を述べられるようになり、それは小論文のレベルに近づいていると自己でも認識できました。数を重ねないと上達しないというご指導の成果は、最後にまとめたレジュメは、生駒ゼミでも一定の評価を得て、自分なりにも成果として現れたように思いました。このボリュームは、今振り返ると大学の一単位分以上の内容はあったように思われます。そのお陰で自身は、旺文社による全国模擬で、現代社会の偏差値が六九・七と上位二％に入ることができたことで大学進学への自信も得ることも出来ました。

最後に、生駒先生の直筆の〈時事問題解説とレジュメ作成〉の方法には、以下のように記されていました。「感想の部分は、君自身の人生体験、読書体験、人間や社会、自然についての広く豊かな知識と、君自身の心の深さが意味を持ち、輝くことになる。書かれた文章には、その人の生き方の全てが現れます。」

今回、改めて生駒ゼミの取り組みを、現在の教員の立場から振り返ってみた時、もしかしたら今も私は、生駒ゼミのリポートを書き続けているのかもしれない、との思いがよぎりました。これからも広く、深い経験・体験を通じて、精進を重ねて参ります。

（日高淳、国際文化理容美容専門学校国分寺校　専任教員／筑波大学大学院人間総合科学研究科）

学びを求めて

私が通っていた定時制高校の放課後の時間は、夜九時以降である。その放課後の時間から生徒が集まる場があった。そこでは一つの新聞記事を読み、自分で要約をし、その記事について自分の考えや感想を書き、ディスカッションをする。それが生駒ゼミである。

生駒ゼミの活動がどんなものかを初めて知った人には、特別なことには聞こえないかもしれないが、生駒ゼミに参加していた「ゼミ生」にとっては、授業で「勉強させられる」こととは違う特別な学びの場であった。私自身は、生駒ゼミに興味がありながらも部活動を優先していた不真面目な「ゼミ生」であったが、生駒ゼミはいつでも受け入れてくれる温かさと、常連の「ゼミ生」が真剣に学んでいる熱い姿に惹かれて参加するようになった。生駒ゼミに参加している生徒たちは、強制されたわけでもなく、自分の進路のためだけでもなく、授業という場では得られない、学びを求めて自主的に参加していた。授業という場は、多かれ少なかれ答えが決まっている内容を扱う。その答えにいち早く辿り着いた生徒が答えることで、ある種の出来レースのような場になることがある。

しかし、生駒ゼミでは生駒先生が知識をゼミ生に与えることもあるが、ゼミのほとんどの時間は答えが決まっている内容について誰かが答えるのではなく、一つの新聞記事をもとにゼミ生同士で答えがないことについて議論をする場であった。まさに卒業後に求められる、答えがわからないことに対して、自分で考え、判断をして、自分の言葉で表現をする力を鍛えられる場であった。

今は、教師という立場になり、「ゼミの活動」を振り返ってみると、いかに生徒が学ぶ場を創り出すかということが難しいかを実感している。生駒先生の凄さを改めて感じるとともに、次は生駒ゼミならぬ「八木ゼミ」で生徒が学ぶ場を創り出すために、生駒ゼミを目標に日々奮闘をしております。（八木孝之、東京都、高校、英語科教諭）

二．大学教員時代の卒業生

積み上げてきたもの

生駒先生と出会って早くも一〇数年になりますね。毎年二回程開催されるゼミ会は、職場や出身校等互いに接点の無い者同士でしたが、先生を囲んで、今取り組んでいる仕事の話や身の上を報告するという貴重な機会に恵まれていました。社会人ともなると、異業種の人に自分の仕事を説明したり聞いたりする機会もそうないと思います。当時二〇代前半～半ばの私は、参加者の職場や境遇が変わったとの報告を聞くたびに、良い事も悪い事も人生色々起こるよね、転職も大事だよね、と自分に重ね合わせるようにして先輩方の声に耳を傾けていた気がします。そこにはキャリアに関するヒエラルキーも自慢もありません。先生の周りの人間関係は、全てフラットなんだと。しかも、共通して言えるのが、（自分も含め）皆、前向きに頑張っている、ということでした。そんなエネルギーを感じたくて当時は参加していたのかもしれません。大好きな人たちでした。

当時、高校の美術講師として働いていた私ですが、京都の研究室にもお邪魔させていただき、当時のゼミ生とも触れ合う事が出来ました。中でも、和菓子職人をされているOBの方から資料館で直々にご案内を受けた時は、その工程だったり世界観に、京都の職人という仕事もすごいなぁ、と和菓子を見る目が変わったり、憧れを抱いた記憶があります。

今は母になり、五年前から中国地方の都市で育児に奮闘中ですが、主役が自分ではなく「子」になりつつあります。色々な経験は「子」が体験したらどう思うだろう、どう感じたんだろう、とかそんな思考ばかりで、自分というものが置き去りになっている感覚に陥ることがあります。子を通して経験したものが、私の財産なのでそれはそれで幸せなことで良いのですが…。キャリアって未だに分からないです。ただ積み上げたものは、ゼロにはならないと自覚しています。

（Kurumi. 彫刻家・Web系クリエイター）

就職？

私が生駒ゼミのゼミ長を務めさせていただいたのは、十数年前のことです。大学生活の中で生駒ゼミとゼミ生との交流は、就職活動を通して自分を見つめ直し、同じ志をもつ仲間を得る絶好の機会でした。まず、キャリアデザインという点では、就職活動以前にも芸大への進路にはいくつか困難がありました。親からは「芸大なんかに行って何になるつもりか」と毎日のように言われていましたし、オープンキャンパスで先輩に就職先を尋ねると「就職？」と不思議そうにされていました。学科にもよりますが、芸術家や作家を目指す学生が多く、就職率が他大学に比べてかなり低いことがわかりました。

また、芸大は受験対策でも壁がありました。他大学を受ける生徒よりもデッサン、着彩、立体などの技術的な試験の点数配分が高く、現役生の合格率が低いことです。高校の担任の先生は、アトリエや予備校に通いデッサン等を学ばなければ、合格できないことをご存じないようでした。毎日部活後に深夜までアトリエへ通いながら勉強を続け、なんとか学びたい学科に入学できましたが、卒業後の将来への不安はずっと残ったままでした。

そんな時に生駒先生と講義で出会いました。生駒先生の講義は大学では珍しく「起立、礼」から始まります。それも覇気のある声なので真剣に聞かなくてはという気持ちになり、講義の終わりには必ず声をかけてくださるので、気にかけてもらっているのだと思えました。生駒先生に芸大生としての将来への不安をお伝えする機会があり、先生の素晴らしい有言実行力により全ての講義が終わった六講時に、教員採用選考試験に向けたゼミと就職活動に向けたゼミを開いてくださいました。中学・高校と、担任の先生からは美術系への進路の理解を得られなかったこともあり、「先生」には諦めた気持ちがありましたが、生駒先生は違いました。

生駒ゼミでは、就職活動の参考書を読むだけでは得られない生きた知識や経験を積むことができました。社会人として働く先輩の体験談を講義として聞くことができ、具体的に働くイメージが湧きました。また職業への考え方として、作家や芸術家でなくても、芸大生の「モノをカタチにする力」や「発想力」、「デッサン力」を充分活かして、やりがいを持って働けることなどを教えていただきました。当時の私は漠然と将来美術を活かせる仕事に就きたいと思っていましたが、もっと幅広い選択肢の中で自分の可能性を見出せるのではないかと思えるようになり、まず知ろうと思い、企業合同説明会や個別の企業説明会に積極的に参加するようになりました。また、ゼミの後は生駒先生、ゼミ生と交流を兼ねてご飯に行ったり、時には息抜きにカラオケにも行ったりしました。同じ悩みを持ち頑張る仲間と就職活動の近況報告をしあい、励まし合い、協力しながら進んで行けたので、とても心強く、やるべきことを着実にやっていくことで不安は消えていきました。芸大という特殊な環境の中で然るべき時期に余裕を持って就職活動ができたのも、面接やグループディスカッションに臆せず取り組めたのも生駒先生のエントリーシートの添削や頑張り励まし合うゼミ生たちとの日々のお陰です。運良く元々考えていた美術を活かせるグラフィックデザイナーとして就職し、今はＷＥＢデザイナー、イラストレーターをしていますが、今も生駒先生の「早い準備は半ば成功」、「絵だけは芸大以外の学生に負けるな」を仕事で、お守りにしています。

　卒業後は少し疎遠になっていましたが、三年前に生駒ゼミ同窓会会長に任命していただき、再び様々なゼミ生たちとの交流の機会をいただきました。皆さん、ゼミで社会人としてのたしなみを学ばれた方々で、礼儀正しく、何人かは赤ちゃんを連れ、面識のない方も沢山おられましたが、和気藹々とした様子で近況を報告しあい、よい刺激をいただき、大変素晴らしい同窓会になりました。みんなで生駒先生に寄書きを贈ったのですが、歴代のゼミ長が各々のゼミ生に声をかけ、沢山のコメントが寄せられました。

　今回の寄稿文作成にもＬＩＮＥで繋がりのある元ゼミ生の文章を拝見する機会があり、各々ゼミで得た体験を糧にキャリアを積み重ねて来られたことを知りました。自己分析と企業研究をしっかりされたことで思い描いた広報でのクリエイティブな仕事を一〇年以上勤務されている方、ゼミでの生駒先生の挨拶の励行を教訓に、特別支援学校で教員として生徒との心の交流、様々な人との関わりを大切にされている方、ゼミでの自己理解をもとに段階を踏んで振り返ることで自分の強みを活かして絵画教室を運営されている方などです。社会人になってからも様々な困難や悩みが出てきますが、ゼミの仲間たちも同じく頑張っていると思うと踏ん張ることが出来るとわかりました。また、今後のキャリアを思い描くよい機会にもなりました。仕事では中堅で責任ある仕事を任される立場であり、家庭ではまだ小さい子どもたちの母親ですが、これから先のキャリアデザインを考えて、時に修正しながら歩むことも必要だと思っています。刻々と変わっていく私の人生において、ゼミで得た考え方や仲間は一生ものだと思います。

（Ｋ・Ｓ、ＷＥＢ・ＤＴＰ制作会社勤務）

自分の強みは何か

私にとっては、ＯＧ・ＯＢ訪問、懇親会も印象的でしたが、社会人への第一歩となった普段のゼミが一番印象的でした。特に自己分析で、「自分の強みは何か」と言葉でなかなか表現できずに、活動当初から悩んだことを思い出します。そんな時もご助言頂いた通り、それまでにやってきた事などを、段階を踏んで文字にする事で、何とか形になり、それは今現在の仕事や考え方の基礎になっているように思います。就職率の低い芸大の特殊な環境の中、適切な時期に、適切な活動内容を丁寧に教えて頂き、とても感謝しております。（Ｍ・Ｅ、絵画教室広報担当）

自分の力で未来を描く

このままじゃまずいと思ったのは大学二回生の春、学園祭実行員会の中心メンバーになった時のことです。実行委員の仕事をしようと思っても前年度の資料もなければ、後輩育成の方針もなく困ってしまいました。そして、こんな中で私も育つはずがないと直感的に思って身動きが取れなくなってしまったのを覚えています。直前の講義の中でキャリアデザインのゼミが開催されると先生から受講生に周知されていて、この時は私に必要ないと感じたのに、その翌週には焦るほど必要性を感じて先生に入りたいと講義終了直後に直接伝えました。

キャリアデザインゼミの中で見るものすべてが、新鮮で楽しく、そして理屈っぽい私にもわかるようにかみ砕いてくれる先生、先輩方に囲まれ楽しいばかりの時間を過ごしました。

講義も毎回興味をもって挑んでいたのだが、先生やゼミ生と職場見学や食事会、カラオケに行ったことが印象に残っています。先生、ゼミ生と一緒に伺った事業所様ではキラキラと輝く職人や社長様と出会えて、社会に対して興味や期待が膨らんでいきました。今振り返るとどの方たちも、自分の仕事に対してポジティブな評価をしていてそして次の課題をも持っている人達でした。ここで酒蔵の女性の杜氏さんやワイナリーの社長様、ゼミでのご講演のあと、食事会の席に参加してくださった女性編集者様（本書の編集を担当した山本さんです。筆者注）と書いたら「お酒がらみばかりじゃないか？」と突っ込まれそうな気がして心配です…。

そして、先生が私も含めてゼミ生を名前で呼んでくれたことも印象に残っています。大学に通うようになってから私がその他大勢になってしまい名前を呼ばれる機会も減っていたため、とても嬉しいと思いました。ゼミの講義中はネームシートを机に置いていたため個人の名前はわかるけれど、それが食事会というオフの場に来ても、名前を呼んでもらえました。私のことを覚えてくれているということが「自分がここにいてもいい」と言われたようでとても安心しました。そしてそんな食事会の運営ができるゼミ長になると、よりチームの一員となれたように思えて、自己肯定感は育っていったかと思います。先生からは上座や下座、お客様への対応の仕方、瓶ビールの注ぎ方も教わりました。すべてがなるほど、と思えたことも覚えています。今、娘にコーラを注いでもらっていますが、やっぱりお酌し合うのはいいですね。

もともと照れくさいことは苦手で、挨拶なんて積極的に避けてきたけど、でもこの積み重ねがあって、ちょっとずつ人前で動揺せずに話せるようになっていきました。この変化から自分の成長を実感しました。そしてゼミ卒業の時にバラの花をもらって「たかこさんのイメージが赤です」と言ってもらって、私はこう見えていたのかって驚きと同時に喜びもありました。就職活動自体は履歴書、エントリーシートの繰り返しは辛かったし、自己実現なんて分からないって思っていました。けれど今は、こうやって新しい事と出会ったり、自分の成長に気づいたりの積み重ねで自分が形成されて、初めて自分の力で未来を描けるようになるのかな、とも思います。

本来は大学生の時にこうやって気づいて、言語化していけたら良かったのかと思いますが、それでも今、私の重要な記憶の一つです。生駒先生のゼミ生でいられたからこそ、シングルマザーとなり、看護師となった今でも「私の社会人としてのありたい姿」は、崩れずにいます。それが今の私を支えていると感じます。

（貴子、看護師）

企業とのマッチングを大切にする

芸術系の大学にいたこともあり、まずはデザイナーなどの専門職を軸に活動しました。しかし、募集人数が少ないことや、自分自身の学んできた内容が直接的にアピールしづらいことから企業研究の間口を広げて、総合職や営業職でも探しました。総合職で入社した場合、希望の仕事が一〇〇％出来る保証はありません。そこで、企業説明会に数多く参加し、その会社をよく知ることを大切にして、就職活動を続けました。

その結果、製造から卸、小売までを手がけるメーカーに入社できました。幅広い仕事内容があり、その中にはクリエイティブな仕事内容もありました。また、社員の「やりたい！」を受け入れる社風を感じ、クリエイティブな仕事を任せてもらえる可能性を感じたことが理由です。その他にも、メーカーとして製造している製品に誇りを持てたこと、日本文化へ関わりが持てること、社長の考え方に賛同できたことなどが入社を決心した理由の一つです。

就職活動はお見合いだと言われたことがありますが、実際に今の会社で仕事をしていて本当にそうだなと感じています。どれだけ有能な人でも、その会社で活躍できる場がなければ内定は出ません。企業としても入社後にしっかり活躍して欲しいので、お互いの為にもマッチングが大切です。私は自分が働いているイメージが湧いたところに内定が出たと思っています。自分が働くイメージを身につけるには、自分ができる仕事・やりたい仕事を明確にする（自己理解・職業理解）、やりたい仕事内容がその企業にあるか、受け入れてくれる企業かを見極める（企業研究）ことが大切だと、キャリアデザインゼミで学び、また就職活動をして実感しました。

キャリアデザインゼミはとても貴重な経験でした。先生から就職活動のアドバイスをいただいたり履歴書の添削をしていただいたり、先輩から心構えや経験談を伺いました。

お蔭様で、新卒入社した会社で産休・育休をいただき、やりがいのある仕事も任せていただき一〇年以上、勤続できています。

（N・S、京都の老舗企業勤務）

ゼミがあることがあたりまえではないこと

私が生駒先生と出会ったのは、京都芸術大学です。私は、小学生の頃から社会科の教員になりたいと思っていました。進路選択の際、どんな勉強をしたらより社会科の授業を面白いと感じてもらえるだろうか。そんな授業のために私は大学でどんなことを学んだら良いだろうと考え、京都芸術大学の授業内容に惹かれて入学しました。京都芸術大学では、二年生から通常講義とは別に教員免許取得のための講義を受講することで教員免許状を取得できます。ただ、教職課程の科目は、外部講師の先生の講義が多く、遅い時間の講義や土曜日の講義もありました。そのため、本気で教員になりたいという気持ちのない学生がどんどんとリタイアしていきました。

しかし、教員免許状はあくまで教員採用選考試験の受験資格の免許に過ぎません。私は、授業の中で試験対策を行ってもらえない環境に不安でした。予備校に通うことも考えていました。そんな時です。生駒先生の講義の中でキャリアデザインゼミが開講されていることを知りました。自分を知るため、そして教員になってから生徒の進路指導のためになると考え、受講を始めました。キャリアデザインゼミの中で生駒先生から、以前ご勤務されていた大学で、教職ゼミを開講されていたお話を聞き、私は先輩と一緒に生駒先生に教職ゼミの開講をお願いに行きました。長くなりましたがこれが京都芸術大学における教職ゼミの始まりとなります。

教職ゼミの演習に向けて、書店で『ランナー』を手に取った時は、その分厚さと重さに「自主学習で解ける自信がない。同じ志の仲間と一緒に解けること、ランナーを知り尽くした生駒先生からポイントを教えてもらえる機会ができて本当に良かった」と思いました。ゼミ初日は、気合いを入れて自宅を出ました。しかし、そこでハプニングが発生。ランナーの厚みで鞄がパンパンになり、自転車のカゴに鞄が入りません。遅刻するのではないかと慌てたことは良い思い出です。そして、忘れてはいけないのはキャリアデザインゼミ、教職ゼミ後のスタミナ補給の食事会です。よく、王将に行きました。当時は、ペロッと食べていましたが、今は完食できません。当時は、とても若かったなと思います。

大学そして教職ゼミ卒業後は、更なる知識を身につけるため、当時教員採用実績が高かった地元の国立大学の大学院に進学し、学校教育と社会科教育学を学びました。しかし、私は教員にはなりませんでした。自分は教員に向いていないと思ったからです。そう思ったきっかけは、大学院で出会った学生たちの言動です。先程も述べた通り、私が在籍していたのは教員採用実績の高い大学・大学院です。約八割の学生が卒業後、学校教員となります。けれど、私が見かけた学生は「ありがとうございます」、「おはようございます」、「お疲れ様です」などの挨拶ができない学生が多かったのです。また、ゴミ箱以外の場所にゴミを捨てたり、駐輪場以外の場所に自転車やバイクを止める学生も多くいました。

他方、教職ゼミで出会った学生は、お互いに気持ちの良い挨拶ができ、ゼミ終了後には必ず、ゼミ室の掃除を自主的に行って、周りの人を助けることはあっても迷惑をかけるような行為をする学生はいませんでした。生駒先生のご指導があったからこそ、身につくことができていたのだと、はたと、この時、気付きました。

私から、現在、生駒先生のご指導の下で学ばれている皆さんにお伝えしたいことは、〝ゼミがあることが、あたりまえではない〟ということです。今、学ばれているキャリアデザインゼミ・教職ゼミが、二十年以上も続いているのは、受講してきた先輩方の姿勢が確実に次の世代へと受け継がれているからです。そして、何より生駒先生が多くの時間を割いてくださっているからです。時には、もっと遊びたい、もっとアルバイトを入れたいという気持ちが生まれるかもしれません。そんな時は、思い出してください。ゼミが開講されていること、そこで学べていることは決して当たり前ではないことを。生駒先生の下で学ばれている皆さんなら、仕事で出会う人、学校の児童・生徒や保護者に自分の想いを伝えられる方たちだと思います。自信を持ってこれからも進んでいってください。

（T・A、元学習支援員）

一に挨拶

ゼミで印象に残っていることは数多くありますが、一番は挨拶です。挨拶をする。当たり前のことのように思います。しかし、心からの挨拶が毎日できているでしょうか。当たり前のことを真面目に真剣に取り組むこと、実はとても難しいことだと思います。きちんと相手の目を見ているか、心から声を出しているか。相手に真摯に向き合っているか。

挨拶は自分から相手に心を開くことです。私が勤務している特別支援学校には、言葉のない子ども達がいます。表情や目線で思いを、やりとりしあいます。思いを伝え、思いを知ることは難しいことも多々ありますが、それでもこちらから心を開いて関わっていくことで、徐々に相手の方からも心を開いて、安心して関わってくれるようになります。教師は様々な人達と関わり繋がる仕事です。保護者の皆さま、関係機関の皆さま、地域の様々な人々と良好な関係を築いていくには、まずは自ら心を開く、心を開くことの、はじめの一歩が、挨拶だと感じます。

私が特別支援学校に勤めて一〇年以上が経ちました。その間、多くの子ども達と共に学び、成長することが出来ました。心を開き、真剣に向き合い、楽しいことも辛いことも一緒に時間を過ごして来たのです。人を育てることは、自分自身をも育てることだと改めて思います。人との関係は決して一方向ではなく、例えこちらが相手の方に何かを教える立場でも、教えていく中でこちらが学び、人間的に成長させて頂くことはたくさんありました。教員として子どもたちと向き合っている時も、自分の子どもと関わっている時も、どんな時でもそう思います。

ゼミでは、教員採用選考試験の対策や就職活動だけでなく、どんな自分になりたいかを考える力とそれに向かって頑張り続ける経験を重ねることができたと感じています。これからも生駒先生のゼミで学んだこと、得たことを生かして、自分らしく、人と人とのつながりを大切にして生きていきたいと思います。

（M・S、特別支援学校、美術科教諭）

ゼミは現代社会の縮図

大学のキャリアデザインゼミでの活動は、多様な立場の人々が暮らす現代社会の縮図であった。ゼミ長、上級生と下級生、他学科の学生といったように、立場や考え方の異なる人間が集まり、協働していく場。まだ若い時分にそのような場を体験できたことは大きな財産であった。私がゼミ活動で得た経験は、卒業後に活かされた。

私がゼミ活動に本格的に参加したのは、三年生から四年生にかけての時期である。同級生の中には就職を希望しない人や進学希望者なども多く、就職活動の情報が少なかったためゼミ活動への参加を決めた。参加した当初は「キャリアデザイン＝就職活動」のように考えており、就活に特化した訓練を受けるイメージであったが、生駒先生やゼミの仲間と話し合う内に、そのような短期的な目標のための場ではないということがわかってきた。

キャリアデザインゼミでは班に分かれ、設問に対する多様な意見を時間内にまとめて発表するグループワークを行う。私が専攻していた美術工芸のコースでは当時、個人の制作を深めることに重きが置かれており、グループで課題を解決する演習は数えるほどしかなかった。そのためゼミでのグループワークはとても難しく感じた。自分の役割を持ちつつ全体に目を配ることや、芸大で学んだ強みを活かすことが大切であると学んだ。実際の社会では問題は複雑に絡み合っていて一筋縄ではいかない。だからこそ柔軟かつ地道に多くの人と力を合わせて考えていくしかない。ゼミ活動はそのことを社会に出る前に学び、仲間たちと実践していく場であったのだ。自分の殻にこもらず異分野と協働する姿勢はアートの世界でこそ必要だと、私はあらためて実感し、ゼミ活動での経験は幅広い場面で通用すると知った。

こうして振り返ってみると、キャリアデザインゼミの活動で得た経験は、幅広くそして長期にわたってさまざまな場面で応用できる基礎力となっている。大学生の皆さんの中には、就職や進路を決めることが何よりも重要なことと思い、プレッシャーを感じている方も少なくないであろう。しかし実際には、進路決定は一つの壁ではあるが、それ以降も前に進めば進むほどより広い世界が待っており、一人の力では解決できないことが山ほど出てくる。壁にぶち当たったとき、私は大学のゼミ活動で経験したことや、そこで授かった言葉を思い返し、実践するように心がけている。

（柴山水咲、ファッション・アート関連企業 アート事業部、ＮＰＯ法人 C.A.P. 芸術と計画会議メンバー、美術家）

自分に自信を持つ

私が教職ゼミの活動のなかで特に印象に残っているのは集団面接対策でのグループワークです。現在の勤務校では教職員全員参加の校内研修が年二回ほどあり、そのなかでグループワークも行われています。採用選考試験ほどしっかりと司会をたててやることは少ないですが、議題にそって話したりするコツや率先して書記をしたりすることがよくあります。ゼミで習ったことが自信に繋がり、積極的に司会役や発表役にまわることができています。校外でも、区の美術研究会やさまざまな場面でのグループワーク活動で、ゼミでの経験が生かされていると感じます。また、当時大学生だった頃の私は消極的で、自分から話しかけることや働きかけることなど、とにかく何事に対しても自ら率先して動くことが大の苦手でした。教職ゼミに入り、先輩方の様子や日々の活動を通して自分に自信をもつことができ、だんだんと積極的に発言したり、行動したりすることができるようになったと思います。この経験が、今日の教員としての仕事に非常に役立っています。

例えば、私はいま公立の中学校で担任をもっていますが、日々の生徒の様子で気になることがあったとき、物怖じせずにまずは話しかけることを心がけています。対応に不安があるときには先輩教員にすぐに相談することも多くあります。生徒対応だけでなく、保護者対応でも同じです。初期対応が大切な場面が多く、迷っている暇はないため、まず行動に移すことが求められます。そんなとき、ゼミでの学びやその後の経験が生きているなと日々実感しています。

私がいまゼミ活動を振り返ってみて思うことは、苦手なことでもその環境にまずは身を置くことが大切だということです。大学で教職課程をとろうと思ったのも、教職ゼミに入ろうと思ったのも「なんとなく役に立ちそうだから」というなんとも曖昧な動機だったのですが、それが自分の性格を前向きにし、いまの仕事にきちんと繋がっています。教員の仕事はつらいことや大変なこともたくさんありますが、楽しみややっていて良かったなと思える瞬間も数多くあります。教職ゼミでは講義やグループワーク以外にも、メールの作法や、食事会の運営など多くのことを学ばせていただきました。その環境に感謝するとともに、今後も仕事もプライベートも含めて、自身を高められる場所に身を投じて、様々なことにチャレンジしていきたいと思います。（花木紗英、東京都、中学校、美術科教諭）

同じ志を持つ仲間

ゼミでは「教職に就くという、同じ目標を持った学生の学びの場」を作ってもらえたことが、非常に大きかった。私は一度大学を卒業し、教員になるために科目等履修生とし大学に通い直した。一人で学ぶには限界があるが、志しが同じ学生と学べた環境を提供してもらったことで、夢であった「教師」になることができたと感じている。また、大学の講義だけでは、教員採用選考試験の内容を網羅することが不可能であるため、ゼミを通して学べたことは今も生きている。そして、現在も脈々と続く現場の教師と教師を志す学生の橋渡しにもなっていることがゼミの役割として大きい。現場の教師が何を考え、どのように生徒に接しているかを聞ける環境は多くない。そのような場を提供できるのがゼミの役割として非常に大きい。（山田修平、東京都、高校、公民科教諭）

自らの力を高めたい

私は現在、特別支援学校に勤務している。元々、東京都の採用試験では、中・高社会科で受験している。東京都教育庁人事部から、特別支援学校での採用という話が来た。その電話が来た時には、動揺もあった。しかし、特別支援学校で勤務することに対して迷いや抵抗はなかった。その理由は、成蹊大学在学中のゼミで、生駒先生が養護学校で勤務されていた際の経験談を幾度となく話してくださっていたからである。ハンディキャップのある子供に対して、指導や支援をすることの意義を実感しており、教員人生の中で、特別支援学校で働く機会を持ちたいと考えていた。

生駒先生からは、養護学校での勤務経験談に加え、専門高校、定時制高校での勤務も経験され、その中で、一貫して生徒のキャリア教育や進路指導にご尽力された話を教えていただいた。今のところ、現勤務校での勤務経験しかないけれど、今後は生駒先生のように、様々な環境で勤務し、様々な背景の生徒と関わり、自らの力を高めたいという希望を持っている。いわゆる心身ともに健康な生徒だけでなく、普通学級に在籍しながら支援を要する生徒、社会的に問題行動を起こしてしまう生徒、不登校やいじめなどで苦しむ生徒、外国籍やＬＧＢＴＱなど人権的な課題で悩む生徒、特別支援学級や特別支援学校に在籍する生徒といった様々な背景をもつ生徒が存在する。

大学時代から現在に至るまで、「あらゆる生徒に対し、進路選択の幅を広げ、キャリア形成の支援をすること」は、私の教員としての一丁目一番地であり、最大目標である。このことの原点には、成蹊大学在学中、生駒ゼミでの学びがある。今後も、教員としての私の目標であり続けるはずである。

（新野孝幸、東京都、特別支援学校、社会科教諭）

空気が変わる

私がまず感じたことは、生駒先生の偉大さです。ゼミ室に先生が入室されると、空気感がガラリと変わります。先生は笑顔で入室されますが、「よしやるぞ」と言わんばかりの雰囲気が伝わってきて、緊張感が走ったのを今でも覚えています。当時の私は学生ながら、生駒先生の教師としての存在感に圧倒されていました。

先生が常々おっしゃっていた「率先垂範」という言葉も私の中で印象に残っています。教師としてあるべき姿をありのままに語ってくださいました。先生の教師経験や研究者としての視点等、様々な人生経験を包み隠さずお話ししてくださり、自然と私も心を開いておりました。特に養護学校や教育困難校でのリアルなエピソードに心を掴まれました。先生のご講話の中から、表面的なことだけでなく、物事のリアルな部分を生徒に伝えていかなければならないと、ゼミ活動を通じて痛感しました。私自身、現在教壇に立ちながらそれらを意識して、生徒たちに話すようにしています。以上のように、生駒先生にご教授いただいた教師が範を示すということは、私のモットーになっています。「自分を知り、成長することができる」、まさに私のキャリア形成を支えてくださいました。
（廣田尚之、千葉県、中学校、社会科教諭）

私を変えたもの

私は卒業まで生駒ゼミに所属し、ゼミ長も務めました。そして、都立高校に赴任することができました。何が私を変えたのか。以下、簡潔に述べさせていただきます。

a．充実した講義

週に一回、六限に、教育法規などの勉強をしてきました。生駒先生はただ書いてあることを教えるような講義はしません。なぜその法ができたのか。この法が現場のどこと繋がっているのか、など具体的に講義をしてくださったので、文字で見たものと頭のイメージが合致するような学びの多い時間でした。現場に出たことのない大学生にとって、リアルな話ほど勉強になるものはありません。毎週自分の中に知識が蓄積されているのを実感しました。

b．実践を交えた講義と演習

上記のa．が主なゼミ活動ですが、それだけではなく、テーマを与えられてグループワークを行ったり、模擬授業を行ったり、実践的な活動も行ってきました。特に模擬授業は自分でも分かるぐらい、授業力が飛躍的に伸びました。もちろん、学科の中でも模擬授業を行いますが、生駒ゼミは一年生から四年生まで、さらに様々な学科のメンバーが揃っています。違う視点からの意見はとても新鮮で、次回の授業に繋げられるような貴重なものでした。

教員の最も重要な仕事は〝生徒のために〟授業をすることです。現在、教員三年目になりましたが、授業の大切さは日々感じています。上手くいくことなんてほとんどありません！沢山失敗するからこそ、授業はより良くなります。失敗はとても大切なことだと思っています。生駒ゼミでは、そんな失敗を沢山できたからこそ、充実感を抱くことができたのかもしれません。

c．仲間

この「仲間」こそ、私が生駒ゼミを続けてきた最も大きな理由です。同じ志をもった仲間は、探しても見つかるものではありません。しかし、この生駒ゼミにはいました。時に教育観について語り合い、時に日々の喜びや辛さを共有し…。ここですべてを述べることができないことが口惜しいです。教員になってからも感じています。人のつながりの大切さを。情報共有ができることは勿論ですが、違う価値観をもった人と交流することは、自身の学び、いや人生に大きな影響を与えます。

今、振り返ると生駒ゼミでの四年間は、刺激にあふれていました。そして、途中で投げ出さなくて、よかったとしみじみ感じています。私は、今まで生きてきて、壁にぶつかる度に失敗をし、後悔もしてきました。ただ、人生という大きな枠で見たとき、それら失敗や後悔は、失敗、後悔ではなく良い経験になっています。なぜそのように感じることができるのか。それは、すべて全力で取り組んでいるからです。これ以上できない、と思うほど一生懸命やったことが、無駄になることは絶対にありません。話が逸れましたが、生駒ゼミは、一言でまとめると経験の場です。現場に出ていないからこそ、このような機会を大切にしてほしいと思います。

（山本友菜美、東京都、高校、国語科教諭）

本気で志す

講義の中で、生駒先生のゼミの存在を知り、見学させていただいた時に、教師を本気で志しているゼミ生と、講義時と変わらぬ熱量で指導している先生の姿を見て、刺激を受けました。また、教員を志す気持ちはあったものの、具体的に何をすればよいのかわからなかった自分にとって、生駒ゼミが〝道しるべ〟のように感じたため入会を決めました。

ゼミでは、主に教育法規に関する指導とゼミ先輩方の教育実習や学校見学の参加報告会が行われました。先生の教育法規に関する指導は、まさに「行間を埋める」説明でした。無味乾燥な教育法規をただ暗記するのではなく、なぜこの文言なのか、どうして表記されているのか、一緒に考え、一つずつ確実に理解していく。あの時間は、教育法規の理解に繋がっただけでなく、教師の指導はこうあるべきだと実感する日々でした。ただ答えを伝えるだけでなく、疑問を投げかけ、時には学生同士で考え、意見を共有しながら取り組ませる指導は、教員になった今の自分も指導で心がけています。

最も印象的だったのが、四年次に受けた面接指導でした。東京都の面接対策として、実際の試験と同じように過去に出題された質問に答えるといった、個人面接、集団討議の練習や、予想される質問の回答を添削していただきました。あれほど準備するのに時間をかけ、ひとこと一言発するのに気を要した体験は、今までの人生にありませんでした。

しかし、面接指導を通して、確実に自身の教員になることの自覚や志望動機は、回数を重ねるごとに磨き上がっていると実感しました。ボランティア活動などの経験について考える際に、大学時代ボランティアに参加できなかった自分にとって、この質問の回答に悩まされましたが、先生との対話を通して、中学校時代に行っていたボーイスカウトの活動を見出してもらいました。「野外活動で行う、国旗の掲揚や伝統行事の参加は、郷土を愛する気持ちや他者・他国を尊重する気持ちを養うことができた。それを生徒に還元したらいいんじゃないか。」モヤモヤしていた心がスッと晴れた、あの時の気持ちは、今も忘れません。ゼミ活動で学んだ経験が、教員として働く今現在の、指導や姿勢の〝幹〟となったこと。これからも学んできたことに自信と誇りをもって、成長し続けます。

（齊藤宏次朗、東京都、中学校、英語科教諭）

自分の軸を見定める

教職ゼミに入ったばかりの頃は、生駒先生の教育法規についての講義を聞くだけで一杯一杯だった。生駒先生は行間の説明をとても大切になさっている。教育に関する法律を頭から暗記するのではなく、その背景や意味を理解することが一番の近道であるということだ。私ももともと丸暗記は苦手で、高校のときに覚えた百人一首も意味を知っていた方がよく頭に入ったし、記憶が長続きした。だから生駒先生の方針には納得がいったし、必死についていこうとしていたが、何しろ教育についての法律は初めて触れるものばかりだ。生駒先生がおっしゃったことの要点がつかめずに、とりあえず片っ端からメモをすることが続いていた。しかしそれを繰り返していると、不思議なことにだんだんと要点がわかるようになってくる。予習をして気になる点を探し、教員採用選考試験の過去問を見るといったことを積み重ねていると、最初の頃はわからなかったことがスッと理解できるようになるのだ。

それどころか生駒先生が意味ありげに笑って口にした最初の一言で、「あのことだ」とこちらも笑みを浮かべながら頷くときもある。そしてそれは実際に教員採用選考試験によく出る箇所なのである。生駒先生が長い時間をかけて説明なさった所や、そうした講義で養われた勘で重点的に学んできた所は、実際の試験でも沢山出題された。

しかし、教職ゼミは教員採用選考試験合格が第一の目的ではない。教育法規の講義だけではなく、ボランティア体験の活動報告などゼミ生同士で情報交換し、自分の教師としての質を高めることができる。教師になるには自分の軸を見定めることが大切だ。大学の講義以外でも様々な経験を積むことは、自分の軸を見つける鍵となる。

教師としての私の軸は「自身が置かれた環境によって、学習や生活に困難を抱える子供を支える教育をしたい」というものである。それは教職ゼミで課外活動をすることの大切さを知り、実際に行動に移したからこそ明確になった軸だった。私は大学二年生のときにLFA（Learning for All）というNPO法人でボランティア活動を行った。そこでは経済的に困難を抱える子供たちの居場所支援や学習支援をしている。大学の講義で子供の貧困や学力格差について興味を持った私は、ＬＦＡで学習支援の方に二ヵ月ほど参加した。その経験は私に非常に多くの学びをもたらし、結果として自分の軸を支える経験になった。一つ学びの例を挙げるなら、「どんな子供でも必ず向上心を持っている」ということだ。私は小学生を担当したのだが、当初は算数に苦手意識を持っていた子供が最後のテストでは自ら「百点取りたい」と言い、実際に百点を取るまで成長した。その経験から、私は一見勉強が苦手、嫌いであるかのように思える子供も、必ず「より良くなりたい」、「成長したい」という向上心が備わっているはずだと信じられるようになった。だからこそ、何がわからないのかという視点に立って教材を工夫するなど、教師として全力を尽くせる。こうした学びは、もちろん自分のためになった。さらに、教職ゼミでボランティア体験についてしばしば言及していたことで、最近後輩から「ＬＦＡに参加することになりました」との報告を受けた。自分が行動してきたことが繋がって、また誰かの学びになるということも教職ゼミで得られた感覚である。

教職ゼミで得たことは数え切れないが、最も貴重な学びは「地道な努力と経験こそが自分を助ける」ということである。教職ゼミに身を置いたことで「早い準備は半ば成功」を実行することができた。大学入学時に不安に震えていた私はもういない。それは努力を重ねること、問題の本質を理解しようとすること、経験が何より大切であることを教職ゼミで教わったからである。そうした小さな積み重ねが自信となり、また誰かの学びを支える「種」になったことが、私の何よりの誇りだ。

（竹内美暢、東京都、中学校、国語科教諭）

人と協力する力、他者の個性を理解する力を育成していく

入会してから先輩のお話を伺うと、ゼミでの勉強だけではなく、自分の志望する自治体や、自分の関心に合わせたボランティアを実施するなど、意欲的に活動されていたことに驚き、非常に刺激を受けた。それからは、自分も教員になるにあたって、座学だけでは学ぶことのできない経験をすることで、自己研鑽をしたいと感じるようになった。以降、千葉県教育委員会主催の「ちば！教職たまごプロジェクト」という研修に自主的に参加するようになったことで、現場の先生方から授業や学級経営のコツを学べたことは大きな財産であったと感じている。特に学級経営については、大学の授業では詳しく扱わないため、教室内が騒がしくなった時にどのような声かけをするかなど、一年間かけて実践的に学ぶことが出来た。大学生のうちに、教員になってからも生かせる経験ができたのは、生駒

先生がおっしゃっていた「早い準備は半ば成功」という言葉に出会えたことや、先輩方の後ろ姿から積極性がいかに重要かを学ぶことが出来たからだと感じている。

私が三年生になった時には新型コロナウイルスの影響もあり、対面でのゼミではなく、オンライン上でしか顔を合わせることが出来なくなった。それにより、ゼミ生間のつながりが薄れ、後輩たちの中で協力していくこと、情報交換をすることがしにくくなっていることが課題であった。そこで、ゼミの時間後にいつでも入室できるようなＺＯＯＭを積極的に開催し、ゼミ生間の交流を図ると共に、新規に入会したゼミ生の個性を観察や質問することで掴むようにした。その結果、交流会実施のアドバイスをしながら、ゼミの一・二年生の中でもリーダーとして活躍できそうな後輩を中心に、一・二年生それぞれで学年内交流会を実施させるなど、同期での繋がりも深めるように促すことが出来た。

以上の人と協力する力や他者の個性を理解する力というのは、前述の「ちば！教職たまごプロジェクト」内で学んだ学級経営のコツにも通じるものであり、ゼミ長という立場で、ゼミ全体を見る経験できたことは、自分にとって大きな学びになったと感じている。

その他にも、教員になってからも学び続ける姿勢や、生徒の命を守ることの重要性、ハンデを持つ生徒への支援方法などを、生駒先生や先輩方、そのほかゼミ生の経験を聞くことで学ぶことが出来た。振り返ると、あの時勇気を出して「教職ゼミ」に入会して本当に良かったと感じている。今度は先輩方が自分達にしてくださった、現場でのリアルな体験を後輩たちに伝えて、後輩たちの将来のために貢献していきたい。

（須藤あいか、大阪府、中学校、社会科教諭）

こういった状況だからこそ

一～二年生の時は、感染症が流行する以前であったため、対面でゼミが行われていました。講義内容に関することについて、ゼミ後に生駒先生はもちろん先輩方に質問をしたり、教職に関することについてお話しいただきながら、帰宅することが非常に楽しく、そして新鮮であったことを覚えております。また、同級生との交流もあり、自身の教育観を語ったり、社会問題について論じたり、互いに切磋琢磨する場にもなっていました。三年生からは、感染症対策の影響で、ゼミがオンラインでの開講となり、生駒先生や他のゼミ生とも会えない日々が続きました。その中でも、オンライン交流会を設け、学年を問わず交流したり、ゼミ外でもＺＯＯＭを用いて積極的に交流を行うよう様々な工夫をしました。こういった状況だからこそ、対面時以上に自分のことを話すことができたり、より一層、相手のことを知って、絆が深まったように思えます。

ゼミという場がなければ、先輩・後輩、そして共に頑張ってきた同級生たちと出会い、親睦を深めあうこともなかったと思います。ゼミが開講されている時間だけでなく、ゼミ外の時間においても交流を行ったことは、チームとしてのコミュニケーション能力という面で、教員になった際にも役立つでしょう。

「早い準備は半ば成功」を最も実感するのは、教育実習や教員採用試験が控えている四年生であると思います。とくに、教育実習を終えてから、採用試験までは一ヵ月弱しか期間がなく、春休みは実習の準備にあてるため、四年生になる前から対策を行わないと、間に合わないことを実感しました。

また、教育実習から戻った後、受験対策を行う際に、実習前に学習した部分を忘れていることが多々あり、非常に焦りを感じたこともよく覚えております。そんな時、今までに書いてきたメモやノート、プリントを見返すことで、徐々に内容を思い出すことができ、安心するとともに、自信につながることがわかりました。試験当日もそれらをお守りのように持っていったことで、不安や緊張に打ち勝ち、試験を乗り切ることができました。

（鴻巣愛理彩、東京都、高校、国語科教諭）

自分の核

生駒ゼミでの学びは大きく分けて三つある。一つ目が教育に関する学び、二つ目が、組織に関する学び、三つ目が意識に関する学びである。

教育に関する学びは、研究者であり教師の先輩である生駒先生からいただいた、「生きた」知識や見方・考え方である。キャリアデザインの研究者として、職業教育の理論と実態について最新の知見を提示し、高校の教員として、実践経験を基にその指導方法を教えていただいた。教員採用選考試験への対策（もちろん教師になった際にも有効であるが）として、教育法規を学ぶ際には、その行間を読み取り、リアルな経験と結び付けて暗記せずに頭に入れるという学習方法を実感した。

組織に関する学びでは、生駒ゼミという組織を通して、他者との交流やコミュニケーションをする重要性を学んだ。それぞれが多様な専門性や問題意識を持っている中で、意見を交わし、議論をすることで、自分自身を相対化し、より高度な思考が可能になる。たとえ、同じ問題意識を持っていたとしても、アプローチが全く異なり意見が対立することは往々にしてある。私は、生駒ゼミの内外を問わず、ゼミメンバーと様々な議論をした。性教育の是非や政治教育の範囲、新学習指導要領における評価の方法、貧困世帯に対する学習支援と教師の働き方の両立など、このほかにも教育に関することを中心に様々な内容を議論した。この時に重要なのが、信頼関係である。生駒ゼミという志を同じくする仲間だからこそ、忌憚なく意見を交わすことができ、建設的な議論になったと言える。

意識に関する学びは、教師が人間として欠くことのできない姿勢のことである。挨拶や周囲に対する眼差し、学び続ける姿勢など当たり前だが継続が難しいものの重要性を改めて学んだ。これらはまさに生駒先生が実践していることであり、OG・OBの方々が、繰り返し述べていることでもある。また、生駒ゼミの合言葉でもある「早い準備は半ば成功」は自分を律し、焚きつける言葉として活用している。

生駒ゼミでの学びは今後の人生において自分の核となるものである。自身が掲げる「学びづらさの解消」のために、学び続け、同僚と協力し、生徒に寄り添う。全て生駒ゼミで学んだことが鍵となるだろう。

（成嶋隼人、東京都、高校、世界史教諭）

常に学び続ける

私は二年生の前期から、教職ゼミに参加しました。そのため、当初は食らいつくのに必死で、まずは先生の講義内容を理解しようとだけしか考えられませんでした。そのため、たくさんの質問をしました。また、他のゼミ生と、一年の遅れは思っていたよりも大きく、初めてのグループワークの際には諸先輩方に乗っかることしかできなかったことを今でも覚えています。しかし、一年間ゼミを受講していく内に、先輩方の姿勢や同級生の頑張り、生駒先生のわかりやすい行間のお話などから、次第に自らの教師像やなぜ教師になりたいのかといったことを改めて省みることができるようになっていきました。

その後、ゼミの先輩から刺激を受け、自分も横浜市教委主催の「アイ・カレッジ教師塾」を受講して成長し、それをゼミに還元したいと思いました。アイカレを受験時にも先生のご指導を受けて、合格、卒塾することができました。同時期に副長にさせていただきました。ゼミ運営側の経験は学年団や学級を運営していく上で活かせるのではないかと感じています。学級ほどの規模ではありませんが、人間関係やゼミへの姿勢等をみて面接をしたり、役職ゼミ生の選抜をしたりということは、生徒理解や学級活動に繋げられると思います。また、他のゼミ生の意見を吸い上げ、運営に活かしていくことは、学年団として、「チーム学校」としての動きに似ていると思っています。ゼミ生間の意識の差を埋めきれなかったと感じているのは反省点のひとつですが、役職ゼミ生と頭を悩ませながら、改革する経験ができたことは良かったと感じています。

四年生になって、グループを引っ張ったり新たな意見を出したりすることが求められるようになってからは、うまくいった点といかなかった点があると考えています。前者は、アイカレの経験をもとにそれを自分の中に落とし込んで考えられた点です。反対に後者は、落とし込みきれていない部分があったことです。特に、模擬授業は自分のやりたいことが先行してしまい反省点だらけでした。そのため、教師になってからも学び続け、教職ゼミやアイカレで学習したことを自分の中に落とし込み実践に移せるようにしていきます。また、現場でも常に学び続け、生徒たちと共に成長していきたいです。

三年間のゼミ活動を通して私は、不断の努力の重要性、人との関わり方、教師としての姿勢など様々なことを学びました。また、新たなことにチャレンジする姿勢やそれを自分の中に落とし込んだり改善したりする姿勢が身につきました。しかし、学んだだけでは意味はありません。生駒先生がよく例として挙げられる「一〇本の包丁」のように、経験を持っているだけでなく、うまく使って生徒たちにとってよりよい教師になれるよう努力を続けていきます。幸いなことにこのゼミでは直接的にも、間接的にも教師として重要なことを学べました。それを生かすも殺すも自分次第です。生徒たちの目線を上げる前に、自らの目線を上げ、研鑽を重ねていきます。

（河野佑介、横浜市、中学校、社会科教諭）

三．在学生

どんな教師になりたいか

教職ゼミに入会した際は、生駒先生からの教育法規をはじめとしたご講義や、先輩方のお話についていけなかった。しかし、それは当然のことだと生駒先生はお話してくださり、予習、復習をするということ、講義中にメモを取ることを心掛けなさいとご指導してくださった。この姿勢を続けていると、徐々に講義についていけるようになり、自然と「疑問」が生じ、積極的に講義や先輩方のお話に対して質問をする機会が増えた。このことから、採用試験の対策は、一人では難しいことだと実感し、生駒先生のご指導や諸先輩方のゼミに対しての姿勢を見ることで成長できたと思う。

また、教師になった後を想像しながら学ぶ姿勢を身に付けられたことも大きな成長だと考える。一年生の時の目標は「教師になること」であったが、どんな教師になりたいのかが重要だと気付くことができた。そして、それに正解はなく、各々が目指したい教師像を明確にしていくために学び続けることや、他者の目指している教師像を知ることで、教師になることの意義を見いだせたと考える。

（四年、宗村涼花）

価値観を広げる

教職ゼミでは傾聴する姿勢やメモを取る習慣、クリティカルシンキングなど多くのことを生駒先生のご指導のもとで育むことができました。そうした日々の積み重ねを踏まえて「学び続ける姿勢」を学ぶことができたのが教職ゼミでの一番の学びである。

教職ゼミでの活動は単に教育法規や時事問題についての学習に限らず、ゼミ生同士での討論や意見交流なども多くあり、自分にはない考え方や教育観に触れることのできる貴重な経験でした。また、そうした活動を通して自己の意見をより深化させることもできました。「生徒に寄り添った教育を行いたい」という私の教育観について、「なぜそう思ったのか」「理想の教育を行うには、具体的にどのような教育方法を行えばよいのか」など多くの助言をいただき、それまで抽象的であった考え方が明確で強固なものへと変化していくのを実感しました。これは私一人では到底できなかったことであり、生駒先生を含め、ゼミに所属する全員が一つの目標に取り組んでいるからこそ得られた経験だと思います。

さらに、自己及び他者との対話を通して、教育にただ一つの正解はないということも感じました。だからこそ、早い段階からゼミ生や生駒先生のお話を聞き、自己の価値観を広げることができた大学生活は、大きな成長につながったと感じます。

（四年、浅沼康平）

モチベーションを高める

生駒ゼミは内向きのコミュニティーではなく、年間の活動の中でゼミの卒業生である先輩方を含む現職の先生方との交流や校長先生によるご講演などを通して普段の大学講義やゼミの活動だけでは知り得ない学校教育の現状について知ることができました。ゼミの枠を超えた人との繋がりを大切にしていて、教員として現場に立ったときの地域や社会の様々な人と携わる重要さを強く感じます。また、「教員として現場に立ったときに活かせる経験の機会とすること」というゼミの目的をゼミ生が共通の認識として持っており、より鋭い視点でものごとを捉え、課題を見つけていくことのできる人が多く集まっています。ひとつの議題でも多角的な考え方をできるのは、この教職ゼミならではの良さだと思います。ゼミでの活動を通して、自身の目指す教師像について考えたり、自身が教員として働くことになったときに求められる資質や能力、環境について考えたりする中で、より教員を目指すことへのモチベーションに繋がっています。また、諸先輩方や現場の先生方のお話を通して「教員になったらこんな授業をしたい」、「こんな風に生徒と関係を気付いていたい」、と考え、それをゼミや同じ教職を目指す仲間と共有する時間は非常に有意義でとても大切な時間になっています。

（三年、田中優希）

教員として

印象深い一つの言葉は「教員として」という言葉である。私はゼミ活動において様々な場面でこの言葉を聞いた。例えば、四年生の先輩方が行ってくださった受験報告にて、二次試験では「教員として」の姿勢を見られているると、どの先輩も口々に指摘していた。また、四年生の先輩方が行ってくださった模擬授業（特に社会科）でも、とても興味深い導入で始まっていた。導入の題材となるのは日常生活にあるものであり、「教員として」様々なものに疑問を持つことで生徒の興味を引き出せる導入を考えられるという。他にも四年生の先輩の横浜市教委主催のアイ・カレッジ教師塾の受験報告にて、自分の強みを「教員として」どう生かしていくか、という議題を与えられた。このように様々な場面で「教員として」という言葉を聞いた。私は大学生のうちから「教員として」生活を送り、物事を考えることこそが、教員になる道であり、教員としての資質を向上する道であると思った。その言葉を受けて私はその辺の道の看板に対する疑問をそのままにするのではなくすぐ調べ、NEWSに対して教員の立場なら何をするのかを考え、教育問題に対して学生である私の考えではなく、教員としての私の考えを大事にするようになった。

（三年、小倉早生）

より深い学びへ

私の中で、たしかに教育史や教育心理学などを学ぶことは大切なことであり、自分の知見を広げる重要な科目であります。同時に私は、実際の経験に結びつけ、今後必要となる実際の技能を学習する早期的な機会の必要性も感じていました。しかし、実践的な教え方や自分の考えをより現実的に広げる機会というのは、主に大学三年以降の教職課程に設定されていました。そんな時、大学で初めて生駒先生の講義を履修しました。生駒先生の講義は、オンラインにも拘わらず、「反転学習のため」、予習を大前提とし、講義の中では双方向性を確保し、かつレジュメ以上の詳細な説明があり、その講義に対して毎回、クリティカルシンキングを行うといった、大学の中で唯一対面と限りなく近い状態での講義が行われていました。当時の私は、それに驚愕し、毎回の講義で新たな発見がある生駒先生の講義がとても興味深いものになっていました。そんな中で、その講義の最後に、教員になりたいと考えている学生を対象に教職ゼミを開講しているということを知りました。その瞬間、生駒先生のもとで四年間学ぶことができたなら、自分は大きく成長することができると感じ、教職ゼミへの入会を決意しました。

入会してすぐに感じたこととして、ゼミ生の意識が高く、全員がお互いに学び合い高めあおうという雰囲気が全面に現れ、当時の自分にとって印象的であったことを今でも覚えています。特に当初印象的であったことが二つあります。一つは、その内容の実践性です。教職ゼミでは先輩方の直近で体験した教育実習や採用試験の報告を聞くことができ、自分が近い将来に体験する内容を知ることができます。その報告に対して全員が傾聴し、質問を遠慮なく投げかけることができる環境が整っています。二つ目は、ゼミ外でのことです。ゼミ外でも先輩方は後輩を気遣ってくださり、何か不安なことや質問があった際は、とても丁寧に答えてくださりますし、ゼミのメーリングリスト（ＭＬ）には、常に教育に関する記事が溢れています。この記事をゼミ生全員がノート化し、自分の考えとして整理し直すことでより深い学びへとつなげていくことができています。

（三年、高橋廣斗）

学生時代の気づき

入会して一番驚きだったのは、オンラインのＯＧ・ＯＢ会であった。現在、教員として教壇に立っている先輩方から現状を聞くことができた。最近、導入されて始めたＧＩＧＡスクール構想の状況や生徒の対応の仕方、授業の導入部分の工夫を学ばせていただいた。そこから、なぜ生駒ゼミで「早い準備は半ば成功」という言葉が大切にされているかが身に染みて理解できた。ゼミの報告会では、都道府県の問題傾向などの違いを把握でき第一志望の東京都への受験意識向上だけでなく、第二志望の検討にも生きている。通常講義では教育法規を基本的にやっている。私は固苦しくて少し見ているだけで嫌になるような内容を生駒先生がかみ砕いて、具体例をあげながら説明していただけるので、かつて児童・生徒であった当時に学校の先生方がやっていただいていたことというのが、教育法規に従っていたのだということに気づけた。また、一年のころから教員採用選考試験への意識ができていると感じる。

（二年、丸山修人）

今まで意識していなかったこと

週一回、二時間という短い活動時間の中でも毎回のゼミはとても充実しており、先生や先輩方から多くの新しいことを教えていただき、学ぶことばかりであると感じています。教員採用選考試験に向けた教育法規の学習においいては、生駒先生のご経験をもとにしたお話が多く、ただ法律を覚えるだけでなく、その法律が実際の教育現場ではどのように使われているのかなどといった行間について詳しくお話してくださり、自分が実際に教員になった際に生かすことができるような教育法規の勉強をすることができています。例えば学校保健安全法では、健康診断の重要性やコロナ・ウイルスによる一斉休業など身近ではあったものの、今まで意識していなかったことが重要であることを学びました。

さらに、ゼミ生の四年生の先輩方からは、教育実習の報告や教員採用選考試験の受験報告など実際に自分が今後経験することについての概要の説明や実際の雰囲気、さらには役立ったことや、もう少しこうすればよかったなどといった改善点についてもお話していただき、ゼミに入っていなければ聞くことのできない貴重なお話を沢山聞くことができました。教職について右も左も分からなかった状態から、今では確実に教職の仕組みや実態について知識を得ることができていると効果を感じています。四年生の先輩方の模擬授業を見学した際、まるで現役の先生のような堂々と安定した授業を見ることができ、四年間で多くのものを得たのだろうということを強く感じました。

（二年、遠藤千空）

違った視点で学びを得る

私が最も勉強になったのは、先輩方のＺＯＯＭを使った模擬授業です。私は現在塾の講師のアルバイトをしていますが、先輩方の模擬授業は、本当に真似したいことばかりで、メモの手が止まりませんでした。実際に教育実習の場で行った授業をされている方も何人かいらっしゃり、何度も同じ授業をすることの難しさや大切さまで、模擬授業から感じることができました。これらの講義内でのすべての活動において欠かせないのが、各学年のゼミ生との質疑応答です。ここからは、発表とは違った視点での学びを得ることができ、さらに各学年からの質問であることによって、特に私たち二年生は、先輩方の質問内容からも知識を得ることができています。日々、これが先輩のすごさなのだと考えさせられます。

（二年、虻川瑞希）

四．「ゼミ体験の振り返り」を、振り返る

まず、多くのゼミ生に、ゼミ体験の振り返り文を送っていただいたことに感謝いたします。芸大時代のＯＧの多くが、仕事を続けながら、子育てに奮闘中で、かつ年度末の多忙な時期であったにも拘らず、心のこもった体験文を寄せてくれました。それらいただいた「ゼミ活動の振り返り」文を拝見して、高校教員時代から、現在の大学教員までの教育実践の変遷及び特徴の一端が、確かにそこには反映しているように思います。

ゼミ開設当初の八〇年代は、高校の進路指導担当者として、第一義的には、就職・進学志望者を合格させるための指導が中心でした。当時のゼミ生もそのように受け取っていました。

その後の大学でのゼミ活動からは、単に就職するため、教職に就くためという実用的な活動は、後景に退いていきました。筆者が約二〇年間の高校での進路指導を通じて、生徒のキャリア発達の事例を長いスパンで見ると、合格がスタートラインとして、大切なことは言わずもがなですが、就職・進学後、その場でどのように成長し評価されるのか、そのためには、「非認知能力」の醸成が、最も肝心なのだと得心したのです。そのため、まず、生活のリズムを維持し健康に過ごすこと、挨拶の励行、誠実であること、約束事・時間を守ること、率先垂範すること、有言実行といった、社会人の基本として必要な資質の育成が全面に出てきました。これらのことは、学生に求めただけでなく、自分にも課して、克己心を持ち、自分の行為を律してきました。

それらが基盤にあって、そのうえで、夜遅い時間・休日まで、共に学びながら、企業への就職指導、教員採用選考試験の受験指導を重ねていきました。彼女・彼らとの出会いを大切にして、志望の実現を目指しました。これらの活動を一言でいうなら、第二章で述べた、「自主ゼミ」の創出です。志望の企業・専門学校・大学、そして教員

採用選考試験に合格して、文字通り、飛び上がって喜ぶ後ろ姿、合格直後のお祝いの食事会での輝いている姿、ＺＯＯＭを通して、喜びと安堵している姿を観ることができるのは、筆者にとって崇高な誇りです。

おわりにかえて

Ｊ・デューイは、「教育者はどんな職業人よりも、遠い将来を見定めることに関わっている」としたうえで、教育者に課せられた仕事と経験の関わりについて、「その経験が未来により望ましい経験をもたらすことが出来るように促すような、質的経験を整えること」で、「成熟した人にこそ、未来に対して有形で好ましい影響を与えるような種類の現在の経験のための条件を制度化する責任が負わされているのである」と述べています[1]。

若者が努力を重ねても就職しにくい、さらに就職しても離職者がいる、育児と仕事の両立が極めて困難である、という現実があります。そのような現実を変えるために教員には、何ができ得るのか。生徒・学生の高校・大学から実社会への移行を支えるための責任を、全ての教員が改めて認識することが求められています。

注

1　Ｊ・デューイ『経験と教育』市村尚久訳　講談社学術文庫　二〇〇四年　一二、三四、七六頁

第二部　職業と人生、職業と社会

―そのつながりを探る―

第一章　就職活動に先だって職業について学ぶ

―就活と就職と職業―

一．学窓を巣立って職業人になる

若者が社会にでて最初に直面するのは職業活動です。生徒や学生でいる間は、学業活動をしっかり進行させることが中心テーマでした。ところが学窓を巣立つと、局面はいっぺんに変わります。職業活動としっかり対峙すること、これが中心的なテーマになります。

そして職業活動は、その後、長期にわたって人生を運びます。職業は、文字通り「人生の伴侶であり、社会人としての証し」といってよいでしょう。

学窓を巣立つということは、独立した一人前の社会人になること。社会人になるということは、職業人として世の中に身を置くことです。それなのに、職業とは何かがよくわかっていないとしたら、一人前の社会人と自負できなくなります。

それは何も学生や生徒ばかりではありません。多くの現役の働きびとも、またそうです。でも、例えば「職業は社会の必要にこたえる個人の活動」だなどといわれると、怪訝な顔をする人がいることでしょう。ごくあたりまえの人生テーマなので、考える対象になっていなかった、ということなのかもしれませんが。

あるキャリアカウンセラーは述べます。大学教師が「職業とは何か」と学生に問いかけたら、「そういえば職業についいて深く考えることがなかった」と応答されたとか。恥ずかしげもなく、「世の中にどんな職業があるのか知らない」と言い放った学生がいた、とも発言していました。

職業活動は、人生の大テーマです。生涯にわたって、人生の伴侶であり続けます。時に、寝食を忘れて職業活動に打ち込むということだってあるでしょう。職業活動がうまくいかず、ふさぎ込んだり、落ち込んだり、やけくそになったりするかも知れません。職業のことをしっかり学習しておくことは、大学生の義務といってもよいでしょう。

と、こう書いてきて、ふと思い当たります。職業というのは難業苦行である、と思っている人が多いということに。生きていくために、止むを得ずするのが職業だと捉えている若者がたくさんいる、ということに。職業なんて、やらなくてすむならやりたくない、と考えている学生がいるということに。

職場における労働に、辛さと厳しさがついて回ることは事実でしょう。そういった大人の働き様をみて育った若者にとって、職業は、考えるのもいや、口にするのも避けたいものとなっていったと推察されます。

しかし人々の職業への関心が薄れ、職業観や職業意識が希薄化した原因は、それだけではありません。学校や大学における、生徒や学生への「職業学習」の機会提供が不足ぎみであったことが、あずかって大きいかと思われます。

職業的自立の重要性についていては説かれたにしても、そもそも職業とは何か、人生と職業、職業と社会の関係などに関する掘り下げた学習はなされてきませんでした。これは間違いなく、強烈な現実です。職業を知らずして、職業に就くことはできません。就職とは、職業に就くことだということを、学生は頭にいれておくことが必要です。

九〇年代に入って、学卒無業者が増大し、フリーターが増加しました。職業に関するしっかりした考え方を持たず、職業が持つ意義をしかと学習させ得なかったことが、こういった社会現象を産み落としてしまったといえます。

小説家の夏目漱石には「道楽と職業」と題する評論がありますが（『私の個人主義』講談社学術文庫）、冒頭のほうで、「私はかつて大学に職業学という講座を設けてはどうかと考えたことがある」と述べています。

この発言に、私はいたく共感します。いま日本社会では職業の概念が空洞化し、職業観も曲解されています。もし漱石がこの発言を、勤務していた東京大学か文部省に建議でもしていたら、職業概念が空洞化する事態は防げたかも知れません。

時に一九一一年、大学出の秀才たちが、何か生活の手づるはないかと、朝から晩まで捜し歩いていました。一日も早く職業を与えれば、父兄も当人も安心するし、国家社会もそれだけ利益を受けます。日露戦争に勝利したあと続いた好景気は、すっかり冷え込んでいました。今で言う「学卒無業者」なる若者が、街にたむろしていたというわけです。

かくて漱石は提言します。「職業は学理的にどういうように発展するものか、またどういう時世にはどんな職業が自然の進化の原則として出て来るものか。これを一々明細に説明してやって、職業の分化発展の意味も区域も盛衰も、一目のもとに会得できるような仕掛けにして、自分の好きなところに飛び込ませたら、まことに便利じゃないか」、と。

こう述べたあとで、漱石は、独特な切り口で、職業の本質に切り込みます。

私は未だかつて着物を織ったこともなければ、足袋を縫ったこともないけれど、自ら縫わぬ足袋、あるいは自ら織らぬ着物の代わりに、新聞へ下らぬ事を書くとか、あるいはこういった所へ出てきてお話をするとかして、埋め合わせを付けているのです。

私ばかりではない、誰もそうです。すると、この「一歩専門的になる」というのは、他の意味でも何でもない、すなわち自分の力に有り余る所、すなわち人よりも自分が一段と抜きん出ている点に向って人よりも仕事を一倍して、その一倍の報酬に、自分に不足した所を人から自分に向けて貰って相互の平和を保ちつつ生活を維持するという事に帰着するわけであります。それを、ごく難しい形式に表すというと、自分のためにする事はすなわち人のためにすることだという哲理をほのめかしたような文句になる。

簡単に言うと、人と違ったこと（専門的なこと）をし、そのゆえに（その分野で）人より勝ったことをすることで、人さま（社会）から報酬を頂戴する。お互いが、そのようにする行為が、すなわち職業というものだ、ということでしょうか。漱石は、「職業というものは、要するに人のためにする事に、どうしても根本義をおかなければなりません」と言い切っています。つまり、職業は、本来が、「他人本位なもの」だというわけです。

ただし、例外があり、科学者、哲学者、芸術家の類は、「自己本位でなければ到底成功しないことだけは明らかなようであります」。なぜなら、「人のためにすると、己というものがなくなってしまう」と多少ユーモアも込めて語っています。

また、「己の無い芸術家は蝉の抜け殻同然で、ほとんど役に立たない。自分に気の乗った作が出来なくて、ただ人に迎えられたい一心でやる仕事には自己という精神が宿るはずがない。すべて借り物になって、魂の宿る余地がなくなるばかりです」とも語っています。小説家もまた道楽的職業には違いないというわけですが、いずれにしても、職業の本質によく迫っているとわたしは思います。

二．いま「職業」はマイナー

では職業とは、一体ナニモノでしょうか。二〇一一年のことですが、文部科学省は、大学生の「職業接続」を確かなものにしようと、大学設置基準を改定し、「職業指導（キャリアガイダンス）」をカリキュラムに盛り込むよう大学を指導しはじめました。その場合、職業とはどんな意味で使われているのでしょうか。

場合によると、「働くこと」や「仕事をすること」と同じ意味で使われてはいないでしょうか。大人同士の会話では、「どんな職業に就いているのですか」と聞くより、「お仕事は何ですか」と訊ねるのが普通です。「毎日お帰りが遅くて大変ですね」と声をかければ、「いや仕事ですから」と応答することになります。

でも職業と、仕事と、働くことは意味が違います。にもかかわらず多くの書物や発言では、区別がありません。そういった曖昧性を残したままでは、職業観や職業意識は、人々の心の奥に収まることにはなりません。

いったい学生は、「働く、仕事、職業」という三つの用語の違いを、どれほど意識し、認識しているだろうか。二〇一二年のことですが、関西のある大学で、それぞれの用語からイメージされることを書きとめてもらいました。結果は以下に掲載する通りですが、文字通り混沌としています。三者の違いは、まったくのところ認識されていないようです。アンケートに回答してくれたのは、総数一二〇名です。

このうち「働く」は、「お金を稼ぐ」が九名で一番多かった。しかし「職業」と「仕事」の二つについては、解釈はてんでんばらばらです（項目の下の数字は人数を表す）。

働く

社会に出ること、責任を持つこと②、行動を起こして責任を果たす

生きていくために働く、家族を支える、生活の要

お金を稼ぐ⑨、労働を提供してお金を得ること②、お金をもらう

人のためになること、自分の時間を売る、

社会人となる②、自己成長、

我慢する、大変だ、多少なりとも我慢が必要なもの、

社会の生産者・供給者になること、経済循環の歯車になること、

会社のために利益をあげる

何らかのシステムを動かすこと
社会にでて生活するためのお金を稼ぐ

職業
専門的、専門にしていること、
働くこと③、働くために従事すること
社会貢献、
財・サービスを供給する仕事、自分がやりたい仕事
自分が好きな職業にはありつけない、
様々な仕事がある、仕事のジャンル
責任感を持たなければならない
システムを動かすための役割
仕事の種類、会社の種類、
専門的に特化して働くこと
社会的ステータス

仕事
社会活動、なくてはならないもの、社会貢献、人生の一部
給与に対する義務、給料をもらうために働く、お金をかせぐ②
会社などに入って与えられるもの、会社の課題に取りくむこと
何か人のためになることをやってお金をもらうこと、人のためになる、
失敗はあまり許せない、自分で見つけ出すもの

自分に課されたやるべきこと、やるべきこと②、責任、責任をもつこと、責任・義務
人が生活するための金を得るための一つの手段、
働くこと、word、excelなどを使う
システムを動かすために必要な作業

とにかく職業という用語は、いまマイナーです。職業という用語に代わって、「仕事」と「働く」という言葉が、いま世の中を一人歩きしています。職業の概念は、まったくのところ曖昧化しています。というより、あまり使われないのです。

これでは、就職活動に取り組んでも、学生は職業に就くことがままなりません。諸機関を通じての就職支援も、また就活援助も成果をあげることはできません。

その背景については諸説があると思われますが、ここ三〇年間にわたって、日本社会から「職業の概念」は消えたままです。

しかし「初めに言葉ありき」といいます。言葉には意味があり、それなりに根拠のある定義があります。それを共有することで活動はスタートし、目指す目標が達成されます。「他の動物に比べて、言葉を使える人類は、飛躍的に緊密な仲間との共同作業ができる」という意味あいです。新約聖書は「万物の根源は、言葉（ロゴス）である」と言い放ちます（「ヨハネによる福音書」第一章）。

学生はもっと職業について学習する必要がありますが、大学の授業で職業という用語はあまり登場しません。職業を主題にした講義科目を置いている大学は、ごく少数です。

学生が就職課やキャリアセンターに足を運び、キャリアカウンセラーやキャリアアドバイザーの面談を受けても、職業ガイダンスはなされません。本書は、その隙間を埋めるための教材として企画されました。

三、「職業に就く」から就職

大学を卒業したあと、どれくらいの人が「職業」に就いているでしょうか。職業という性格の業ではなく、「生業」という性格の業に就く人はたくさんいるようです。しかしながら、職業と生業は違います。

生業とは、生計をたてることを目的とした就労・就業のこと、一方職業は、他にたくさんの個人的ならびに社会的な意義をまとった就労・就業のことです。

生業なるものに就くについては、①不本意だけど職業に就けなかった場合のほか、②自分の意思で職業に就かなかった人がいます。

前者は、主として組織体での就業を目指した場合に当てはまります。会社員、公務員、団体職員などを希望したが、正規雇用とはならず、派遣や請負やパートという形の就業・就労を強いられているケースです。これを、さしあたりAタイプの生業者としておきましょう。

後者には、さらに二つのケースがあります。一つ目は、目指す生き方や人生のゴールがある場合に、とりあえず生業に就く場合です。将来の方向として、例えば作家や役者や独立自営の企業主を目論んでいる。だがそれには準備が必要なので、アルバイトをするなどして生活費を稼ぐ。これを、さしあたりBタイプの生業者としておきましょう。

後者の中の二つ目のケースは、そもそも職業なる就業を好まず、はなから職業が念頭にない人の場合です。それが職業観のせいなのか、職業というものへの偏見なのか、いずれにしても、職業は辛くて大変な労働だと認識しています。能力を身につけなければならない、時間や規則の面からくる拘束もある、そんなの嫌だというわけです。いわば職業に就くこと自体を忌避しているわけですが、これを、さしあたりCタイプの生業者としておきましょう。

現役の就業者についても、同じようなことが指摘できます。就業はしていても、職業には就いていません。生業には就けても職業には就けない、あるいは生業にすら就けない人が、いま多数いるはずです。

職業に就いているとは、その活動を通して、生計をたてるに必要な経済的報酬を得ているということではありません。それは必須ですが、加えて、仕事を通して自分を成長させ、社会とのつながりが実感できる働き方をしていることを指します。

その時その場面で辛いことはあっても、自分の将来に展望を持つことができる、その故に、「職業人」としての誇りを持つことができる。こういった意味の活動に従事していることを指して、職業に就いていると称することができます。

いまワーキングプアが増えていますが、この人たちは、働いているのに食っていけない、仕事をしているのに、生活を全うするに足る収入を得ていない人たちです。職業に就く機会が減り、職業に就く人の割合が減少したことで、経済的に貧しい状態に追い込まれた人が数多く出現することになった。これが、ワーキングプアが増えているということの意味です。

しかしワーキングプアの存在を、職業格差の問題と捉えるのは適切ではありません。職業社会学的な言い方をすると、ワーキングプアとは「職業に就いていない人」のこと。世の中には職業と生業があるのに、「職業」格差の問題として捉えようとすることは、その違いに気づいていないということです。

若者の就業環境は、どんどん厳しくなっています。企業は正規社員の採用枠を狭め、グローバリゼーションの進行にあわせて外国人の採用枠を拡大しつつあります。海外へと事業をシフトし、国内の工場や流通施設やオフィスを縮小しつつあります。

必要な人材は、キャリアマインドを身につけた学生であり、有象無象《うぞうむぞう》はいらないということです。有象無象とは、辞書的には「世の中にたくさんある、くだらないもの」という意味です。そうならないことを、学生は早くから心がける必要がありそうです。

当然ながら、これから大学は淘汰されていきます。高校生もまた、進路先を選択するにあたって、選択の目を厳しく働かせるでしょう。「職業接続」を確かなものにしてくれる大学かどうか、大学に進学することが最善なのかどうか、専修学校で学ぶなり、職業訓練機関に進むのがよいのではないか、と選択肢を広げることになるでしょう。いずれにしても大学は、学生の将来をしっかり支えるようなカリキュラムをつくりあげる必要があります。大学生の職業接続支援を織り込んだ教育が不可欠となります。

当然ながら、学生自身の精進はいっそう必要です。職業とは何だろう、どんな職業がいい職業だろうか、職業活動に従事するうえで必要とされる知識やスキルはどんなものか、職業によってどう違うのだろうか。これらはほんの例示ですが、こういったことを、しかと学習しておくことが不可欠です。

四．就職は人生の大課題

いま大学でもキャリア論が活況を呈していますが、そこで説かれるキャリア形成というのは、生涯にわたる人生課題です。世代の進行につれて、進学、就職、結婚、育児、子どもの教育、職業活動の挫折、昇格・昇進、退職とセカンドライフというように、人々はいろいろな人生テーマに直面します（人々には、これらと対峙し、全うすることが求められます）。

そこでキャリア教育は、人には「生涯にわたる人生充実への努力」が必要だと説きます。D・スーパーは、人生テーマのことを「ライフキャリアレインボー」と表現しました。日本語的には、人生において人々は七つの役割を果たすことが要請されるという意味合いです。

いずれにしても、キャリアとは「人生の役割セット」のことだというのがスーパーの説です。しかしながら、わたしは強調します。大学に入り、大学を卒業しようとする二〇歳前後の若者世代にとって、この説はどれほど説得力があるだろうか、と。

職業意識の涵養は長期にわたります。職業的能力は、産業構造や社会システムの変動によって陳腐化するので、職業学習は生涯にわたる人生テーマです。世代、世代で性格は変わるものの、職業は一生ついてまわるテーマです。そのスタートが、学窓を巣立つときに降りかかってくる職業接続です。二〇歳前後の若者世代にとって、職業に就くことはとても重要な人生課題となります。

西欧社会では、大学を出たらすぐ就職するわけではなさそうです。ギャップイヤーといって、海外を含めて社会の現実に触れる期間を持ってから就職する。あるいは、いちど社会に出て仕事や職業を体感したあと、改めて大学に入るほうが普通といわれます。

しかし日本社会では、就職ではなく就社（社員として会社に職を得ること）が一般的となり、四月の一括採用が建前です。大学卒業は、就職と直結しています。仮に芸術家や小説家、あるいはライター、スポーツ選手、芸能人などを目指す学生でも、卒業後しばらくは会社に勤めます。喰っていくための腰かけであれ、就社をします。

大学をでたら職業活動が待っているわけですから、学生は、職業に就く意志と意識を在学中から身につけることが要請されます。事前にどんな職業を目指すか、どんな仕事が望ましいかに関して思いを巡らせる必要がありま す。さもないと、真の意味での就職、つまり職業に就くことができなくなります。

仮に、独立して生活していけるだけの収入がある仕事、さらには自分の素質、性格、能力、志向を活かし、自分を発展させてくれる仕事とは何かと思案しだしたら、眠れなくなりそうです。生涯を「それを拠りどころにできる」仕事、あるいは「牽引車として引っ張ってくれる」職業、そして社会とつながっていると実感させてくれる仕事や職業も視野に入れる必要があるでしょう。

このように、生徒・学生は就学中から、将来につながる良き「職業接続」について思いを巡らせることが要請されます。職業は人生の伴侶であり、社会人としての証なのです。

五．就職観が曖昧化している

わたしの産業社会学を受講したある学生は、「職業の意義なんて、これまで考えたこともない」と言い放ちました。男子の三年生ですが、こんな学生はけっこう多いのです。

その故でしょうか、つまり職業接続が視界に入っていないせいでしょうか、学生たちは、異口同音にこう言います。

・世の中にどんな職業があるのか知らない
・どんな職業が自分に向いているかわからない
・自分のやりたい仕事が見えない
・どんな職業に就いたらよいかわからない

むろん前向きな学生はいます。ある学生は、「自分には、やりたい仕事がある。その仕事のことを、いま一生懸命になって調べている」とゼミで発言しました。

また「学生だって、考え、考え、考えている。ただ、どうしてよいかわからない」と発言した学生もいます。

学生がゼミの中で、職業の意義や就職問題をテーマに交わした発言を、以下に採録するとこうなります。内容は、「社会批判」（A）、「学生の自己批判」（B）、「大学批判」（C）というながれで推移しました。

〈A〉社会批判

世の中にどんな職業があるのか、どんな職業が自分に向いているか、どんな職業に就いたらよいかが「わからない」のは、「自分らしい生き方なんて、現状ではとても無理と思っているからだ」とある学生が言葉を添えました。

ここから、学生の意見交換が活発化しました。
・われわれが職業意識を希薄化させているのは、社会全体が低迷しているせいだ。
・失業率が年々高まり、給与がカットされている現状で、社会に希望を持てるわけがない。
・社会が大きく変化している中では、自分の将来は、いくら考えてもみえてこない。
・終わりのみえない経済低迷と社会不安、自分は何をやったらよいやら。
・サラリーマンの現状を垣間見ると、サラリーマンの将来が悲観的だからだろう。

〈B〉学生の自己批判

そうこうするうちに、社会に向けられていた矛先は、学生たちにむけられはじめます。
・不景気なのをいいことに、学生は真剣な努力をしない。
・自分の将来について、食べていければいい、やりがいなどいらない、普通でいいんだという考え方の持ち主が非常に多い。腹が立つ。大学にきているだけ、親に言われたから、単位をとるだけという学生が非常に多い。
・自分を高める、自分を大切にする、自分のために努力することに無頓着な学生があまりにも多すぎる。

〈C〉大学批判

そして遂に、大学の在り方が批判の対象にすえられるのです。
・大学が学生を甘やかしているから悪い。
・日本の大学に特有な自由な雰囲気が、社会、生活、職業を真剣に考えさせなくしている。
・高校生の多くは、大学に入ったら、やりたいことが自由にできると思っている。大学の雰囲気、環境を変える必要がある。

・大学では、就職することの意味や仕事については教えてくれない。
・高校では受験、大学では就職が大テーマであり、日本の教育では人生を考える機会が少ない。何のための教育か。
・世の中にどんな職業があり、それぞれどんな価値を持っているか、どんな特性かなどを知らされていない。
・大学では、学部・学科などの枠があり、選べる科目が限定され、視野に入ってくる職業が、中・高校よりどんどん狭くなる。大学に入ってからでは、職業マインドは養われない。

学生たちの職業意識は、確かに未確立で曖昧かも知れません。でも大学にも、そして社会一般にも、大学生の職業接続を確かなものにしていくお膳立てが不十分なことも、これまた事実のようです。

こういった問題状況が発生する背景をたどると、一つの大きな要因が見えてきます。それはいま日本社会に、夏目漱石がいうところの「職業学」が、根づいていないということです。多くの学生が、世の中にどんな職業があるのか知らない、と発言する。あるいは、どんな職業に就いたらよいかわからないと発言する。どうしてでしょうか。

それは、日本の青少年が、職業というテーマと正面から向き合ってきていない、職業というテーマを、人生の問題として、社会の課題として真剣に学習してきていない、学習の機会が不十分であったということかと思います。

翻って、親や教師や大人たちは、青少年から「職業とは何か」「職業にはどんな働きがあるのか」と問われて、まともにこたえられるでしょうか。

教師だったら反論することでしょう。キャリア教育に力を入れており、生きること、働くことの意義については、十分に時間をとって教えています、と。ではお尋ねします。仕事と職業を区別していますか、働くという行為の中で職業はどんな位置づけになるかを、しっかり教えていますか。

ましてや、今後はどんな働き方や職業が社会から必要とされるのかに言及することはありますか。こういったことに関連させた情報が提供されないと、「自分のやりたい仕事が見えない」「どんな職業に就いたらよいかわからない」ということになります。

いずれにしても、職業とは何かというテーマに、高校も大学も触れないできているのではないでしょうか。大学側の姿勢と方策は、刷新される必要がありそうです。

六．仕事それぞれの専門性

職業とは何かを説明することは、容易ではありません。仮に、「独自の専門性が必要とされる仕事や働き方が職業である」というメッセージに接したら、あなたはどう思うでしょうか。その通りだと思いますか、それとも違和感を覚えるでしょうか。というのは、こんなことを書いた学生がいたからです。

「俺は、卒業したら会社に勤めようと思っている。まだ業界までは決めていないけど、仕事は営業ということになるだろう。これって専門職なのだろうか。そもそも大学の授業で、営業に関する専門的な勉強なんてしてきていない。営業が専門家としての仕事ではないとすると、俺は、正規の職業に就くことにはならないということなのだろうか」と。

いやわたしとて困りました、どう説明したらよいのか、と。問いかけへの回答ということになると、「はい、そうです」ということになりますが。

職業の種類は多彩であり、分野は多岐にわたります。お米や野菜をつくる、家をたてる、ファッション雑誌を編集する、犯罪を暴き取り締まる、お年寄りの介護をする、ピアノを演奏するといったことで生計をたて、人生を送っていれば、これみな職業です。職業名でいえば、農家、大工、編集者、警官、介護福祉士、芸術家というようになります。

これら職業は、仕事の性格や必要とされる能力に違いがあります。その違いに注目し、幾つかのカテゴリーに区分けされたものが、一般に職業分類といわれるものです。その基準はさまざまですが、一つは、生産、販売、事務、研究、開発、設計、管理など、仕事の性格であり種類です。もう一つは、農業、建設、出版、治安、福祉、医療、教育、芸術といった活動の分野です。

このように職業は、仕事の種類や活動の分野が相互に違います。それぞれ、固有であり独自です。仕事や活動が「固有であり独自である」ということは、言葉をかえれば「特化」しているということです。シェフは、食材の調達、調理と料理、盛り付けといった仕事はしても、理容・美容、建築のデザイン、介護や福祉の仕事となると素人です。

編集者となると、企画力、取材力、文章表現力、交渉力、コミュニケーション力といった能力などが必要だと誰もが発想するでしょう。でもこれらの能力は、他の職業でも必要です。他の職業人以上に、人に会う、街を歩く、寄り道をする、話題性のある所に出かける好奇心とフットワークが必要だという言い方もされます。これとても他の職業に必要だとしても、それぞれ職業には、能力に加えて、それなりの心性や態度も要請されます。

それらが合体された形と性格が、それぞれの職業に見出されるはずです。これが職業にみられる固有性と独自性ですが、これは時に、専門性と表現されます。つまり職業とは、「固有で独自な専門性をもった仕事」ということができます。

社会は、もともと「分業システム」です。社会は、自らの存続と発展に向けて、多彩な事業、多様な仕事や課業や活動を必要とします。それらを、構成メンバーである大人に分担してもらうのです。

メンバー（成人）が、それぞれ専門性を発揮し、鋭意工夫をし、努力してくれることで社会は成り立っています。その意味で職業とは、人々が担う分業なのです。言葉をかえれば、職業は、社会的役割行動なのです。

七．シュウカツの問題点

職業に関する学習は、就活支援の大事なテーマとなるはずです。でも多くの大学が就職支援として力をいれているのは、就活ノウハウの伝授です。エントリーシートをどう書くか、面接に臨む際の心得、自分のアピールの仕方などについてコンサルティングをする。そういったことは大学の教職員にはできないので、専門機関からキャリアカウンセラーを派遣してもらいます。だがこの人々も、実は職業に関する学習は十分できてはいません。職業の意味、そして職業の意義を懇切に説明し、説き聞かせることはできません。若いキャリアカウンセラーの場合は、困ったことに、職業活動の体験が十分ではありません。

それでも就職支援ができるのは、学生に期待されるのが職業能力（職業を遂行する能力）ではないからです。学生に求められるのは、一つは就業能力（職業に就くことができる能力）、二つは就職活動能力（就職活動を的確に遂行できる能力）です。

むろん、あるべき姿としては、あるいは本来的には、「職業能力」を身につけることが期待されます。調理師、美容師、薬剤師など「師」のついた職業、あるいは弁理士、介護士、中小企業診断士など「士」のついた職業など、専門学校などで鍛えられた職業人の場合がそうです。

これは、それぞれ具体的な職業を遂行するうえで必要とされる能力（知識とスキル）です。しかしながら職業能力のベースには、「仕事能力」が蓄積されていることが必要です。どの職業とも、さまざまな仕事で構成されています。「読み、書き、そろばん」などという古風な用語もありますが、「仕事能力」とは、仕事をこなし、問題を解決し、課題を成就するうえで必要とされる能力のことです。

いま風にいえば、一つは「社会人基礎力」です。経済産業省が編み出したものですが、大別すると、①前に踏み出す力（アクション）、②考え抜く力（シンキング）、③チームで働く力（チームワーク）の三つから構成されます。

①②がそれぞれ三つ、③が六つ、全部で一二の能力要素に分解されます。

もう一つは、厚生労働省が発案した「ＹＥＳプログラム」です。コミュニケーション能力、職業人意識、基礎学力、ビジネスマナー、資格取得という五項目から組み立てられ、「若年者就職基礎能力支援事業」として構想されました。事業仕分けにあって、国の政策からは落されましたが、職業能力論としては有意義です。

他にも職業能力に関する捉え方はいろいろありますが、従来は、ことさら就職に先だって職業能力など身につける必要はない。入社してから、課業を遂行する知識とスキルを修得すればいいという考え方でした。でも近年になって、企業は、即戦力になる人材を重視しはじめています。

いっぽう学生が重視するのは、「就活力」のほうです。厳しい就活に打ち勝って見事に就職（就社）できるためには、グループワーク・プレゼンテーション能力、好感獲得能力、アピール能力、面接での上手な受け答え力が必要というわけです。もっとも、こういった能力は、社会人として世の中で活動するには、誰にとっても大事になります。

いま述べた就活能力は、確かに就職にあたって、学生が身につけるべき大事な知識とスキルといってよいでしょう。大学とても、トレーニングの場を設けるなど、必要な措置を取ることは不可避かと思われます。しかしながら、そういったプログラムを推進することで「就活支援」を終わらせてよいのでしょうか。

就職支援者が強く心に銘じておく必要があるのは、一人ひとりの学生に、職業を人生の中にしっかり位置づけてもらうことです。まず、①人生の将来について思いを巡らせるようにする。ついで、②職業と人生とのつながりをつけるようにすることが必要です。一言でいえば、職業は自分をつくり、人生を発展させるものだということを、よくよく理解させることです。

人の将来は、次のように三項目で構想することになるでしょう。

イ．どんな人間になるか（人物像）

ロ．どんな仕事を職業にするか（働き方）
ハ．どんな暮らし方をするか（生活様式）
職業の選択とは、生き方（イ）と暮らし方（ハ）に思いを巡らせ、望ましい生き方と暮らし方との組み合わせとして働き方（ロ）を構想することかと思われます。

八．職業に関する学習を深める

若者世代の場合、職業的自立は、大きな人生課題です。と同時に職業的自立は、いま大きな社会課題です。というのは、二つの面からみて、これは解決を迫られる大きな社会問題だからです。

一つは、若者の職業自立への意識が、必ずしも強くないという点です。二つは、社会の側に、若者を受け入れる態勢がしっかり築かれているわけではないという点です。主体と客体の双方が問題を抱えているとなると、打開の余地は少ないということになりそうです。

いまや「ひきこもり親和群」などという用語が飛び交う世相です。それに加えて、高い失業率、増加する無業者、フリーターなど、若者を取り巻く雇用情勢は極めて厳しい状況にあります。

このような状況が続けば、若者の職業能力は蓄積されません。となると、中長期的な競争力、生産性の低下など、わが国の経済基盤は崩壊しかねません。ひいては、社会保障システムの脆弱化、社会不安の増大など、深刻な社会問題を惹起しかねません。

こういった問題意識にもとづき、二〇〇三年六月に、文部科学省は、「若者自立・挑戦プラン」を構想しました。若年者の働く意欲を喚起しつつ、全てのやる気のある若年者の職業的自立を促進し、もって若年失業者等の増加傾向を転換させようということです。

かくして打ち出されたのは、「若者が勤労観、職業観を身に付け、明確な目的意識をもって職に就くとともに、仕事を通じて社会に貢献することができるよう」、中学校を中心とした五日間以上のインターンシップ制でした。

また文部科学省が「若者自立・挑戦プラン」を構想したことをうけて、この年、文部科学大臣、厚生労働大臣、経済産業大臣、経済財政政策担当大臣の合意にもとづいて、新たな枠組みとして、「若者自立・挑戦プラン」を取りまとめて、教育・雇用・産業政策の連携を強化することとなった次第です。

その一環として、若者の社会参加を促すため、およそ三ヵ月間にわたる合宿形式の共同生活の中で、生活訓練と職業体験プログラムを実施するという「若者自立塾」という人材育成支援策が実施されました（平成二一年度末で廃止）。

こういった試みは、若者の職業的自立を促すうえで、確かに大事です。しかしながら、わたしは思います。くり返しますが、就職活動に先だって学生が真剣に取り組むべきは、職業に関する学習です。職業とは何か、職業が持つ個人的並びに社会的な意義とはどんなことか。こういったことに関する学習が、いまの若者にはできていません。というのは、大学のカリキュラムの中に、「職業学習」のための講座が組み込まれていないからです。大学生が、いかに職業のことに無知であるか。その実際を、これまで幾多の事例を通じて説明してきました。

では職業に関する学習として、いったい何を、どんなことを組み込んだらよいでしょうか。職業のことを、掘り下げて学習するとなると、職業の分類、職業構造の趨勢的変化、職業に関する諸々の資格、選職の基準、職業特性に関するさまざまな捉え方など、いろいろあります。きりがありません。

わたしが強調したいのは、「職業の意義と概念」に関する学習です。そもそも職業とは何なのか、職業がもつ個人的並びに社会的な意義、これをしっかり自分のものにしてもらうことです。

第二章　職業に関する幾つかの基礎知識
―職業とは何か―

一・若者が描く職業イメージ

いま職業という用語がマイナーで、職業の概念が曖昧になっていると前の章で述べました。では若者たちはいま、職業なるものをどう認識しているのか。これを、より深く探っておくことにしましょう。例えば大学生は、職業をどう捉えているでしょうか。

実は産業社会学の授業中に、「あなたは、職業が備えるべき重要な要件は何だと思いますか」と問いかけたことがあります。思いの外にたくさん、かつ素晴らしいというか、わたしの思いが及んでいなかった捉え方に接することができました。大きな収穫でした。

学生の回答は、それこそ多彩にして多様です。羅列して済ませてはいけないので、わたしなりに分類してみます。寄せられたメッセージを大まかに括り、それぞれ代表的なものを書きだしてみます。一番多かったのは②、以下、③、①、④、⑤の順でした。

①収入、報酬
・生きていくための金を得る、カネを得るための手段、生きるための糧
・生活するために必要な環境を作り出す最初の手段（職業は手段以外のなにものでもない）

・生活していくための機会を与えてくれる、生きるための手段
・食べていくために必要な活動、生計をたてるためにする仕事
②自己の成長と実現、楽しみ、生きがい―満足と成長につながる職業
・一番やりたい職に就き一番やりたい仕事をすること、自分がやりたいこと／楽しんでやること、やりたいことをやれて人生において楽しいもの、自分のスタイルが発揮できる、職業は個性・性格の反映（好きなことをやるから）
・やりたいこと／すきなこと（仕方なく、意思に反して働くのは職業ではない。困難で苦痛でも、それを自覚してやるのが職業）、自分がやるべきこと／自ら進んでやること
・人生の生きがい、自分の幸福を得るために従事しなければならないもの、欲望を満たしてくれるもの
・自己実現のために不可欠なもの、人生において成長や生きがいを得られるもの、個人が人間的に成長できるもの、自分の能力を高めてくれるもの、自己の発見と能力開発、成長の場、自己の成長と向上
・自己の充実感、人生を充実させるもの、自分の可能性を拡大し人間らしく生きるための活動、視野・世界を広げ豊かな人生を送らせてくれる
③仕事の種類―職種、仕事のジャンル、仕事の分け方
・仕事の種類、職種、業務内容、仕事のくくり
・自分がやっている仕事の証明、人を分類するカテゴリー、仕事による人間の分け方
・仕事の専門性（専門的仕事をしている人が職業人）
④仕事の社会性―その職業が社会とどう関わっているのか
・その職業が世の中のどの分野に属するか、政治・経済・教育・マスコミなど社会のどんな部門の仕事か、社会活動のどこに属するか

・その職業が社会とどう繋がっているか、その社会的地位、社会的役割、社会的責任、社会的ステータス、課せられた社会的使命、世の中への貢献
・その職業への社会的需要の大きさ、社会的需要の変動、社会を成り立たせるもの
・職業は人がなす社会的活動、職業に就くとは社会人として認められた証拠
⑤その他─以上の要素の組み合わせなど、注目に値するメッセージ
・自分の努力によって富と幸をもたらしてくれる道具
・目標のある人生を可能にしてくれる
・やりがいある仕事ができる社会的地位
・その道の達人になる
・手に職業をつけて独り立ちする
・会社とかの枠に囚われず働いて生きていけるという感じ
・同じ時間に、決まった場所で、一般的で普通の仕事をする
・もう一つの自分の顔
・人生を彩るための最大の要素
・人生における最大のチャンス、そして最大の壁
・さまざまな喜びと苦しみを与える貴重な場所
・人生を何倍も楽しませ、何倍も苦しめるもの
・カネ、仲間、安定、成長、社会的なものなど、さまざまなものが得られる

職業に関する新鮮な捉え方が、随所にみられます。産業社会学の受講生なので、一般学生よりも啓発されている

と思います。特に「⑤その他」の中には、わたしに、新しい発見を促したメッセージがあります。なかなかの着眼だ、と感服させられました。喜ばしいかぎりです。

二．仕事、働く、そして職業

二－一．「働く」と「仕事」に固有な意味

古代ギリシャでは、知に大きな価値がおかれたので、「労働 labour は精神を獣化する」として忌み嫌われた、と歴史書は教えています。また、神から独立したことへの罰として人間に労働が課せられた、というのが、古代キリスト教が説く労働観だといわれています。

しかし日本語では、労働は「働くwork」とほぼ同じ意味で使われています。語義からすると、「労」は骨折り、心づかい、つとめ。「働」は人がうごくこと。従って労働とは、人が、「頭と心と体をうごかす」こと、使うことです。動作の大小や、社会活動と生活行為との違いを問わず、また喜怒哀楽のいずれであれ、「心身のエネルギーを使うこと」は、全て「働く」ことであり、「労働」です。

しかし感覚的にも日常的にも、労働は「苦渋」にみちた「苦役《くえき》」、と受け止められています。従って、ここでは「働く」という言葉を使うことにします。

昔から、「はたらく」は「端楽」とも書くといわれます。つまり他人や、周りの人を楽にさせることが働くことだ、というわけです。おかげで当の本人は苦労する、つまり、他人に喜びを与えるが、自分は辛くなる。働くには、こんな素晴らしい意味があります。にもかかわらず、とかく現実の世界では「苦」に焦点があてられがちです。

いっぽう「仕事（work）」とは、働くことのうち、「何らかの目的に向かってなされ、それの達成を目指す意識的、意図的な人間的行為」です。つまり、それなりの目的、目標、そして意向をもって「事に仕える」ことです。

しかしながら現実に目をやると、多くの人は、「事」の性格や内容についてはあまり考えません。片岡勝氏の言い方にならえば、ごくあたりまえのように会社に就職し、サラリーマンになり、「上司や会社」に仕える毎日を送っています。あげくのはて、「会社に定年まで勤めあげることを至上の価値と認識するようになる」というのです（『儲けはあとからついてくる』、二〇〇二年）。

また杉村芳美氏は、仕事は「目的に向かってなされる主体的活動」だと定義しています（『「良い仕事」の思想』、一九九七年）。仕事の意味に関して、目的性と主体性という二つのキーファクターをクローズアップされました。もともとは、「もの」が具象性を持つのに対して、「こと」は思考・意識の対象となるものや、現象・行為・性質など抽象的なものを指す語です（『大辞泉』、小学館）。そういったものとしての「事に仕える」、それが仕事をするということかと思います。仕事は、いろいろある働き方の中で、「意味あるmeaningful」労働のことを指すと理解されます。

二－二．職業に関する暫定的な定義

職業とは何かについては、有名な三要素説がみごとに解明しています。次の三要素がかなえられるような仕事を継続的に続ける、という点から職業の意義が説かれています。東大教授の尾高邦雄が、一九四一年に世に問うた『職業社会学』（岩波書店）の中で披歴したものです。

①経済的報酬を得て生活を成り立たせること（稼ぐ）
②能力を伸ばし、個性を発揮して自己実現をはかること（自己成長）
③社会との関係を確かなものにし、かつ社会に寄与すること（社会的役割を果たす）

外国での説明例を紹介しておきましょう。まず『ウエッブス辞典』ですが、「目的に向けて、身体的に精神的に努力すること。知的、物的なものの獲得や改善をめざして努力すること」となっています。

またE・クラウは、「物的財を生産もしくは使用し、人間社会にサービスを供給するために行うすべての活動。この活動は、ある種の報酬によって報いられ、数量や品質基準、時間や期限を順守することが前提となっている。これら諸条件は、この制約が緩い趣味や遊びとの区別という意味で重要である」としています（Krau, E., *The Realization of Life Aspiration through Vocational Choice*, 1997）。

三．生業と職業は違います

三－一．生計を維持するための働き方

職業とは何か。それは生活費を稼ぎ、経済的な不自由をなくすための労働であり、働き方です、といった説明がよくなされます。

確かに経済的な報酬の獲得は、職業に就くことの大きな目的です。その働き方が職業であるか否かを判定する、基本的な要件です。そもそも収入をともなわない働きや仕事や活動は、決して職業とはいいません。

しかしながら、職業とは何かに関するこういった説明は、短絡的にすぎます。職業の概念規定としては不十分であり、他の本質的な要件が視界から抜けています。

職業の目的を、例えば「世界青年意識調査」は、

イ．収入を得ること
ロ．仕事を通じて自分をいかすこと
ハ．社会人としての義務を果たすこと

という三つに分けてアンケートを採っています。日本の青年の場合ですが、結果は「収入を得ること」が六割ほどになっています。でも「自分をいかす」も三〇％、「社会人としての義務」も一〇％ほど選ばれています。

広く国民全体を対象にした国の調査では（例えば「勤労に関する世論調査」）、「社会の一員としての勤め」が「自分の能力の発揮」を上回っています。つまり職業とは、単に生計を維持するための働き方ではないことを、多くの人は承知しているのです。

三―二．職分としての働き方

わが国における職業の歴史をひも解くと、この用語が登場するのは、一八世紀の中葉から維新期にかけてです（平石直昭、「近世日本の〈職業〉観」、現代日本社会の四巻『歴史的前提』、一九九一年）。もっぱら洋学者、国学者、漢学者が使いだしたようですが、それ以前は生業、なりはひ、活計、そして「渡世の業」などといわれていたようです。農工商の家業や事業を指して、こういった用語が編み出された模様です。では武士はどうであったのか。山鹿素行は、農工商は家業や事業で忙しいので、彼らに道徳を教え、人倫を正す必要がある。それを担う役割が武士にあり、これこそが武士の職業だといった趣旨のことを説明しています。

そこでクローズアップされたのは、職業には、生活を保持するための生業と、社会的役割を果たすための職分とが、相互に絡み合っているという職業観です。

実はどの職業とも、濃淡の差はあっても、生業という要素と職分という要素の二重構造になっているということです。

三―三．生業と職業とは同じではない

改めて確認しておきますが、職業には、「生業」的なものと、「職分」的なものとがあるということです。

生業とは、生計をたてるための業であり、業とは、しわざ、行い、手立てのことです。業務、作業、家業、修業、授業、卒業というように、業のつく熟語はたくさんあります。職業がらみで例示するなら、家業、産業、企業、創

業、休業、廃業とこれまた数えきれません。

ことほど左様に、世の中は「しわざ、行い、手立て」で回転しています。活動、行為、行動によって、社会はその存続が保障されています。そういった業の内で、生計を確保するためになされる業が生業です。

いっぽう職分とは、端的な言い方をすれば、職務上なすべき勤めであり、役目のことです。分割、分類、分野、分配、区分、配分といった言葉から推察されるように、「分けて、割り振られたもの」が分です。

社会が存続し発展していくうえでは、それこそ多種多様な「業」が必要です。あえて例示するなら、政治、経済、司法、教育、文化、研究、医療、福祉などとなりますが、国民は、その一部をそれぞれ分担する。職業には、こういった機能があるということです。

言い方を換えれば、職業には、「社会の必要に応えて人々が働く」という意義があるということです。自己並びに家族の経済的必要にこたえるためだけに働く、金銭の獲得だけになされる業、これが生業です。ところが職業には、もう一つ、社会の必要にこたえて働くという側面があるということです。

いずれにしても日本語でも、以前にあっては、生業と職業という用語が存在し、両者の意味は違ったものとして説明されていたようです。

ある大学で、学生に問いかけました。「職業は生活資金を稼ぎ出すために必要な労働である」というメッセージをどう思いますか。①全面的に賛成し共感する、②だいたい賛成し共感する、③どちらともいえない、④あまり賛成も共感もしない、⑤まったく賛成も共感もしない、という五つの選択肢のどれに○をつけますか、と。

総数にして一二〇名ほどでしたが、予想通り、ほとんどの学生は①を選びました。

学生に言いました。わたしの回答は④で、皆さんの回答とは異なります、と。確かに収入をともなわない仕事は決して職業とはいわない。国も、五年ごとに実施される国勢調査の要項で、「職業とは、個人が行う仕事で、報酬を伴うか又は報酬を目的とするものをいう」と規定しています。

しかしながら、収入があっても、それだけでは職業ではない。職業には、個人的にも社会的にも、大事な意義が他にたくさんあります。全面的に賛成も共感もできないとは言い切れないので④です、と。

形式的には、「職業とは個人が継続的に遂行している収入をともなう仕事」ですが、留意すべきことがあります。一つは、法律違反行為、法律による強制労働によって収入を得ている場合は、職業に従事しているとはみなさない。すなわち窃盗・恐喝・売春・密輸など、及び受刑者の仕事は職業とみなさない、ということです。

つまり、現金・現物のいかんを問わず、また名目のいかんを問わず、賃金・給料・利潤その他の報酬をともなう、社会的に有用な仕事が職業だということになっています。

もう一つは、不労所得なるものは、ここでいう収入とは認めないという点です。例えば利子・配当、家賃の収入や、土地・株券の売却による収入がある場合は、職業に従事していることにはならないのです。仕事をしないでも収入がある場合は、職業の概念に馴染まないということです。

しかしながら、職業をこういった経済的意義から定義する国のやり方に、わたしは共感しません。職業が持つ多彩な意義を、説得力をもって説明してくれないと、人々の職業への関心は高まりません。若者に、健全な職業観を持ってもらうことはできません。

四. 職業は生き様を規定します

父親を含め、身近にいる社会人がサラリーマンばかりだったせいか、会社員以外の仕事が具体的にイメージできないという発言に接し、愕然としたことがあります。世の中に、どれだけの数の職業があるだろうか。そんなこと、ちょっと街を歩き、雑誌や書物に目を通し、人と交流すればすぐ知れることです。

そういえば「どんな職業に興味があるか」と尋ねても、学生たちの反応が弱い。例えば、人の悩みと直面する、文章と向き合う、勝負をするなどを仕事にする職業名をたくさんあげてくれと問いかけます。でも、すらすらとは答が返ってきません。

経済的報酬の獲得という要素をふくめ、職業は、本人の生き方の全体と深く関わっています。職業は人を成長させ、仕事をする楽しさや喜びを人に与えてくれます。また人々との出会いや協働を通じて、社会とのつながりを実感させてくれます。社会人として一定の役割を果たしていることを、体感させてくれます。

こういった人生における職業の意義、そして社会にとっての職業活動の重要性に対する思いを、学生たちはあまり感じていないのではないだろうか。職業が当事者にもたらす報酬は、実に多いはずなのに、と思ったりします。

かつて福沢諭吉は、「世の中で一番たのしく立派なことは、一生を貫く仕事を持っていること」だと発言しました（『心訓』）。仕事とは「事」に「仕える」と書くが、料理をつくる、子どもを育てる、資料を読む、会議を運営する、手話通訳をする、商品を売る、音楽を奏でるなどなど、われわれが仕える事はいろいろとあります。

そういった仕事の一つひとつを、ぞんざいにではなく、一生けんめいにやる。そのことで、われわれは自分を磨き、成長させることができる。社会もまた、それで存続することができるという次第です。

まして一生を貫く仕事となると、日常茶飯の雑用とは違います。心から打ち込む、その人にとって大事な仕事です。また長期にわたって取り組めるということは、周囲の支えがあるからであり、社会が必要としていることにこたえているということです。外からみて立派という面にとどまらず、当の本人にとっても、自分に誇りを持つことができ、社会人として生きていくうえでの証しになるでしょう。

われわれは、生活をしていく必要から、お金になる仕事に就きます。それなりの水準を確保したいと思うと、ムリもしかねません。仮に楽しいから、社会的に有意義だからといっても、収入がともなわない仕事ばかりをしているわけにはいきません。

従って職業に従事することになるわけですが、同じく職業に就くなら、自分の成長を助け、社会にとって意味ある仕事をしたい、と誰もが思うはずです。

わたしのキャリアデザイン支援講座を受講した後の感想文で、ある学生はこう書いています。「僕は今まで、仕事と人生というものは分けて考えるべきものだと思っていました」と。「なぜなら、仕事はわれわれが人生を歩むうえでの障害であり、生きていくうえで仕方ないことだからと考えていました」というのです。

ここで、「仕事はわれわれが人生を歩むうえでの障害である」というのは、いったいどういう意味でしょうか。生きることや、どんな生き方をするかということと職業との関連が、このメッセージからは完全に消えています。家庭生活であれ、趣味や市民活動であれ、人生にはやることが山ほどある。でも職業などという「生きていくうえで仕方ないこと」が占有しているものだから、人生を思うがまま享受できない。こういった意味合いかと思います。

これは、明らかに誤解です。二重に認識を間違えています。一つは、生活費を稼ぎだすためになされる活動が職業だと理解されている点です。二つは、職業と仕事との区別がついていないという点です。

それにしても、「仕事はわれわれが人生を歩むうえでの障害であり、生きていくうえで仕方ないことだ」というメッセージは、わたしにとって衝撃でした。このメッセージ、いやがうえにも、職業とは何か、職業の意義はどこに見出せるのかを考えさせます。

後半の「生きていくうえで仕方ないこと」というメッセージの意味は、容易に読みとれます。生活の手段として就業は不可避だということ。職業に従事しないと食っていけない、生計を維持するには職業に就く必要があるということでしょう。

いま現在、実際は、食うためだけの人生に終始している人は多いかも知れません。それでは、とても充実した人生、満足のいく生き方とはいえないということかと思います。

五．社会の発展を推進する

人生の発達過程からすると、大学生は学業を終えたら社会にでます。これは、若者が辿るごく自然な人生の道筋だと思われます。社会にでるとは「一人前の大人」へと成長したということですが、これは、どういうことでしょうか。イギリスでは、法律上は一〇歳が「犯罪責任年齢」、一六歳が結婚・性交などに承諾を与えうる「承諾年齢」です。そして一八歳になると、借家契約、飲酒、失業手当の請求が認められます。これらも大人として社会的に認められた証しですが、世間的には、また世俗的にも、大人の証しとは職業に就くということではないでしょうか。職業的世界に一歩足を踏み入れたことで、人は、生活していくうえでの経済的基盤が確保され、合わせて社会的居場所が確保されることになります。つまり、社会が必要とする仕事や事業の一端を担い、社会的役割を担って社会参画を果たすことになります。

もともと職業は、「社会の必要にこたえる個人の活動」なのです。こんな言い方をする人はあまりいないでしょうが、職業は社会的な需要がないと存在し得ません。こういう商売をやりたい、あれこれの事業に取り組んでみたいといっても、市場がないと実現されません。

仮に資格を取り技量にみがきをかけても、活動の舞台があり、かつそれが収入につながらないと職業にはなりません。やりたい事業や仕事を職業につなげるためのマーケティング活動を展開したにしても、基本的には、市場のあることが、職業が存在することの大前提です。

では需要があれば職業は発生するかといえば、そうはいきません。ぜひとも従事したいと思い、従事すべきであると考える人がいないと、職業は成り立ちません。つまり労力を提供する人の価値観や生き方や好みなどに合致する必要があります。「人はパンのみに生きるにあらず」と格言は言います。収入のため、金のために働くことが、先行するとは限らないのです。

なぜ社会が職業を必要とするかといえば、繰りかえしになりますが、社会は分業体系として存続しているからです。社会は、いろいろな事業や活動や仕事に支えられて存続し、また発展していきます。しかも、司法は司法に関する、教育は教育に関する、企業経営にはマネジメントに関する、固有で専門的な力量の持ち主に担ってもらって、初めて成果が得られます。その意味で職業分類は、社会の分業システムに対応しているといえます。

就職市場を飛び交うおびただしい数の求人票に記載されているのは職種名であり、仕事の内容であり、仕事をこなすのに必要な技量です。求職者に求められているのは専門性であり、固有の職業性です。個別企業の求人案内には、職種を細かく書き込んである場合が多くあります。

新聞や雑誌には、それら求人案内が、大きなスペースをとって毎日広告されます。これは、現代社会で職業がいかに重要になっているかを物語っているようです。選職活動をまえにして、学生たちは、そのことをよく噛み締めることが必要です。

六．職業性には濃淡があります

職業という活動と、職業でない仕事や労働との境界は、そうすっきりと分かれているわけではありません。さまざまな仕事や労働は、「職業性の度合い」が濃いか薄いかという違いとして存在していると理解されます。どのような仕事や労働も、金銭的な報酬が得られない場合は、職業とはいえません。収入があってこそ、その働き方は職業としての要件を充たしていると認められます。その仕事は、職業としての性格も持っていると認定されます。

収入をともなういろいろな仕事や労働は、職業性の度合いが極めて濃い、その度合いが極度に薄いという両極の間のどこかにスポットされていると考えられます。

では、職業性の濃淡を左右する要件とは何でしょうか。これまでの説明からすると、経済性、当事者性、専門性、社会性という四つがクローズアップされます。

しかし経済的報酬の獲得という要素は、職業性の度合いをはかる尺度としては不適切です。確かに、額があまりにも少ないのは問題です。

かといって、経済的報酬が多ければ、そのぶん職業性が高いという言い方はできそうにありません。職業がもたらす経済的報酬については、いまだその値段を決める論拠が定まっていないからです。

なるほど、高い経済的報酬を獲得するために専門性に磨きをかけ、職業的能力を向上させるべく努力するということはあるでしょう。でもこれでは、専門性は経済性に従属してしまいます。現実感覚としても、収入が多い仕事だからといって職業性が濃いとはいいにくい。

ということからすると、職業性の濃淡を左右する要件としては、専門性と社会性と当事者性の三つがポイントになるでしょう。つまり、専門的な知識と技術を駆使し、結果として社会に寄与し、自分を発展させてくれるかどうかが問題となります。

この要件を満たしてくれない労働に従事している人は、今たくさんいます。例えばワーキングプアがそうなるでしょう。ただただ喰っていくためだけに、危険でも汚くとも、心を鬼にして働く「不本意就労」は、いま激増しています。

これらワーキングプアや不本意就労は、いわば「職業の欠如態」です。この用語はかつて尾高邦雄氏が命名したのですが、わたしは「要件未充足職業」という用語を使うことにします。職業として望まれる要件を、よく充たしていないという意味合いです。つまり、

イ．そこでの仕事は、さほどの専門性（スペシャリティ）を必要としない

ロ．社会的な有用性が、さほど高くない

ハ．自分の成長を助け、将来的に人生を充実させてくれそうにないということになります。

逆に、専門性、社会性、当事者性を要件として豊かに内包していると、それだけ「職業性」が高いということになります。しかしながら、これは職業の理想型です。いま日本社会では、現実には、やたら欠如態ばかりになっているようです。

困ったことに、職業というのは難業苦行だと思っている人が多い。生きていくために、止むを得ずするのが職業だと認識している若者もたくさんいます。

新聞の論説欄で「この国は、人間を使い捨てにしながら、戦後の坂道を息せき切って駆け上がってきました」という記述に出会いました。それはあらゆる分野でみられることでしょうが、職場における労働に、辛さと厳しさがついて回ったことは事実でしょう。

そういった大人の働く様をみて育った若者にとって、職業は、考えるのもいや、口にするのも避けたいものとなっていったと推察されます。問われるべきは、そういった厳しい現実です。改善される必要があるのは、働く現場です。おかしいのは職業の意味や概念ではなくして、職業労働の実態です。

職業に関する概念とは別に、職業的世界の現実というものがあります。職業の概念を曲解させ、職業の本質を捉えにくくしているところの、働かせ方の現状を改革する必要があるようです。

いま関連する省庁、経済団体、そして学校や大学当局が説き、かつ主張するのは、青少年の「自立と挑戦」です。青少年や若者のキャリア形成に向けた施策の合言葉は、若者に自立と挑戦の気概を植えつけるということです。将来にむけ「一本立ちして力強く社会を生きていける青少年を育てる」という発想です。

しかしながら、そこには大きな欠落があります。職業とはどういうものか、職業の意義とは何かをしかと学習させる視点、そのことを思索させる装置がないということです。それなら、本人が自助努力を通して、自ら職業の意義をじっくり噛み締めるしかありません。

七．職業はどう区分されるか

職業は多種多様ですが、それぞれどんな特性を持っているか。それは、一般には、職業分類の中に表象されます。職業分類とは、それぞれの職業の違いを、職業を構成する主要な変数によって区分したものだからです。

七ｰ一．日本標準職業分類

職業の括り方として最も代表的なのは、「日本標準職業分類（ＪＳＣＯ）」です。「日本標準職業分類」は、国勢調査の基礎データとしても使用されますが、大分類は、分類不能を含めて以下に示す一二項目です。それぞれ枝分かれして、中分類が七四項目、小分類が三二九項目です。

管理的職業従事者　専門的・技術的職業従事者　事務従事者　販売従事者　サービス職業従事者
保安職業従事者　農林漁業従事者　生産工程従事者　輸送・機械運転従事者　建設・採掘従事者
運搬・清掃・包装等従事者　分類不能の職業

また、分類にあたって考慮される「仕事の内容の類似性」は、次のとおりです。

（イ）仕事の遂行に必要とされる知識または技能
（ロ）事業所又はその他の組織の中で果たす役割
（ハ）生産される財・サービスの種類
（ニ）使用する道具、機械器具又は設備の種類
（ホ）仕事に従事する場所及び環境

（へ）仕事に必要とされる資格又は免許の種類

実は世の中には、求職者に職業の種類を教えるための書籍が、たくさん刊行されています。いわば職業を知るための教科書ですが、そこでの職業の色分けが興味を誘います。ぺりかん社が刊行している「なるにはシリーズ」も、個々の職業特性を探索するうえで役立つ文献です。弁護士になるには、漫画家になるには、国際公務員になるには……と、いまや一五〇冊が刊行されています。

七-二．社会経済分類

職業分類では、仕事の種類や性質という要素も大事ですが、勤務先や従業上の地位という要素は無視できません。こういった観点から構想されたのが「社会経済分類」です。職業に関する本来的な概念に、より近い職業分類になっていると思います。

もともとはA・エドワーズが、その社会経済的状態によって分類することを目指して一九四三年に作成したものです。その際エドワーズは、「教育と収入」を基準にして、職業分類に階層の視点をも盛りこもうとしたようです。

わが国のものは、単に職業分類だけのためというのではなく、全人口について、その経済的な特性とあわせて社会的な特性も表象する目的で作成されています。商店主、工場主、販売人、教員、保安職といった職業名が登場しますが、よく生活行動の経済的・社会的な現実を反映しています。全部で、以下の二三に分類されています。

一．農林漁業者　二．農林漁業雇用者　三．会社団体役員　四．商店主　五．工場主　六．サービス・その他の事業主　七．専門職業者　八．技術者　九．教員・宗教家　一〇．文筆家・芸術家・芸能家　一一．管理職　一二．事務職　一三．販売職　一四．技能者　一五．労務作業者　一六．個人・サービス人　一七．保安職　一八．内職業　一九．学生・生徒　二〇．家事従事者　二一．その他の一五歳以上の非就業者　二二．十五歳未満の者　二三．分類不能

七－三．労働省編職業分類

日本の場合、「国勢調査」の職業区分も、基本的には日本標準職業分類に依拠しています。いまみた「社会経済分類」は、それを補足する意味合いから、国勢調査の第二の職業分類と位置づけられています。

いっぽう厚生労働省は、日本標準職業分類を踏まえつつも、独自に「厚生労働省編職業分類」を作成しています。二〇一一年の改訂を通じて、大分類二、中分類七三、小分類三六九に加えて、八九二の「細分類」が付加されているのが特色です。そこに記載されている〈職業名索引〉には、二万五千を超す職業が掲載されています。

米国の公的職業分類に相当する「職業辞典（ＤＯＴ）」は、職業分類であると同時に職業情報としての役割も果たしており、一万二千の職業が収録されています。

日本労働研究機構は、一九九一年に「職業名解説―この仕事は何をするのか？」を刊行しましたが、九七年に全面的に改訂し、新しく「職業ハンドブック」を刊行しました。

仕事の内容や資格要件などが、職業ごとに記述されています。仕事の仕方に関連して、単に技術的な面にとどまらず、接客にあたっての留意点などについても言及し、比較的きめ細かい解説が加えられています。

求職者にとっては、職業分類よりは職業情報のほうに大きな関心がありますが、その要請に応える役割を果たしています。

八．ワールド・オブ・ワークマップ

職業分類は、先に書いたように、仕事の種類や仕事の技術的な内容を基準に区分けされる場合が多い。いわば、どんな能力を駆使し、どんな手段を行使し、何を作りまた産出しているのかに焦点がおかれています。

ところがアメリカの職業心理学者ホランドは、人々の職業行動を、六角形の「パーソナリティ・タイプ」と、六角形の「環境タイプ」の組み合わせで説明しました。人々の行動は、パーソナリティと環境との相互作用によって決定されるというわけです。

つまり、人々のパーソナリティは「現実的（realistic＝R）、研究的（investigative＝I）、芸術的（artistic＝A）、社会的（social＝S）、企業的（enterprising＝E）、慣習的（conventional＝C）」という六つとの近似性から区分されるが、環境もまた「現実的、研究的、社会的、慣習的、企業的、芸術的」という六つのモデルに区分されるというのです。

一般に「人々は自分の持っている技能や能力が生かされ、価値観や態度を表現でき、自分の納得できる役割や課題を引き受けさせてくれるような環境を求める」から、「現実的タイプの人は現実的環境を求め、社会的タイプの人は社会的環境を求める」というのがホランドの考え方の骨子です（J・L・ホランド『職業選択の理論』雇用問題研究会）。

六つのタイプは、相互に関連が深く類似しているもの、あるいは疎遠で関連がうすい間柄になります。図1の六角形はその様子を示しており、例えば現実的タイプと研究的タイプとは距離が近くて近縁関係にあり、逆に研究的タイプと企業的タイプとは距離が非常に離れており遠縁関係にあります。また研究的タイプと社会的タイプとは、中程度の類似性を持っていることになります。

なお一番優勢なパーソナリティ・タイプと、二番目に優勢なパーソナリティ・タイプとが隣接している場合、その人のパーソナリティは一貫性が極めて高い。逆に一番優勢なパーソナリティ・タイプと、二番目に

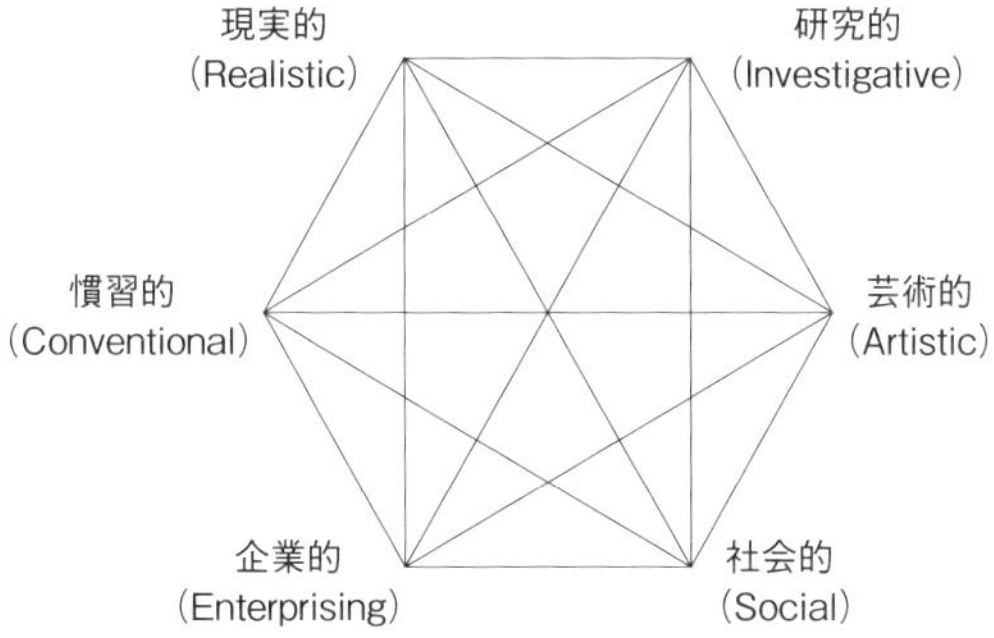

図１　ホランドの六角形モデル

J・L・ホランド（著）渡辺三枝子他（訳）(1990)．職業選択の理論　雇用問題研究会

優勢なパーソナリティ・タイプが対角線上にある二つである場合、その人のパーソナリティは一貫性が極めて低いということになります。

例えば現実的―研究的、あるいは研究的―芸術的といった組み合わせは一貫性が高い。現実的―社会的、研究的―企業的、あるいは芸術的―慣習的といった組み合わせは一貫性が低いことになるわけです。

パーソナリティ・タイプとしてどれが一番優勢で二番目はどれか、あるいはどれが一番劣勢で二番目はどれかといった個々人の「パーソナリティ・プロフィール」は、ホランド理論では「ＶＰＩ職業興味検査」によって測定されます。ＶＰＩは、受験者が一六〇の職業について「好き」か「嫌い」かによって答える形式の検査ですが、日本ではＣＰＳ－Ｊが使われています。ホランド理論にもとづいて、米国ＡＣＴ社によって開発されたＣＰＳ（Career Planning Survey）を、日本マンパワーにより日本版に改訂されたものです。

追ってＤ・プレディガーは、あらゆる職業は、四つの「ワークタスク」によって基礎づけられていることを明らかにしました。データ、アイディア、ひと、ものがその四つです。

この捉え方をベースに、プレディガーは、さらに、「ジョブ・ファミリー」という名の職業分類を構想しました。ワークタスクが似ている職業、つまりデータ、アイディア、ひと、ものの割合が似ている同士で職業を分類したのです。その結果、同じような職業を内に含む、二三のジョブ・ファミリーが区分されたのでした。

その上で、アメリカのＡＣＴ社は、「ワールド・オブ・ワークマップ」を完成させました。ホランドのパーソナリティ・タイプと、プレディガーのワークタスクを合体させた、まったく新しい職業分類の登場です。

あらゆる職業は二三のジョブ・ファミリーに分類されるわけですから、個別職業の一切がマップのどこかに位置づけられるということになります。

従来の職業分類は、多くが、その機能と必要とされる仕事能力からの職業区分です。ところがこの職業分類は、パーソナリティ論がベースとなって構想され、作成されました。いわば心理学的な職業分類といってよいでしょう。

第三章　職業は人生を支え、人生を運びます

―職業と人生―

一．生き方と働き方の重なり方

人生をどう生きるか。このことは、どの国のどの人にとっても大きな人生課題です。昔から、いろいろな人が、いろいろと語ってきました。そんな中、二一世紀を目前にする時代背景の中で、キャリアというヨコ文字が日本中を駆けまわり始めました。

それにしても、キャリアという用語はとても曖昧です。学生に書いてもらったら、実力のある人、高い学歴、出世するコース、高度の専門性と回答した人がいます。経歴や職歴という回答が目立ちますが、職業それ自体と答えた学生もいます。

専門家筋では、仕事人生、生涯職業人生、全人生の中で仕事を中心にした部分、生きていくうえで大切にしている全ての仕事といった捉え方もなされています。アメリカでも、当初は仕事や職業にウエイトをおいた捉え方でしたが、N・C・ガイスバースのライフキャリアの概念を受けて、D・スーパーが人生における主要な役割としてキャリアを捉えたことを契機に、生き方の全体を指すようになっています。

わたしは、「仕事を通して築かれた（築かれていく）人生行路（人生航路）」がキャリアだと受け止めています。人生や生き方を、仕事や職業との関わり方にアクセントをおいて仕立てられた用語、とわたしは認識しています。

多くの人が希望するのは、「納得のいく人生、充実した生き方」であり、「人生を全うし、生涯を生きる」こと。

しかしそのためには、相当の工夫と努力が必要となります。ずっと以前であれば、人生はコントロール不能なものと受け止められていました。人生をデザインし、生き方をマネジメントするなどは「神のみぞ知ること」、人為の及ばないことという理解が大勢でした。

現実問題とすれば、それは今でも難しいことには違いありません。ところがキャリア論は、人生はつくっていくもの、創造の対象になりうるものという立場をとります。キャリア形成や、キャリア開発という用語を使うことがその表われです。

結論を急ぐようですが、キャリア論は、生き方と働き方が適切に統合されることが、充実した人生を現実のものにするという考え方に立った人生論かと思います。生きるという人間の営為（いとなみ）の中に、働くという人間の行為が的確に組み込まれないと、消化不良の人生行路に終わるだろう。こういった考え方をするのがキャリア論かと思います。

現役職業人の場合、働くとは職業活動に従事すること。従って、人生と職業とが適切に絡み合い、二つが好循環しているとき、「納得のいく人生、充実した生き方」が実現されることになります。

高校生や大学生には、このことを、在学中からしっかと心に留めおくことが要請されます。人は、ただ生き続ければよいというわけではありません。行き当たりばったりということではなく、裏づけとなる一定の展望に支えられていることが大切です。

・こんな人間を目指し
・あれこれの能力や技を身につけ
・こんな職業に就き
・こういった生き方をする

といった具合に、人生を展望することが不可欠ではないでしょうか。

描いたからといって、必ずしもその通りにはなりません。でも自分の将来や、歩んでいく人生行路を構想することは、生きるうえで大きな牽引力になるはずです。というより、将来への希望と展望を欠いては、「生涯を充実して生きる」ことはできないでしょう。

では「生涯を生きる」とは、いったいどういうことでしょうか。人生発達論からすると、それは幼児期、青年期、成人期というように段階を踏んで生きていくことになります。生き方は発達段階に応じて異なるわけですが、生涯を生きるとは、人生を長期的視点で捉え、多彩な要素が織り成す全体を自分の足で歩むということです。

東洋風の区分に従えば、大学生は、二〇歳までの前半が幼少期、二〇歳以降の後半が青年期ということになります。二〇歳くらいまでは、朦朧としており、期待と不安が入り混じり、未来が見極めがたい状況です。そうであれば苦労しながら知識と技能を蓄えよ、というのが生き方への教訓となります

青年期は四〇歳まで続きますが、文字通り青春時代でして、風雲を得て、龍のごとく天に昇る飛翔の時期です。「青雲の志」をたてて前進しなさいということになります。

生涯という視点を持ち込むと、人生はこういった発達過程を踏んで前進する「生き様」であると理解できます。生き方や生き様という視点から捉えると、人生は、われわれにとって展望の対象になりえます。

展望することができると、そこから希望が頭を持ちあげます。目標や活動方針のようなものが頭をかすめ、目指す生き方が構想されていきます。

二．まずは生涯を展望する

しかし戦後の長い間、われわれ日本人は生きることに汲々とし、人生を展望するとか、人生を主体的に生きようといった考え方は、頭の中にありませんでした。いうところの「会社人間」よろしく真剣に働き、懸命に生活する

ということに明け暮れる日々でした。

その後、一九八〇年代も半ばをすぎる頃から、こういった会社人間の生き様が問題視され始めます。九〇年代に入ると、会社員人生の総括が行われ、『平成サラリーマンのサバイバル白書』（米本和弘、講談社、一九九四年）、『あなたは会社を棄てられるか』（サラリーマン再生委員会、ＮＨＫ出版、一九九九年）といった書物が刊行されるようになりました。

そして二一世紀を迎えると、『サラリーマンなんか今すぐやめなさい』（堀紘一、ビジネス社、二〇〇四年）が刊行され、『サラリーマンやめました』（田澤拓也、小学館、二〇〇四年）が出版されることになります。

取り急ぎ大人の世界を覗いてみましたが、実は二一世紀へと時代が進む頃から、若者への矛先が厳しくなり始めます。この世代のキャリアマインドの欠落ぶりに、鋭い視点があてられ、問題が指摘され始めます。

思うに、いまの若者世代は、「努力」という言葉の概念を知らずに育ってきた人たちかも知れません。「将来について考える」ということがあまり好きではない。そう観測されます。どう生きるかに関する展望を持っていない、人生を主体的に生きていくことへの自覚が薄いようです。

二－一．目指す生き方と、目指す職業

どのような生き方をし、どんな人生を築いていくか。このことは、仕事や職業との関連を抜きにしては描けません。どう生きるかは、どういった仕事に就いて、どんな働き方をするかに大きく影響されるからです。深慮を欠いた、いいかげんな就職（職に就く）活動からは、どのような目指す生き方も実現されないでしょう。

働くこと、そして職業活動に従事することは、人生航路のプロセスです。でもどんな職業に就き、どういう働き方をするかは、人生のゴールを左右することにもなります。会社員を辞めて作家になった人の場合、サラリーマン生活の現実が、あるいは組織における人々の葛藤が、また日本的経営の仕組みが小説の題材にされます。これなど

は、その一例でしょう。

かといって、目指す生き方に対応し、目指す人生を実現させてくれるぴったりの職業が存在するわけではなさそうです。例えば、精神的に豊かな生き方を実現させてくれる職業は何かと問われたら、牧師や僧侶など聖職者です、ということになるでしょうか。あるいは、美しいキャリアなら芸術家、闘争的な職業ならK－1などの格闘家だといったら、短絡的だといわれてしまいます。

なるほど、誠実な生き方を目指すなら、政治家にだけはなるなという言い方はできるかも知れません。人文・社会科学系の大学教師になるのなら、経済的に豊かなキャリアを実現するのはあきらめなさい、といった言い方もできます。また、献身的なキャリアを目指すなら、看護師や消防士はいいかもしれない。華やかなキャリアを望むなら、芸能人やプロスポーツ選手としてスターの地位を獲得する必要がある、といった言い方も可能でしょう。

確かに、目指す人生の実現に対して、支援的ないし促進的に作用する職業は存在します。逆に、阻止的に作用し、不協和音を発する職業もまた存在するでしょう。

ただしその場合も、例示をするという域をでないのではないでしょうか。結局、職業それ自体ではなくして、職に就く人、一人ひとりが、どんな個性や気質を持っているか、価値観や態度や能力がどんなものかがものをいうことになるでしょう。

二－二．ビジョンと理念を胸に

それにしても大学生など若者の場合、目指す人生とか望ましい生き方よりは、好きな会社が先に発想されてしまうようです。どんな人生、どのような生き方といわれても、そんな抽象的なことはわかりづらい。人生よりは生活、生活よりは仕事や職業、職業よりは業界、業界よりは職種、職種よりは勤め先のほうがわかりやすい。ということで、生き方選びよりは、会社訪問が先行することになりがちです。

生き方を論ずるとは、人生を哲学することです。そこでは、生きることへのビジョンやミッションや理念が重要なテーマとなります。こういったものをしっかり身につけていないと、生き方は、根無し草のように不安定なものになるでしょう。しかしながら、いま若者は哲学が好きではありません。

繰り返しますが、人生は働くこととセットです。目指す人生は、働くことを通して実現されます。働くことなしに、人生は前進しません。しかし若者たちは、そもそも生きるとは何か、わたしは何を目指して生き、生きることに何を求め、どんなことを期待しているのか。そういったことを曖昧にしたまま、あるいはそれに先行して働き方を決めているようです。

二－三．そして職業について学習する

生き方と働き方のつながりを理解し、キャリアビジョンを確認できたら、いよいよ職業学習へと進みます。いま多くの大学が、学生のキャリアデザイン支援、就職支援に力を入れ始めています。でも多くの場合、こういったプロセスはどこかにおいたままです。職業学習の機会などは、まず与えられないでしょう。

職業に関する学習のスタートは、職業とは何かを考えさせ、職業の意義や働くとは何かを噛みしめてもらうことです。学生は職業経験がない。インターンシップを経験し、現役職業人の講話を拝聴し質疑応答を重ねることは、学生が職業とは何かを考え、職業の意義を探るうえで有効です。でもそれでは不十分です。

かといって講義調、あるいは情報提供型の授業では、職業の意義や働きをじっくり考え、かつ噛みしめるということにはなり難い。大学側の、教える側の工夫と努力、優れた教材とプログラムが不可欠です。わたしは長い間、そういった教材とプログラムの開発に努めてきました。鋭意努力をすると、学生の理解は促進されます。

三．職業からの多種多様な報酬

学生に職業学習の機会を提供するのは、どんな目的からでしょうか。学校から社会に出て職業人になるわけですから、職業についてわきまえておく必要があるからには相違ありません。でも、もう一歩踏み込むと、適切にして健全な職業観を身につけてもらいたいからです。

職業学習を通じて、たとえば「牽引車として生涯を引っ張ってくれる仕事が職業だ」という思いに到達してくれれば、職業の意義を自分のものにしてくれたことになります。

あるいは、「一本立ちして生きることを可能とする仕事」「自分の素質、性格、能力、志向を活かし、自分を発展させてくれる仕事」「社会とつながっている自分を実感させてくれる仕事」を職業にしようという意志と意識を固める学生が誕生するとしたら、職業学習は素晴らしい成果を上げることができた、といえるのではないでしょうか。

職業は、われわれに経済的報酬をもたらしてくれます。というより、一般には、収入を求めて働くのが職業だという言い方をします。しかしながら、職業からの報酬はそれだけではありません。他にも、さまざまな見返りがあります。

ひと括りにすれば「非経済的な報酬」ということになりますが、より踏み込むと「精神的な報酬」ともいいかえられます。第二章の冒頭でもすでに例示しましたが、その非経済的な報酬ないし精神的な報酬とは、具体的にはどんなものでしょうか。例示をすれば、以下のようになります。

・自分の能力を磨きあげ、スキルを高めてくれる
・何事かを達成したことの満足感を味わわせてくれる
・いい仕事をしたとして、社会からの評価が高まる
・人々との交流、そして協働することの楽しさを実感させてくれる

・立身出世への道をつくってくれる
・日常的に生活規律が保持できる
・一人前の社会人として認知してもらえる
・社会力を磨き、社会性を身につける
ごくごく一般的な項目を掲げましたが、自分に当てはめて、思いつくものを追加してみてください。

職業がわれわれにもたらす精神的報酬は、このように、まことに多彩です。かつ意味深長です。しかしながら、職業が持つ意義は、こういった個人への見返りといった面にとどまりません。職業が果たすところの「社会的な機能」もまた、絶大です。

考えてみてください。社会の存続は、文字どおり人々の職業活動を通して可能となっているということを。社会が存続し発展するには、政治と統治、経済と産業、調査と研究、教育と文化などの分野で、さまざまな取り組みや活動が欠かせません。それらは、人々が職業を通じて推進することになります。

個々人が職業活動に精いっぱい勤めることを通して、社会は発展します。ということは、職業は、社会に対してもまた多くの報酬を供与するということです。社会の発展に貢献するとなると、個人には、その面から得られる報酬があります。例示をすれば、
・自分が住む社会というシステムが、どんな構造になっているかを知ることができる
・社会の動向や変動の様を目の当りにすることができる
・自分が社会のどこに属するか、社会的なポジションを確認できる
・社会的役割を遂行することで、社会と具体的に関わることができる
・自己に課せられた社会的使命を実現することができる
という次第です。一言でいえば、世の中に貢献することになるということです。

四．職業は生きがいをくれるか

われわれは、可能なかぎり、自分が望ましいと考える職業に就くことを願っています。いうなれば、自分にとって良い職業を選択しようとします。しからば良い職業とは、どんな職業でしょうか。

職業が良いとか悪いとかの判断には、いろいろな視点や基準が介在します。職業選びに当たっては、例えば次のようなことを天秤にかけます。

・自分の適性や能力にどれほど合っているか
・自分が抱いている人生への期待が、どれほど充足されうるか
・どれほど多くの生活欲求が、その職業に就くことで満たされるか
・社会にどれだけ寄与することとなるか
・その職業に就くことで、日々、幸せだなという思いをどれほど抱けるか

最後の幸せ感ですが、何を幸せと感じるかは、人によって違います。経済企画庁の一九九五年の「国民生活選好度調査」は、「あなたが〈幸せ〉と感じるのに、次の項目はそれぞれどの程度重要だと思いますか」と尋ねましたが、リストアップされた項目は、何と全部で一七項目と盛りだくさんでした。

幾つかをあげると、健康、夫婦円満、子供の成長、明るい家庭、世間並みの収入、趣味を楽しめる余裕、悩み事や心配事がない、快適な住まい、良き友、円滑な人間関係、的確な評価などですが、中に「仕事に生きがいや、やりがいを感じられること」というのがあります。人々は、この項目をどれほど重視しているでしょうか。回答結果は以下の通りでした。

・重要である　五二・三％
・どちらかといえば重要である　三七・七％

・あまり重要とは思わない　八・一％

重要である、どちらかといえば重要であるという二つを合わせれば、何と九割もの人々が、「仕事に生きがい、やりがいを感じられる」ことが幸せの要因だと受け止めています。

幸せの要因として仕事のやりがいを重視しないと回答したのは、たった一割です。しかしこれは、一五年前のこと。現時点で調査すれば、どんな結果になるでしょうか。

時はすすんで二〇〇九年、労働政策研究・研修機構は、「就業者が生きがいを感じること」として何を重視するかを調査しました（平成二一年度　日本人の就業実態に関する総合調査）。これによると（複数回答）、「仕事」（三四・六％）は、「余暇、趣味」（五六・一％）、「家庭」（四三・〇％）についで、三位にランキングされました。

ちなみに仕事を生きがいとした人を、就業形態別にみると、「会社の経営者・役員」六〇・五％、「自営業主、自由業」五三・二％、「派遣社員」三六・八％、「正規の職員・従業員」三三・六％。正社員や正職員の数値が低いのは、何とも寂しい現実です。

また雇用者を役職別にみると、「部長クラス」四八・二％、「課長クラス」四四・〇％、「役職についていない」二八・四％でした。合点がいく感じです。

また同じ調査の中で、働く理由は何かも調査されましたので、その結果を掲げておきましょう（複数回答）。正規の職員・従業員の場合、①「生計の維持」が八七・一％であり、圧倒的な高率です。以下、②「社会人としての義務、社会貢献」が三八・二％、③「自分自身の成長、技能・経験を高める」が三二・九％と続きます。

ちなみにパート社員の場合は、「生計費の足し」が六七・三％、「生計の維持」が四七・三％、「規則正しい生活、健康を保つ」が三〇・九％。契約社員の場合は、「生計の維持」が六八・一％、「生計費の足し」が四三・八％、「規則正しい生活、健康を保つ」が二八・五％です。

職業観、仕事観、労働観に関する国際評価調査は、これまで、いろいろなされてきました。電通総研は、以前から「世界価値観調査」を継続的に調査してきていますが、二〇一〇年に実施されたものの中に「一一ヵ国の就業観比較」というのがあります。

差し当たり三つのテーマを取り上げ、一一ヵ国ではなく六ヵ国に関する調査データを紹介することにします。確かに、国によって就業観には違いがあるようです。設問に対して、＋2、＋1、0、－1、－2の幅で回答を求めたことへの回答結果です。

ア．才能を発揮するためには、職を持つ必要がある

日本〇・七七　韓国一・四一　中国一・一二　米国〇・二八　ドイツ一・〇一　フィンランド〇・三七

イ．働くことは社会に対する義務である

日本〇・七八　韓国〇・六九　中国〇・九六　米国〇・五一　ドイツ〇・五〇　フィンランド〇・五一

総じていえば、韓国、中国、そしてドイツは、個人は職業を通じて、自身を向上させることができると捉えています。職業と自己との関わりを、こういった面で重視していることがうかがえます。

いっぽう職業（働くこと）は社会的な義務かという問いかけに対して、最も肯定的に回答したのは中国です（〇・九六）。ついで日本、韓国が高い得点です。ところが西欧の三国は、いずれも〇・五点台です。アジアの三ヵ国より低くなっています。職業は、社会的義務として取り組んでいるわけではない。はっきり言えば、自分のためにやっている、という捉え方をしているということです。

五．どんな性格の仕事が望ましいか

職業の望ましさは、扱う仕事の性格、職業として取り組む課業の性質とも関わることでしょう。例えば物を作る

仕事か、商品を販売する仕事か。人を教育する仕事か、それとも人にサービスする仕事か。こういった仕事の性質や性格が、自分にとって好ましいか、望ましいか。こういう関連がありそうです。

ある文献によると、世の中の仕事は、①自然のめぐみを味わう仕事、②伝統を守る仕事、③生きるエネルギーを与える仕事、④書物や映像をつくる仕事、⑤命と健康を守る仕事、⑥人々の日常生活を支える仕事、⑦教える仕事、⑧生活を楽しく豊かにする仕事、とに区分されています（今井美沙子『わたしの仕事』、理論社、一九九一年）。ここで仕事とは、職業としての仕事を指すと思います。

また『日本人の仕事』には、命を預かる、海に生きる、耕す、車をつくる、治す、運ぶ、賭ける、支える、育てる、娯しませる、売る、粧う、癒す、裁く、といった仕事がリストアップされています（鎌田慧、中央公論、一九八六年）。ここでの仕事も、職業としての仕事を指すと思います。

いまの場合は、仕事の具体的な内容からの例示です。しかし一方で、仕事の性格や性質を、抽象レベルで分類した例があります。D・プレディガーは、仕事や課業が、「データとアイディア」、「ひとともの」という二軸が交差する座標の何処かに配置されることになると発想しました（『キャリアカウンセリングの理論』日本マンパワー）。

つまり職業は仕事や課業を遂行することで成り立っているが、その対象ということになると、仕事や課業は、データ、アイディア、ひと、ものの四つだというのです。この四つが、どれほど濃く、あるいは薄く絡み合うか。その濃淡で職業の性質や性格を判別する。これは、職業分類に関する、一つの新しい切口といってよいでしょう。

例えば学校の先生は、図2に示されるように、「データとひと」とで区切られた左上のブロックにスポットされます。また眼科医は、「アイディアともの」とで区切られた左上のブロックにスポットされます。

ではデータ、アイディア、ひと、ものを対象にする仕事（ワーク）や課業（タスク）は、それぞれ、どんな活動なのでしょうか。プレディガーによれば、次のようになります。

・データを対象にする仕事とは、記録する、検証する、交信する、物やサービスなどの事実やデータを体系化するなど、非対人的な活動を指します。

・アイディアを対象にする仕事とは、創造する、発見する、解釈する、抽象的なことを考えるといった活動を指します。

・ひとを対象にする仕事とは、援助する、説得する、接待する、動機づける、指示するなど、一言でいえば、人に変化をもたらす対人的活動を指します。

・ものを対象にする仕事とは、生産する、輸送する、修理するなど、対物的活動を指します。農業従事者、技術者などはここにはいります。

プレディガーに先だって、J・ロビンソンは、人々の関心の類似性から職業を括ろうとして、職業座標なるものを設計しました。縦軸に「人々を対象にする職業」と「物事を扱う職業」を、横軸に「行動的な職業」と「思索的職業」を配置したのでした。

いっぽうD・プレディガーは、ホランドとロビンソンを組み合わせるかたちで、「データをもとに働く職業」「アイディアをもとに働く職業」「ひとに関連する職業」「ものと取り組む職業」という類型化を構想しました。

人は誰も、自らが望ましいと考える職業に就くことを欲するはずです。逆に、絶対に就きたくない職業というのもあるでしょう。どうしても就きたいと望む職業は見つからないにしても、絶対に就きたくない職

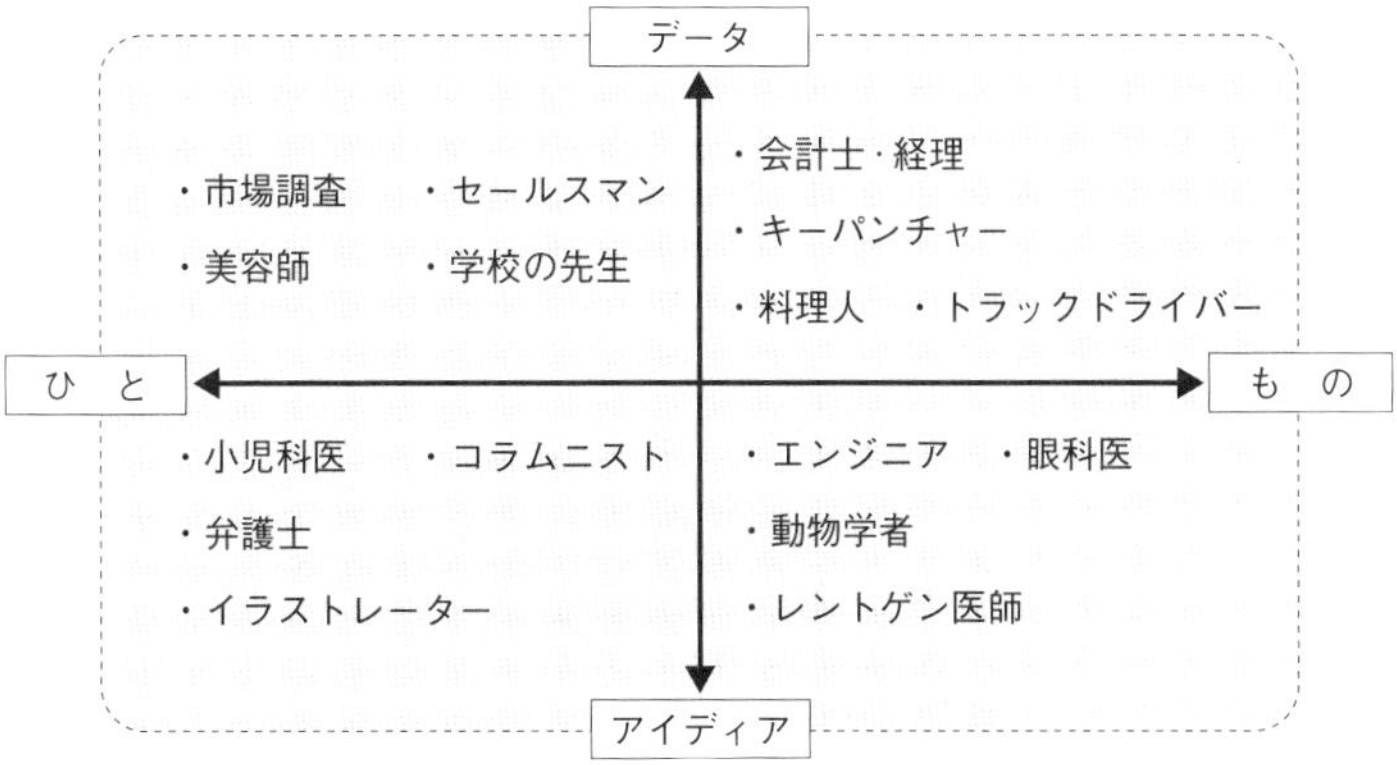

図２　プレディガーの仕事の分類

業というのは、案外持ち合わせているものです。

われわれがどんな職業が望ましいと考えているかを探るうえで、また絶対に就きたくない職業に気づくうえで、ロビンソンやプレディガーの職業分類論は、われわれにとって貴重な教材になるかと思います。

さてあなたは、仕事の対象として、データ、アイディア、ひと、ものという区分があると知った時、どう思い、どう考えたでしょうか。改めて、前掲の「ワールド・オブ・ワークマップ」を、眺めてみてください。

六、職業生涯を全うする

よく「職業を生きる」という言い方がなされます。どんな意味でしょうか。固有の職業能力を身につけ、生涯を「一人前の職業人」として過ごすということかと思います。

まず仕事の専門性や、自分なりの固有な資質に磨きをかける。その過程を踏むことによって、ついで「目指す良い職業に就く」。そして、将来にわたって充実した職業生活をおくる。これが、職業人として生涯を生きることの核心をなすと思われます。

個々人の単位でみれば、職業に就く能力、職業を遂行する能力、そして職業生涯を全うしうる能力が問われるわけです。

現代社会では、多くの人が、雇用されることを通じて職業を遂行します。また、特定の組織に勤務することなしには、目指す職業が遂行できないということがあります。

例えば消防士は消防署に、検察官は裁判所に、保育士は保育園に、力士は日本相撲協会に、アナウンサーはＮＨＫやテレビ会社に雇用されないと、職業活動ができません。

従って職業に就くには、「雇用される能力」が必要だというのが、一般的な説明の仕方です。でもわたしは、あえて「雇用させる能力」、あるいは「雇用させうる能力」が要請されるという言い方をしています。ひところ、エンプロイアビリティ（employability）という用語が就職市場を飛び交いました。employ（雇用する）とability（能力）を組み合わせた言葉です。一般には、個人の「雇用される能力」を意味する言葉と受け止められました。しかしこれでは、受け身です。どこかの企業か組織に雇われて、初めて職業に就くことができるということですから、人生を主体的に生きるという意味合いがすっ飛んでしまいます。

反面、雇用される能力ではなく、雇用させる能力が身につくと、転職の可能性が一段と高まります。「雇用させる能力」を持っているということは、優秀な人材だということ。あちらこちらの企業や組織が、ほったらかしにしない。何とかしてウチに来てもらいたいと勧誘がかかる。本人は、会社を変える（転社）だけではなく、職業を変え、仕事を変えることを視野に入れることになります。

近年、例えば新聞記者から小説家へ、検事から福祉事業家へ、会社員から大学教授へ、銀行員から大阪府警の財務捜査官へ、プロスポーツ選手からタレントへといった転身事例はとても多い。今のようなケースだと、勧誘されてそうするというより、本人の意思でそうした場合が多いでしょうか。

つまり雇用される能力が備わっていることを、自分自身が発見し、自ら転身を発起し、実際に踏み出すわけです。いわば、「転職可能性」を自ら切り拓くことで、新しい人生を築きあげ、人生をエンジョイするということです。転職の可能性は誰にでもあるのですが、それをよい結果へとつなげるには、相応の研鑽と努力は欠かせません。

転職というのは、普通は、一つ目の職業から二つ目の職業に変わることです。でも、さらに三つ目の職業に変わるということもあるでしょう。例えば水上勉氏は、直木賞受賞に輝くほどの有名作家ですが、そこに至るまでに、数え切れないほどの職業を遍歴しています。

例示をすれば、棺づくり、むぎわら膏薬、役所づとめ、山奥の保線工、代用教員、竹人形師、修道僧、短期大学の学部長……といった具合です。かつ、それら職業のあいだには、何の一貫性も見出されません。最後は作家でしたからそう言えるのでしょうが、全て自分の生き方に影響を与えたと述べます（『働くことと生きること』東京書籍、一九八二年）。

中には、職業をシフトさせるのではなく、同時に複数の職業を持つ人がいます。つまり水上氏とは違って、職業遍歴ではないのです。二つないし三つの職業を、同時に複数持つのです。逸材と言わざるをえません。

古川俊治氏の場合は三つの職業、有する資格はMD、Ph.D、MBAというように、これまた三つです。曾祖父・祖父・父親が東大第二外科の外科医であったことから大きく影響されたと述懐していますが、慶應大学の医学部を出て医師になりました。そして医師三年目で、文学部に入学します。いま一つクリエイティビティーが発揮できないと感じたことと、自分が哲学系に強いという確信もあったからです。癌の研究、臨床、さらに文学部の勉強という三本立となりましたが、どれも好きだったから苦にならなかったとのことです。

しかし、ここで終わりません。法律を学ぶことになります。臓器移植問題に当面しましたが、これは医と倫理と法とが絡み合う。ならば三者の橋渡し的役割を果たそうと思い、通信課程で法学を修め、司法試験に挑むことになります。なんと一回目の受験で合格です。

医学部卒業後一〇年間で、臨床と研究をしっかりやり、好きな哲学を学び、弁護士資格も取りました。自分ながら誇りに思ったということですが、実はここでも終わりませんでした。さらに選挙に打って出て、参議院議員になったのでした。

医師と弁護士と国会議員、文字通りトリプルキャリアですね。

通常であれば、必要とされる職業能力は、「中核となる固有な資質」です。それは、それぞれの「職業にとって」中核となる固有なものであり、同時に「個々人にとって」も中核となる独自なものです。余人をもって替えがたい、第三者がスカウトし、ヘッドハントしたくなるような能力がそれです。優れた職業能力を身につけていると、該当する職業集団が声をかけてくるという脈絡になるわけです。

キャリア開発を志向する中で、われわれには、自分にとって中核となる固有な職業的能力を身につけ、育成し、発展させ、活用していくことが要請されます。

しかしながら若者の場合、先だって必要なのは、まずは厳しい就業状況をしっかりと受け止めることです。そのうえで、働き方についても、時代や社会の要請を受け入れるという思考と態度の柔軟性を身につけることが要請されます。

新しい生き方が模索され、生き方の転換が求められる最中、あらためて職業と人生の関わり方について論議することが必要となっているようです。

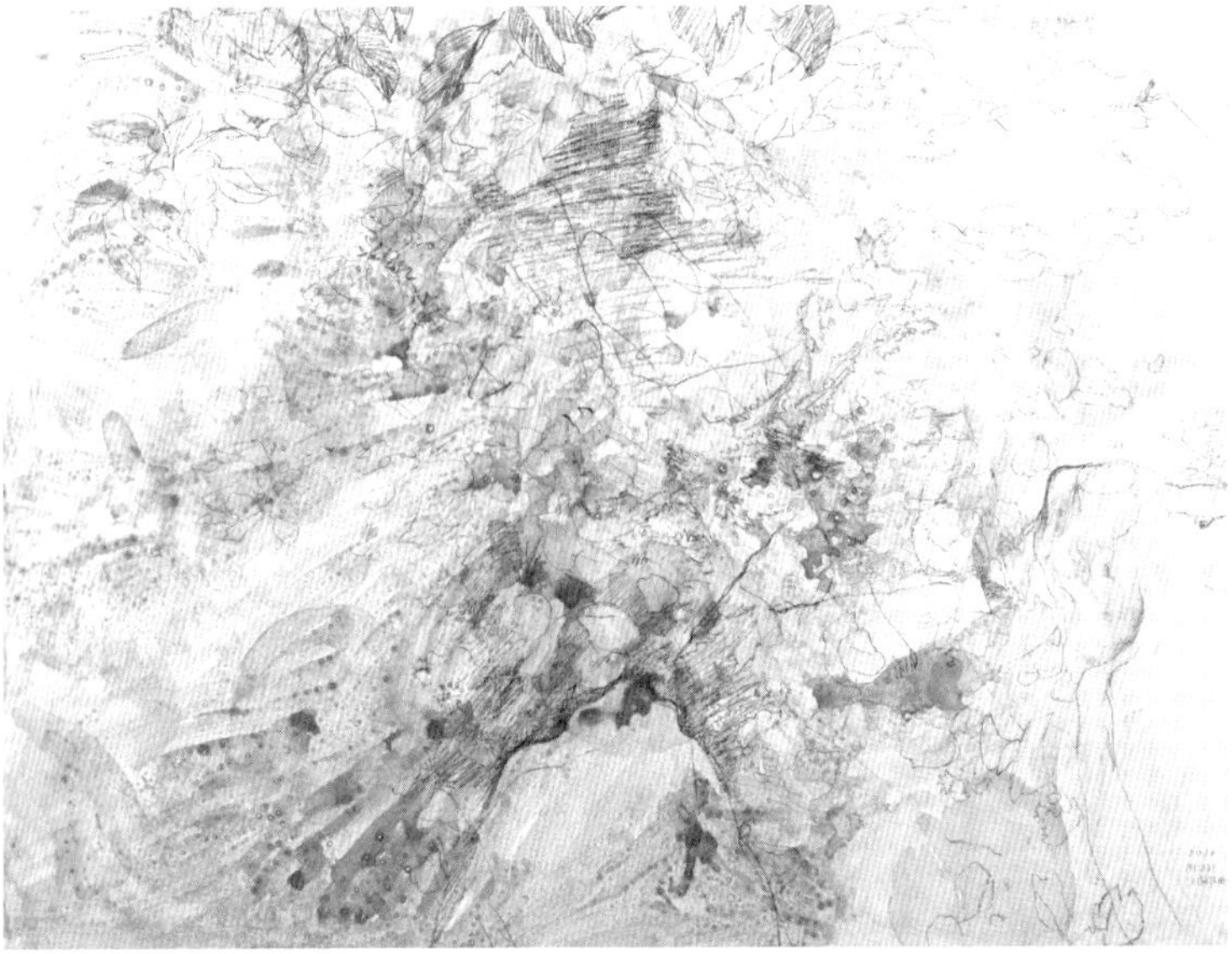

第四章　どんな職業が望ましいか
―人によって職業観はさまざまです―

一・一人前の職業人とは

二〇〇七年に「若者自立支援功労団体等厚生労働大臣表彰」が創設されました。いまニートなど、働くことに問題を抱えている若者が増えています。こういった若者たちの「職業的自立」は、いまわが国が抱える大きな社会課題です。

国は各種の施策を講じています。しかし国の施策だけではその解決は難しく、民間のさまざまな機関や団体の、諸施策と活動が要請されます。幸いなことに、現にそういった取り組みをしている事例が増えつつあります。そういったことに熱心な個人もまた、各地にいます。

この厚生労働大臣表彰は、この面で顕著な功績が認められる団体、そして個人を顕彰する試みです。そうすることで、社会全体で若者の職業的自立を支援する気運を高める。それが目的です。

職業的自立は、「学校から社会への移行」を象徴する人生イベントです。というより学校から社会への移行とは、職業的自立そのものです。職業的自立と、学校から社会への移行とは、文字通りセットです。若者（生徒・学生）が学校から社会へ移行するとは、彼らが職業的に自立するということなのです。

学校から社会への移行を確かなものにするには、まず、事前に職業的自立心が培われる必要があります。また、職業的自立を支える相応の能力（知識とスキル）を身につけることは不可欠です。

それには、若者たちが、職業的自立の意義を自分のものにしてもらうことが要請されます。しっかり噛みしめてもらう必要があります。その第一歩は、職業観の確立です。

そもそも職業観が曖昧では、職業的自立は叶いません。ところが若者たちの職業観は、いま、極めて曖昧です。

その職業観ですが、国立教育政策研究所はこう定義しています。すなわち、「職業観・勤労観は、職業や勤労についての知識・理解及びそれらが人生で果たす意義や役割についての個々人の認識であり、職業・勤労に対する見方・考え方、態度等を内容とする価値観である」、と。

さらに、人が職業や勤労を通してどのような生き方を選択するか、その基準となるものが職業観だと説きます。また職業観は、その後の生活によりよく適応するための基盤となるものであるとも説きます。

いま若者を中心に職業観の未確立な人が多いわけですが、それはまずもって、職業や勤労についての知識と理解が不足していることに起因します。前述したように、仕事と職業の違い、生業と職業が同じではないことなどを理解していません。キャリアと職業との、意味合いの違いにも無頓着です。

いくら職業のことに関心がないからといって、「世の中にどんな職業があるのか知らない」と発言するとはひどい話です。従って「どんな職業が自分に向いているかわからない」わけだし、「どんな職業に就いたらよいかわからない」ということになります。

あげくのはてには、「なるべく働かないで生きていきたい」と発言する。これも一種の職業観には違いありませんが、こんなふうに職業を捉えているようでは、人生は成り立ちません。

職業が、人生においてどんな位置にあるか、全然わかっていない。職業こそが人生を運んでくれるという、現実的な思いに至っていない。こんなことでは、職業に就くことなど、まったく不可能です。これまで学習した職業に関する捉え方を拠り所に、しかと職業観を確立することが期待されます。

前にも言及しましたが、若者たちにとって、「一人前の大人、一人前の社会人」になることは、大きな人生課題です。そのためには、職業的自立を果たすことが不可欠です。この際、職業的自立とは何か、その意義をしっかり噛みしめておくことが不可欠です。

二．職業観をタイプに分けてみれば

二－一．社会本位の職業観と、個人（自分）本位の職業観

人が抱く職業観はさまざまですが、類型化してみるとつかみやすいでしょう。

例えば、

イ．社会の発展や公共的な福祉の向上に視点をすえて職業を考えるタイプ

ロ．自分自身、あるいは家族のためをポイントにおいて職業を考えるタイプ

という二つを対比する。なるほど、こういった職業観の違いは、ありそうです。

つまり「自分―社会」という対立軸上で捉えると、前者（イ）は、「社会本位の職業観」です。社会とのつながりを意識し、社会の必要や社会的課題とどう関わっていくか。こういった視点から職業を捉えようとしています。

例えば、福祉施設に勤務して、介護を必要とする障害者を支援する仕事をしたい。あるいは、わが国は世界でも先行するほどの超高齢社会です。戦後の荒廃した日本社会の立て直しに尽力を果たした高齢者の安らかな老後を介護するのは、われわれ若者世代の役割だという捉え方をするとしたら、文字通り「社会本位の職業観」にもとづく職業選択だということができます。

いっぽう後者（ロ）は、「個人（自分）―社会」という対立軸を想定した場合、軸足は、個人（自分）の方におかれています。自分の成長や、仕事の充足感を大事にする。より大きな収入を獲得して自分と家族の幸せをはかっていく、といった観点から職業を捉えます。さしあたり、「個人（自分）本位の職業観」と名づけることができます。

この二つ、つまり「社会本位の職業選択」と「自分本位の職業選択」は、どちらが正しいか。そんなことは、そもそも問いかけること自体ナンセンスです。何故なら、もともと職業とは、「社会の発展を支える、個人の活動」です。当事者である個人への見返りがなければ、職業とはいえないのです。

仮に社会への寄与が意識されていない、つまり個人への還元だけを考慮して職業を選択したにしても、結果とすれば、社会の問題解決、そして社会の発展に寄与しているのです。そもそも社会との関わりを欠いた個人の行動など、ありえないのです。

二-二. 職場本位の職業観と、仕事本位の職業観

また職業観の対比という観点からすると、次のような二つを対比させることができます。

A. 自分が勤務する組織の発展、利益の向上に焦点をおく「職場本位の職業観」

B. 仕事本来の意義を実現することを重視する「仕事本位の職業観」

これは、「組織―仕事」という対立軸を想定するとき、軸足が勤務先におかれるか、そこでの仕事におかれるかといった観点からの二分法です。

企業にとっては、利益の拡大、コストダウンと効率のアップ、組織の発展と成長は、最優先の行動指針です。従って会社員の場合は、好むと好まざるとにかかわらず、企業業績の向上に寄与することが、行動指針のベースとなります。

そうでないと、所属する組織（勤務先、職場）から認められません。人事考課は、低い評価となります。その結果、昇給も昇格もままなりません。場合によると、閑職に追いやられ、出世は諦めざるをえないどころか、退職を勧奨されることにもなりかねません。

ところが専門職などの場合は、必ずしも勤務先が最重要な関心事ということにはなりません。どんな仕事に就

き、どんな課題と向きあい、どんな役割を担うかが問題となります。所属する組織よりも、そこでの仕事の性格、仕事を通じての成功、そして仕事の出来栄えが大きな関心事です。

つまり「よい組織人」として認められることよりは、「優秀な仕事人」として認められることに価値をおく傾向が強い。かつ、それが許される職場、組織、境遇に身をおくかが重要な関心事となります。これが、仕事本位の職業観です。

こういった職業観を抱く人は、いわば、自らの社会的役割や社会的使命に徹する職業人です。勤務先や所属する組織ではなく、「事に仕える」ことそれ自体の重要性を強く意識した職業人です。「仕事そのもののために献身」し、「仕事の完璧さ」や「独創的な業績」をあげるべく努力することを誇りに思う人です。

そうすることこそが、職業人としての務めであり、責任であるとする職業観を身につけた人です。

こういった職業観は、何も専門家集団だけの専売特許ではありません。

・美味しいラーメンづくりに寝食を忘れる店主
・子どもの教育に全身全霊を傾けている先生
・乗客と航空機と地球の安全を第一に心体技の限りをつくすパイロット

などの場合も、「仕事本位の職業観」を身につけた職業人ということになります。こういった職業人は、あらゆる職業分野に見出せますが、同時に社会的な期待でもあります。

三．職業観を点検する

以前は、職業に就くのはあたりまえ、職業に就いて一生けんめい働くのは当然なことと認識されていました。戦後についていえば、一九八〇年代半ばまではそうだったでしょうか。本質にまで迫っていたかどうかは怪しいですが、職業の意義に疑問を持つとか、職業に就くことを拒否するような現象はみられなかった。むしろ寝食を忘れ、けんめいに職業活動に励むのが常態でした。

しかし八〇年代も後半になると、人生は仕事だけではない、日本人は働きすぎだという風潮が広がりはじめます。職業に関する考え方が変質し、職業観は一挙に多様化します。

改めて職業観とは何かを問うなら、職業という営為（活動、行為）を、人々がどう認識しているかです。端的な言い方をすれば、社会と人々の生き方にとって、職業なるものは、どれほど価値があると認識しているかということです。そういったものとしての職業観が、いま多様化しました。

さしあたって「多様化」と表現しましたが、わたしの本意は、どうも筋違いの職業観がやたら多いということです。つまり職業観にも、適切なものばかりではなく、不適切なそれがあるということです。適切な職業観も、いまはバリエーションが増えました。だが不適切な職業観が、今日、やたらと増えた。これがわたしの現状認識です。

適切とはいえない職業観には、三つの種類があると観察されます。カテゴリーに分けると、「誤解」と「歪み」と「狭隘」という三種類です。

いずれも、間違いとはいえないかも知れない。でも健全ともいえません。職業が何かについて誤解しているのです。職業の意義が歪んで捉えられ、狭隘な理解になっているということです。

一つは、職業の意義や概念に関する誤解です。理解が間違っている場合です。

二つは、職業観の歪みです。歪みとは、曲がったり、ひずんだりしていることです。職業の意義や概念への誤解に起因することもありますが、意識してそうしている場合も多いように観察されます。

つまり心や精神の歪みがベースにあるので、上の「一つめの誤解」と区別しておくのがよいでしょう。職業の意義や概念に関する誤解は知識の問題であり、学習力が関与します。

三つは、職業観の狭隘さです。職業の意義は多彩にして多様なのに、生活費を稼ぎだすという一点に限定して職業の意義を論じることなどがそうです。

職業の意義は、まことに多彩にして多様です。個人的意義に限ってみても、
・当人の成長や能力開発を促進させてくれる
・多くの人々と交流する機会を与えてくれる
・社会的な居場所を確保させてくれる
というように多彩です。

それなのに、生活費を稼ぎだすという一点に限定して職業の意義を論じる。これでは、職業観としてはまことに狭いといわざるを得ません。

また、例えば職業なんて「できればしないで済ませたい、辛いだけの、味気ない活動」だという発言は、どうにも歪んでいるとわたしは思います。学生へのアンケートでは、しばしば登場する捉え方ですが。

さらには、職業は「言われたことをやるだけの他律的な働き方であり、やりがいの薄い、つまらない仕事だ」という人がいます。これも学生からの声ですが、本人に職業体験はありません。親の言動からそう感じ、アルバイト先で体感した結果でしょうか。

これらは職業への誤解であり、職業を狭く捉えていると思います。

職業の捉え方が狭隘化しているためでしょうか。学生の場合、職業選択の幅が小さくて狭いのも気になります。古い話で恐縮ですが、戦中に小学校（国民学校）生活を送ったわたしなどは、軍人になると決めていました。決めていたというより、他に選択肢はなかったということです。中学をでたら海軍兵学校へ進学する予定でした。

いまや職業の選択肢は、大幅に広がりました。職業の数が増えたということですが、何となしこだわりが強そうです。例えば、タレントやスポーツ選手になりたい若者がとても多い。従来は、いわゆる人気商売とされた職業が、脚光をあびているわけです。これは、自分の将来との対話を通して到着した結論なのでしょうか。

四．職業に関する誤解いろいろ

先に、職業は「言われたことをやるだけの他律的な働き方であり、やりがいの薄い、つまらない仕事だ」という学生の発言を紹介しました。明らかに職業への誤解であり、職業を狭く捉えていると思いますが、いったい誰から教えられたのでしょう。

家庭における保護者の日々の言動が、そう思わせたのでしょうか。朝夕の満員電車でもみくちゃになる通勤風景、アルバイト先で目にする険悪な上司と部下の関係、夏の暑い日に重い鞄をさげて辛そうに歩く営業マン、ドラマや小説に登場する会社員や公務員が叱咤される職場砂漠と表現したくなる景色。こういったことなどからの洞察でしょうか。

背景は承知しませんが、職業については、多くの誤解や間違った理解があります。言われたことをやるだけが職業ではないし、職業からやりがいなんて得られないというのも誤解です。一概に「つまらない仕事」だなどというレッテルを貼るのは、明らかに間違いだと思います。

ただ現実には、間違いを誘発するような職業なり、働く現場はあることでしょう。ここでは、そういった点は中心テーマではありません。職業に関する若者世代の意識や捉え方の中にある、職業の本質とかけ離れた職業観を幾つか取り上げておきます。

イ．好きなことを職業にするという発想が、いま選職の第一基準になっています。しかしながら、好きとか嫌いではなく、①そうすべき、そうする必要がある、②できるかできないか、ということもまた、選職の基準にいれておくべきです。

ロ．職業には、「社会の必要にこたえる個人的行為」という性格があります。つまり職業は自分の中にはなく、「社会の中に存在する」という理解もまた重要です。

ハ．職業は、例えば好きとかできるとかを尺度に、当人が選ぶものという考えは正解とはいえません。実は職業も生き物で、この職業には、こんな人に就いてほしいと願っているのではないだろうか。つまり職業が人（適任者）を選ぶのです。

ニ．一言でいえば、職業は、個人の願望や資質と、社会の必要や需要とマッチすることを通して発生し、存続するということです。両者の相互作用がうまくいかないと消滅するということです。起業や創職ということになると、それを必要とする社会の現実、もっといえばマーケットがあるかないかの探索が不可欠です。

ホ．「就職」とは職業に就くこと。ところが多くの若者は、イコール「就社」と捉えています。何らの疑問も持たずに。しかし、会社に雇用されることだけが就職ではありません。

五．歪曲と曖昧化が進行しています

職業の意義や概念について誤解があるなら、ただす必要があります。でも、間違いというわけではない。けれども、何かおかしい。そういった感じの職業観があります。歪んでいる、ひずみがある、ブレている、ずれている職業観もまた多いようです。

また歪みやブレとはいえないけれど、いかにも狭い。こだわっているからだろうか、限定しすぎているのです。あるいは、囚われているのでしょうか、狭量なのです。

これも学生からのメッセージですが、「職業は手段以外のなにものでもない、生計をたてるためにする仕事、生きるために仕方なくする仕事」が職業です、といった職業観もまた、歪曲化されているように思います。

そして、「一番やりたい職に就き、一番やりたい仕事をすること」が就職だというメッセージに遭遇すると、誤解をしているが故の歪曲化だろうか、と考えこみます。

一方、こういった捉え方があります。「職業とは、仕事による人間の分け方、人を分類するカテゴリーのこと」という発言です。どんな職業に就いているかによって、あいつは研究肌、営業向き、個人事業主肌といったように「人を色分け」する。あるいは、社会的地位が高いとか低いとかとランキングするということでしょうか。卓見かも知れませんが、少々歪曲化されているようです。

また、就職とは「社会の中で同じ時間に、決まった場所で、一般的な仕事をすること」だというメッセージは、さてどう受け止めたらよいでしょうか。職業とは拘束であり、縛りであり、自由が効かないということを、シンボリックに表現したのではないかと理解されます。固定観念に引きずられている感があり、歪みと同時にひがみもあるかなとも思います。

いずれにしても、歪みが進行すると、職業概念は、それだけ曖昧化されていきます。例えば、「働くことが生きがいというような人生はありえないし、仕事が人生というような生き方はあまりに悲しい」というメッセージが、ある男子学生から発せられました。こうなると、人生における職業の意義なんてものは、どこかへ吹っ飛んでしまいます。

また「人間は、遊ぶためや休養のために仕事をする。自分の好きなことをするため、仕事をしながら遊んだりしながら、一生を楽しんだほうがよい人生だと思う」というメッセージに遭遇すると、仕事のやりがいであるとか、職業と生きがいの相関といった捉え方は、そもそも成り立たないことになりそうです。

なぜこうも狭隘な職業観が流布してしまったのか。一つは、メディアが報ずる、わが国の過酷な職業労働の現実が若者たちに刷り込まれているのかも知れません。日曜日には寝転んでばかりいる親の背中を見、また先輩たちの言動から洞察しているのでしょうか。

これはわたしの洞察ですが、キャリア教育が行われていても、職業学習がしっかりなされてきていない学校現場にも課題があるかも知れません。例えば世界価値観調査のデータをみると、わが国では、人生における職業的役割が軽くみられていることがうかがえます。

六．社会問題は職業によって解決される

総じて若者世代は、「自分の好き」を大事にし、「自分がしたい」ことを優先させる傾向が強いようです。職業についても、好きなことや、したいことを基準に選択する傾向があります。しかし職業には、「社会の必要にこたえる人間の営為（活動、行為）」という意義があります。

職業に込められた、こういった社会的意義に着目すると、職業の選択には、「好き、あるいはやりたい」というのとは別の基準が頭をよぎるはずです。つまり、人々が職業に就くにあたって、社会問題を解決するという観点がクローズアップされてくるはずです。

どの社会も、常に、解決すべき困難を抱え、幾多の苦境と直面しています。職業活動を通じて、そのことと対峙しようという思いにかられることがあるということです。

東日本大震災は、大きな社会問題を日本社会に産み落としました。どんなことをしても解決せねばなりません。しかも、復旧事業がスムーズに運べば万事ＯＫというわけではありません。それは長期にわたる難しい課題であり、分野も多岐にわたります。既存の職業で取り組むことでは実現が困難です。新しい職業の創造が不可欠となるでしょう。「新しいニッポンを創造する」という、大きな社会的課題を成就しなければなりません。

いま復旧事業の一部は、ボランティアに依存しています。だが長期的に、職業としての取り組みが不可避です。まして創造事業となれば、専門性を駆使した、創意と工夫が不可欠な仕事を、職業人として取り組んでもらうことが必要となっています。

あわせて大事なのは、社会環境づくりです。こういったテーマに取り組んで、食べていける、生活がなりたって

いく、先行きの人生を発展させることができるような社会環境を整えることが不可欠です。そうすることで、思い切って新しい職業に踏み出す人がどんどん輩出することが期待されます。

日本社会は、震災が勃発するまえに、すでに大きな社会問題と社会的課題を抱えています。低迷し停滞する社会が、ここ二〇年から三〇年も続いているのです。

系統性に欠けますが、民族対立や国際紛争は別にして、いま日本社会が抱える課題は、およそ以下のようなことごとかと思います。

イ．医療、介護、育児、健康、福祉に関わる分野の施策の充実
ロ．雇用不安、ワーキングプアの解消
ハ．地球温暖化、環境汚染、食糧自給、安全、産業活性化、資源不足の推進や解消
ニ．教育の混乱、不信感の増大、人心の荒廃の問題解決
ホ．大都市への人口集中排除、地方の凋落防止

さて皆さんなら、どんな項目をリストアップされるでしょうか。関連する職業に就いて、問題の解決、課題の達成に向けて力量を発揮してみたいと思う分野や項目は、いったいどれでしょうか。

ちなみにわたしが指摘する「解決すべき社会問題」ですが、一つは「東京一極集中と、それに起因する地方社会の疲弊」です。「東京一極集中を排して、多角的国土形成を実現する」ことが、日本社会が抱える「成就すべき社会課題」の一つです。

そして二つは、「教育の混迷をただす」ことです。教育の体制を変え、教育の内容、教育の仕方を刷新し、教員の資質の向上を目指すことです。教育は百年の大計だからです。

これまでわたしは、若者と記述しつつも、中心的には生徒や学生を対象にしてきました。この本の読者として想定したのは、主として就職活動を目の前にした人々だからです。

一方、わたしは、むしろ二〇代後半から三〇代半ばぐらいまでの若者世代の心性（考え方、感じ方）は、いま問題をはらんでいるように思います。

ほんの一例ですが、どの電車にも優先席が準備されています。そこに、何のためらいもなく着席するのは、この世代の人々です。わたしは、気がかりでなりません。そういった人は、文字通り社会規範の意識が少ない人たちです。他者の存在を、意に介しない人たちです。こういった人たちを出現させた社会のあり方には、さまざまな問題があると思います。

他方、阪神・淡路大震災以後、震災などの被災地には多くの若者がボランティアとして復興に参加しています。本書と関わることをあげると、就社（会社に就業の場をもつ）の道ではなく、起業して社会で活躍している若者も確実に増えています。学校から社会への移行という枠組みを是とせず、自主的に行動する若者の存在は、これからの日本社会にとって大きな希望です。

七. 大らかに、大らかに

読者にお尋ねします。ここまで読んできて、職業の意義や概念について誤解していた、あるいは適切さを欠いていたと思う節はありませんか。職業に関する理解の仕方が不十分だと、学生は、自信を持って職業世界に飛び込んでいくことはできません。

あるいは自分の職業観に、歪みやひずみはありませんでしたか。確かな職業観に支えられてこそ、職業人としての誇りは生まれます。

職業への向き合い方には、いま述べた理解不足や歪みの他に、もう一つの現実があります。抱いている職業観が何とも狭い、要するに狭隘化しているのです。

例えば職業の意義を、生活費を稼ぎだすという一点に限定しているとしたら、いかにも狭い職業観です。やはり修正する必要がありそうです。先に、職業はわれわれに多彩なプレゼントを用意している点に言及しましたが、職業には膨らみがあるはずです。

かつてバートランド・ラッセルは、職業は、もっと柔軟に捉えることが大事だと述べましたが、その通りだと思います。職業を固定的に捉えてはいけない、というのです（安藤貞雄訳『幸福論』、岩波文庫）。

注目してほしいのは、第一に、仕事には多彩な利点があるという指摘です。第二は、仕事が利なのか害なのか、苦痛となるか喜びとなるかは、「働き手の能力に応じる」という指摘です。要するにラッセルは、職業を自分にとって有意義なものにするか、つまらないものにするかはあなた自身であり、仕事の質を自分にとって有意義なものに転換させるには、当人の絶え間なき工夫と努力が必要だということを言いたかったのだと思われます。

再言するなら、職業を固定的に捉えてはいけない。職業に関する狭隘で偏屈な認識の仕方から開放されなさい、ということです。

八．問われる職業観の再構築

学生が書いた「わたしにとって就職とは何か」に関するレポートを読むと、そこには職業観が滲みでています。中には、自分の一生を左右するもの、小・中・高・大の次に踏むべき人生のステップ、人間として生きていくうえでいずれは向き合わなければならない対象といったような、ごくごく抽象的で中身のないものがあります。

他方で、社会に進出していくこと、社会に貢献し日本を支えていく、社会への挑戦、社会的責任を負うことといった、勇ましいメッセージにもぶつかります。随分と高邁です。一人前の大人として自立すること、一人前の社会人へのスタート台に立つといったスタンダードな回答よりは、踏み込んでいる感じがします。

でもそこに、人生との関わりや、自分にとっての意義は書き込まれていない。自分に問いかけ、自分と真摯に対話した足跡がみられないのです。もっともっといろいろな角度から、広く深く踏み込んでみることが必要なのではないでしょうか。例えば、

・どんな生き方が望ましいのか、それはどんな働き方を通して実現するのだろうか
・フリーターをしてでも「やりたい職業」を目指すのが就職なのだろうか
・生きがいや人生の充実感は、職業活動を通じてどれほど手にできるのか
・将来的に、何らかの専門性が身につく職業や職場を重視する必要があるのではないか
・会社に勤めることが就職なのだろうか、世の中にはごまんと職業があるのだが
・就職は一回かぎりの挑戦なのだろうか、職業を変えることだってあるだろうが

就職先にしても、地元や県内に限らず、日本国内ならどの地域でもオーケーという心の広さが要請されます。海外までを視野にいれ、積極的に海外を求める必要があるのではないでしょうか。

高校生や大学生が大事にしてほしいのは、職業を人生の中にしっかり位置づけること。就職は、「人生を創ってくれる（と思われる）職業」に就くことだと認識できている生徒・学生は、さてどれほどいるでしょうか。

また、職業は社会の中にあり、職業に就くことで社会とのつながりができ、社会人としての役割を果たすことになるという意義づけもまた、極めて重要です。その意味で、

第一に、新しい環境と仕事を通して、自己のスキルアップ、自己の成長を図ること
第二に、仕事をすることで社会に貢献すること
第三に、そうすることで大人として扱われ、本当の意味で自立した大人になること

といったメッセージを寄せた学生には、心から拍手を送りたい。「就職は、自分が成長する機会へと踏み出す行為」と意義づけられているからです。

他に、意表をつく、わたしをうならせたメッセージを一つだけ紹介しておきます。いわく「就職とは、就業という形で支配され、生きがいを見つけること。人は支配されないと生きていけない」というものです。なるほど、なるほどと感心させられました。

さる書店の書棚を眺めまわしていて、わたしは棒立ちになりました。眼は、背表紙のタイトルに釘付けになりました。え、こんなのってあるの、と驚嘆しました。眼を射ったそのタイトルとは、『人は仕事を通じて幸福になる』という一三字です。

手にとって、しみじみと表紙を眺めました。ジョシュア・ハルバースタム著、桜田直美訳となっていました。こんなタイトルをズバリつけるなんて、外国人ならではだと納得しつつ、いったい外国の誰が、いつ頃書いた本なのか。

奥付をみると、訳本の『人は仕事を通じて幸福になる』は、二〇〇三年三月に出版されています。そして原著は、二〇〇〇年に刊行されています。タイトルは、『WORK』の一語。苦労して原著を取り寄せました。

著者のハルバースタムは、コロンビア大学で哲学を講じている博士です。文章が難解なのもわかる気がしましたが、何と、経営コンサルタントでもあるといいます。現代社会のキャリアを論じるのにうってつけだと思いつつ、こういった職業的生き様をとても羨ましいと感じました。実学一体、抽象の世界と現実の世界を往復運動させつつ社会現象の本質を究明する職業に就き、かつ豊かな生活と人生を謳歌している生き様は素晴らしい。

日本語の『人は仕事を通じて幸福になる』を出版したのは、ディスカヴァー・トゥエンティワン（Discover 21）で、タイトルを考案したのは女性社長だったといいます。しかし最近、残念ながら改題されてしまいました。何故変更してしまったのでしょうか。ブログ上でこの社長さんが言うには、あまり売れなかったとのこと。

いまや日本人にとって、職業に従事することは、主要な人生テーマではなくなっているということでしょうか。わたくしごとになりますが、二〇〇八年に、『職業とは何か』と題する小著を刊行しました。講談社現代新書の一冊に組み込まれたことを、わたしは誇らしく思いました。でも、売れ行きは芳しくありません。職業への関心が薄らいでいる中で、職業とは何かといった「そもそも論」が、人々の関心を呼ぶはずなどないのが道理です。

しかしながら、職業を扱った著作が、総じて売れないというわけではありません。例えば二〇一二年二月に刊行された『一〇年後に　食える仕事　食えない仕事』は、多くの読者を獲得しました。多くの書店で、数列にわたって平積されていました。出版社は東洋経済新報社、著者は渡邊正裕氏。渡邊さんは、日本経済新聞の記者を経てコンサルタントになり、インターネット新聞社を創業しました。読ませていただいて、逸材だなと思いました。自ら構想した「グローバル時代の職業マップ」を駆使して、一〇年後の「日本人の雇用」を推計します。

この職業マップは、スキルタイプを縦軸に、日本人メリットを横軸にして編成されていますが、座標の一つは「ジャパンプレミアム」と名づけられています。日本人ならではのサービスマインド、職人気質、チームワーカースピリットが活きる職業群を指します。例えば公務員、お笑い芸人、日本料理人がここに帰属すると説きます。

文中に、何とも怖いメッセージが書き込まれています。実に日本人の七割は「重力の世界」で働いており、何も手を打たなければ、「職を失って外国人にとって代わられるか、……グローバルの最低賃金に張りついて海外に出稼ぎに行くしかない」と指摘しています。

こういった形で職業を論じると、さすがに人々は惹きつけられるようです。しかしながら、この著作を別にすれば、職業に関する著作となると、業界情報か就活スキルをテーマにしたものが中心です。

周知のように、いま世の中で関心が高まっている社会課題の一つは、前にも言及しましたが、若者の自立です。学校から実業の社会へと人生を大きく転換する段になって、いまだその自覚のほどが薄い若者が、いまたくさんいます。何とかしないと、日本社会の将来は危ないというわけです。

このことをテーマにした著作や論考は、いまたくさん刊行されています。しかしながら、それを職業論から説くものは、極めて少ない。本書が、その間隙を少しでも埋めることができたら幸いです。

第五章　どう職業を選択したらよいか
――職業は社会的自立の礎です――

一・職業の選択にどれほど自由があるか

職業は、当事者本人の希望と、社会の要請がマッチングすることで発生します。就業希望者がいなくなるか、時代の変化で社会的需要が減退すると、職業は消滅します。これは新しく職業が発生する場合についての説明ですが、就職の場合も原理は同じです。会社や団体や公共機関がメンバーを募集し、応募者が採用試験を受ける。こういったプロセスを踏んで、マッチングするかしないかを募集側がチェックする。

起業という形で職業が発生する場合も同様です。どうしても事業を興したい、興す必要があると考える人がいる。社会の需要を見込んだが故ですが、必死になってマーケットを掘り起こす。起業家のこういった活動と世の中の需要が合致すると、事業家が誕生する。

でも多くの人は、すでに存在する事業体に、会社員、職員、公務員として就職する。その際、どれほど社会的な需要を意識するでしょうか。リサーチするでしょうか。ほとんどしていないかも知れません。なにしろいまの若者は、「好きを仕事にする」が信条です。

ところが戦前から戦中にかけては、職業選択の自由なんてまったくなかった。先述のようにわたしは、小学校の頃から軍人になると決めていました。世の中が命令していたからです。「お国のために」がモットーであり、「職業軍人」が国を統治していたのです。産業も教育も、芸術も文化も、そもそも生活と人生が、戦争遂行を軸に回っていました。多くの国民が戦争に駆り出され、職業構造は極めていびつでした。殊のほか政治家、学者、芸術家、工芸家、教育者などは軽視され、健全な職業観が育たなかった。

戦後発効した日本国憲法は、「何人も、公共の福祉に反しない限り、居住、移転及び職業選択の自由を有する」と定めました（第二二条一項）。経済の繁栄も手伝って、職業は自分が選択するものへと定義が変わった。好きな仕事、やりたい仕事、自分の能力が活かせる仕事が選択の対象になっていきます。

小学生や中学生では、男子は野球選手、スポーツ選手や芸能人が上位。女子はケーキ屋、保育士、芸能人などが希望職業の上位にランクされます。大学生になると、「民間企業」への就職希望者が増えていく。いまや九割に近い数値になっています。戦後の日本は、企業社会になり、会社員が増えます。一時期、サラリーマン天国などとも言われました。

でも組織に雇用されて働くとは、悪くすると、言われて働く、命令されたことをやるということ。結果として職業概念が曖昧化し、人々の職業観は未成熟なままになるでしょう。

二．やりたい／なりたい

二－一．強烈なタイ志向

好きなことをする、やりたいことを仕事にする。若い世代にとって、今日、これはごくあたりまえの考え方です。広く支持されています。「こだわるな」などと言ったら、若者たちからは、反発を食らうかもしれない。そのことは、わたしとてよく承知しています。

しかしながら、わたしは、「それがよいですよ」とは回答できません。何故か。職業の社会性をどこかに追いやってしまった就職論になっているからです。このメッセージは、職業の自分性を全面に打ち出しています。「選職の主体性」が、強烈に押し出されています。

大学生にとって、就職は「初職」選びです。われわれは、職業を通じていろいろな仕事をこなし、能力をのばし、社会を知り、徐々に一人前の職業人として成長していく。その過程で、自分が本当にやりたい仕事は何かがわかってくる。初職はその導線です。

従って初職選びでは、「やりたい」を全面にだすより、将来に向けて自分を強く鍛えてくれそうな職業をさがす。そういった職業に就く。こう考えるほうが、ずっと大事ではないでしょうか。

嫌いなことをやっても、気持ちは乗らない。ましてや性にあわない仕事など、やろうとしてもやれない。これはあまりにも明白なことです。それに、昔から「好きこそものの上手なれ」といいます。やりがいを求めるなら、やりたいことをやり、好きなことを仕事にするにこしたことはない。若者ならずとも、人みな等しくこう考えます。

あえて潮流に竿をさす感じで、わたしは大学の学内誌に、「近年における際立った傾向の一つとして、やりたい仕事を探し、好きな職業に就きなさいといった物言いが流布している」と書きました。

もっと人生論を読むとか、偉人の伝記なども読んで、視界を広げるのも有益だなどとも書き添えました。学生も、寄稿文の趣旨全体についてはは共感してくれたようですが、やりたい／好きを問題視した点に関しては、不協和音を示すレポートが目立ちました。

二ー二．学生たちの意見と心情

学生たちが示した不協和音は、例えばこんな具合です。

・自分がやりたい大きな夢（例えば音楽家になる）が否定されているみたいだ

・やりたくない仕事に就いたら、長続きしないし、苦痛を感じるだろう。そうであったら、給料が多少安くともやりたい仕事を探すべきだ

・われわれには好きな仕事を選ぶ権利があるし、それは個人にとって利益にもなる
・やりたい仕事、好きな職業を見つけてこそ、仕事を追求する心、広げる心が生まれる
・両親は、「とりあえず安定した仕事」が口癖。やりたい仕事＝安定していない仕事という含みが読み取れ、わたしの選職方針は否定されていると受け止めている。自分の人生は自分のものなのに……
・「好きなことだけやっていきたい」は、サラリーマン嫌いの反証。「サラリーマンはつまらない」というメッセージをメディアが流しているから。
・人生哲学だとか伝記など、とっつきにくい。そんなことで、キャリアマインドの培養になるの？

中には、心理学的職業診断への疑問を提起したレポートがありました。「適性だとか個性だとかが強調されるけれど、自分がやりたいのと違う方向で数値がでたら、どうしたらいいか」「人生の主人公は自分だ。第三者のコンピューター的データでコントロールされても釈然としない。本人に不向きでも、やりたいならがんばるはず」、と。とかく心理学は、やりたい、好きを標榜する。従って、現代の若者は心理学派かと推察していましたが、そうでもないらしい。わたしにとって、新しい発見です。

二‐三　自分本位の職業選び

キャリアデザイン支援とか、キャリアカウンセリングがスターダムにのしあがったが故の、思わぬ影響が職業的世界に及んでいます。

キャリア論は、人生の主人公が本人である点に焦点をあてます。自ら手綱をしっかり握りしめ、状況を見極めて右へ左へと馬を進めないと、でこぼこした、曲がりくねった山道は踏破できないことを強調します。進路の選択、進路の運行は本人の責任であり、あなた自身が主体的に決めることだと説きます。

かくしてキャリア形成やキャリア開発は、自分主義と自分本位で推進されることになったのです。あなたがどう

考え、どう思うかが大事ですという捉え方が蔓延しました。とにもかくにも青少年世代は、「自分の好き」を大事にし、「自分がしたい」ことをすべてに優先させることになります。いわば人生は自分のためにある、自己の願いを実現することが生きることだという人生観が幅をきかすことになります。すでに日本社会は、一九八〇年代に入ると、他人様のことを視界に入れない風潮が蔓延してきます。キャリアの概念やキャリア教育の推進は、それに輪をかけたようです。

一言でいえば、職業選びは「自分さがし」の延長線上に設定され、姿と形がみえはじめます。わたしは何が好きなのか、何になりたいのかをはっきりさせることを踏まえて、職業が選定されることになるというわけです。

三.「やりたい」と「やりがい」

朝日新聞社の二〇〇四年の「定期国民調査」の中に、「今なさっている仕事は、やりたいと思っていた仕事ですか。そうではありませんか」という質問があります。

結果は、「やりたかった仕事」と回答した人が三八%、「そうではなかった」という人が三九%です。無回答がけっこう多いのですが、「やりたかった」と「そうではなかった」は半々です。働いている人の半数は、やりたくなかった仕事に従事している。いやいや職業に就いているということになります。

不本意な就業なら不満足ということになりそうですが、さてどうでしょうか。実はこの調査では、いまの仕事に満足しているかどうかが「やりたい仕事に就いている人」と、「やりたい仕事に就いていない人」に分けて集計されています。

予想は完全にはずれた感じです。やりたかった仕事でなかったと回答した人でも、五二%が満足しています。これでわかったことは、人は、①仕事に不満だけれど働く、②やりたかった仕事ではないけれども働く、ということです。

さかのぼって、「やりたい仕事」を職業にするのは、職業に「仕事のやりがい」を求めるからではないでしょうか。賃金や労働時間や休日など、勤務条件のよさを求めることが中心ではない、ということです。

つまり、「やりたいこと」をすれば「仕事のやりがい」が得られる、「やりがい」は「やりたいこと」から得られる。そういった考え方と目論みが、若者をして「やりたい」指向に駆り立てるのだと推測されます。

しかしながらデータを追いかけると、働く人々の「仕事のやりがい」感は、今日に至るほど低下しています。例えば内閣府の「国民生活選好度調査」によると、二九歳以下の人々の場合、一九七八年には三三・一％が仕事に満足していました。しかし二〇〇二年には、一七・二％へと低下しています。やりたい指向は一九八〇年代から高まるわけですが、やりがい、充足感は手にできなくなっています。

つまり、「やりたい」と「やりがい」とは直結はしていないということです。「やりたい」ことを追いかけても、「やりがい」は得られない。欲求が充足できれば、満足感が高まるということでもなさそうです。若者にとって大事なのは、仕事のやりがいを現実のものにしてくれる要件を、新しい視点にたって探ることのように思います。

翻って、仕事はどれほど生きがいとなっているのでしょうか。二〇〇九年度の「日本人の就業実態に関する総合調査」（労働政策研究・研修機構）の結果によると、「生きがいを感じること」のトップは「余暇、趣味」です。複数回答ですが、選択率は五四・七％。ついで「家庭」が四三・七％であり、「仕事」は二六・五％で三番目です。

続いて「仕事に生きがいを感じるかどうか」を尋ねると、全体では、三六・四％の人がイエスと回答しています。男性は三五・三％、女性は三三・七％です。年代別では、六〇代（六〇～六五歳）が一番高く四一・七％、二〇代が一番低くて二三・六％（男性二二・一％、女性二四・九％）となっています。

職業の選択は、そうそう自由ではないはずです。相対比較の中で、「こちらでいいか、これにしておこう」ということで選職しているのが現状と思います。でも、その割に満足している。それどころか、仕事を生きがいと感じている。そうでないと、職業活動は長続きはしないのかと思います。

四．職業に何を求めるか

どんな職業に就くかは、生き方の選択でもあります。人生をどう生きるか、豊かな生き方にむけて毎日どう生活するか。人々はこのことを、職業の選択によって方向づけ、職業に委託する。職業と人生との関係、あるいは人生と職業との関連は、そういうつながりになるのだと思います。

しかしながら現実は、人生目標と職業動機とが乖離している場合が多く、両者のつながりが弱いのです。大学生の場合、職業の選択が、人生観にまでさかのぼってなされていません。「人生において何を目指し、何を実現したいか」、あるいは「人生において何を目指すべきか、何を実現するのがよいか」を確認しないまま就職活動に踏み出しています。

日本生産性本部の、新入社員を対象にした「働くことの意識調査」の中に、一般的な生活価値観を尋ねた質問があります。二〇一〇年の場合でみると、割合の高い上位五つは、先輩と後輩のけじめ、積極的な行動、幸福のためにいまは我慢、自分らしく生きたい、無理と思われるくらいの目標を立てるといった項目です。人生訓みたいな項目が並んでいます。

そして就労意識に関する調査においては、「社会や人から感謝される仕事がしたい」（九六・五％）、「仕事を通じて人間関係を広げていきたい」（九五・八％）、「どこでも通用する専門技能を身につけたい」（九三・四％）が上位三つです。

人生目標はどんなことで、それをベースにした職業は何か。この調査では、こういった、生き方と職業選択とのつながりが解明されたわけではありません。それでも、社会や人から感謝される生き方、並びに幅広い人間関係に支えられた生き方が重視されていることが垣間見られます。そのためには、専門的な知識と技能を高めることが必要だと考える。これすなわち職業意識の発芽です。

人々の生活価値観は多様化し、働き方についても選択肢は増えました。どんな職業に就いて、どういった人生を送るかは、基本的には本人の裁量に任されます。しかし職業意識が未成熟なままでは目指す職業に就くことは難しい。

中心的な生活関心が余暇にあるか、地域活動やボランティア活動にあるか。それとも、職業活動を通じて自分を成長させ、社会的な賞賛を手にすることにあるか。こういったことに関する意思決定は、価値観に関わります。人生観の問題でもあります。人生や生活に占める職業のウエイトをどれほど重視するか、これもまた、基本的には人生観の問題です。人生に関する価値観がどういった性格のものであるかによって、選職の仕方や就職活動のやり方は違ったものになります。

いずれにしても、働き方は間違いなく生き方に影響を与えます。従って、どんな職業を選ぶかに先立って、職業に何を求めるのかを、自分なりに確認する必要があるのです。

職業を選ぶについては、世の中にどんな職業があるか、それぞれがどんな特性を持っているかを知っていたほうがよい。ところが、そんなこと調べたこともない、わからないと発言する学生がいます。職業はごまんとあります。電話帳を開くと五万超あるといわれますが、「厚生労働省編職業分類」には約一六〇〇〇種が採録されています。これは二〇一一年の改訂版に収録された数ですが、日本標準職業分類、公共職業安定所の公開求人情報、民間事業所の公開求人情報、職業紹介事業者等の職種分類などから収集した二七〇〇〇種の職業名をベースに整理したとのことです。

収録された職業は当然ながら分類されていますが、世の中にある職業を知るには、個々の職業名もさることながら、分類名に着目することが大事です。いわば職業がどう色分けされているか、その区分名にスポットをあてる必要があります。職業の区分については、すでに第二章の「七」で言及しましたので、参照してください。

五. 職業選択の視点あれこれ

学生が当面する課題として、職業接続は極めて重要です。職業接続とは職業に就くこと、一人前の職業人になることです。この職業接続を確かなものにしていくには、いろいろと学習を重ねることが要請されます。これまで、それがどんなものであるかを、具体的に書き連ねてきました。

いよいよ最後の章になりましたが、ここでは、職業そのものや職業選びに関連する大事な考え方、捉え方をテーマにすえることにします。これから大事になる選職視点を、ここで、九つにまとめておきます。

一. 専門的職業能力を身につけ、専門性に磨きをかける

職業と生業の違いを際立たせ、従事する仕事が職業であることを自他ともに認めることとなる要素は、間違いなく専門性です。この点は折に触れて言及してきましたが、一人前の職業人としての自信と誇りを確かなものにするためには、事前の精進が不可欠です。

二. ダブルスペシャリティを身につけよう

以前は、専門的職業能力を身につければ、どこでも通用すると言われたものです。しかし現代社会では、産業構造や職業構造は、急激かつ大きく変化します。当然のことながら就職してすぐには無理ですが、もう一つのスペシャリティを身につけはじめるのがよいでしょう。ダブルスペシャリティについては、『ダブルキャリア―新しい生き方の提案』を参照してください（荻野進介・大宮冬洋、NHK出版、二〇〇七年）。

三．適職はトライ・アンド・エラーを通じて定まっていくものだ

何が自分にぴったりのスペシャリティであり、専門性であるのかは、経験を通じてクローズアップされはじめます。失敗を恐れず果敢にトライし、そこからの学習をいかすことが大事でしょう。不向きとわかれば、他の道を選択する決断も大事です。

四．自分さがしに執着せず、社会のうごきなど自分の外側を探れ

職業は社会の中に存在するのであって、自分の中にはないというメッセージは、折に触れて発してきました。適職探しにこだわることも、その意味では捨てなければなりません。

五．職探しはグローバルな視点で臨むべし

社会のうごき、時代の変化というとき、ポイントの一つはＩＴ化ですが、選職という観点からすると、グローバリゼーションは大変に大きな視点です。就職先を国外に求めるということです。国外といえば欧米というのは二〇世紀時代までの常識であり、いまやアジアです。以前は、美味しい食はアジアといわれましたが、いまや職在亜細亜です。

六．転身への用意を怠らない、いつ機会が訪れるかもしれません

転職をすると、生き方が変わります。つまり転職は転身へとつながります。会社で一生を過ごすのではなく、別の職業に就く、幾つかの職業を経験する。すると、生き方はそれだけふくらみます。これからは、そういった生き方、生き様が一般的になると思います。

長い人生です。二〇年、三〇年と働くと、他の仕事をしてみたいという思いが顔をのぞかせるかも知れません。

関係者や思いも及ばぬ筋から、来てほしいという誘いがかかるやも知れません。

　現代はノンリニア社会であり、変幻自在な（プロテアン（protean））キャリアはすでに常態化しています。結果良しといえる、望ましいキャリアシフトを実現したいものです。スペシャリティを身につけ、自らを能力の秀でた人材に育て上げること、そして転職への用意を怠らないことが肝心です。

　もっとも、ある学生は、「なぜ転職する必要があるのか。いちど就いた（就けた）職業を変えたくない」とレポートに書いていましたが。


七．会社員であることに甘んじない、いつまでも会社員であり続けない

　近年、終生（定年まで）会社員であり続けたいと思っている若者が多いようです。例えば日本生産性本部が、二〇一一年度の新入社員を対象に実施した「働くことの意識」調査の結果によると、「この会社でずっと働きたいか」との問いに、三三・五％が「定年まで勤めたい」と回答。過去最高の数値となったということです。

　ある大学での調査結果ですが、卒業した後に会社員を希望しない人が二割ほどいました。そのデータをフィードバックした後のレポートで、別の学生がこう書いています。「会社員にならないで、何を目指すのでしょうか。この不況の中で、新卒というアドバンテージを捨てて後悔しないのでしょうか。僕にはそんなチャレンジをする勇気はありません。ノーと答えた人に、どんな考えを持っているのか聞いてみたい。会社員になる以外に道があるなら、知りたい」というわけです。

　大きく変動する社会、そして近年における企業の雇用制度の変化を、この学生は承知していないようです。また、個人の生き様として、それは好ましいといえるでしょうか。

八．創職、そして起業を視野に

就職というと、被雇用者になることが一般的になっています。企業、官公庁、団体など組織に雇われて働くことが選択されます。しかし米国では、一九八〇年代から、フリーランサーやフリーエージェントとして働く人が増えています。在学中や卒業後すぐに起業したり、フリーランサーになったりすることは容易ではないでしょう。しかし、視野に入れておくことは重要です。近年、創業や起業をテーマにした書物が、たくさん書店に並ぶようになりました。

九．職業に盛衰はつきものです、生涯学習を怠ってはなりません

職業構造は、時代とともに変動します。技術が高度化し、産業構造が変革され、社会的な諸制度が変わり、人々の趣向や生活様式が変化します。となると、いちど身につけた職業能力（知識、スキル、センス）が陳腐化し、モノを言わなくなる事態に直面します。学習は、生涯にわたって継続されることが必要です。

六．意味づけが大事です

一言でいえば、「やりたい」や「したい」のベースにあるのは欲求や欲望です。これまでわたしは、ここを起点にして職業を選ぶことが持つ問題性を縷々説いてきました。やりたい／したいは、「自分本位」で「現在本位」の発想です。それぞれ、軸の反対側に位置するのは、「社会（他人）本位」と「将来（未来）本位」です。対立する発想のバランスをとるのがよいというわけではありませんが、「自分本位」よりも「社会（他人）本位」を、「現在本位」よりも「将来（未来）本位」を重視する人がおります。そういった価値観を大事にする人々がおります。

お陰で社会全体とすればバランスがとれるということになるわけですが、「やりたい」や「したい」という人々ばかりだと、職業的世界はいびつになるでしょう。

さりながら、どのような行動も、「やりたい」や「したい」という欲求や欲望に支えられていないと、本物にはなりません。最後の段では、「やりたい」や「したい」という意思が働いていないといけないわけです。

かくして大事になるのは、何故やりたいのかに関する「意味づけ」です。これが自分の中でできているかどうかです。やりたい項目だけではなく、それを何故やりたいのか。いわば根拠、狙い、わけ、背景を説明できることが大事だろうということです。

さらには、何に裏づけられた「やりたい」なのかが、明確になっているかどうかという点です。やりたいことを「やっていく」技術、知識、ノウハウは大丈夫でしょうか。やりたい、できる、自分（の能力、性格など）に適っているという三つは、同じではありません。関連しますが、好きとやりたいとは同じでしょうか。

いま若者たちは、「やりたい」こと探しに翻弄されているかにみえます。スポーツ選手やミュージシャンやテレビタレントにあこがれ、そう「なりたい」気持ちが強いようです。実は、そこには時代や社会がうつし出されているわけです。そうなるには、なるだけの仕事のやりがいを現実のものにしてくれる要件を、新しい視点で探す必要があります。

要約しましょう。人は、最終的には「やりたいこと」を探し、「やりたいこと」をやることになるはずです。だが、そこに至るプロセスが肝心です。

まずは「生きる」とは何かについて思案し、「生きる」うえで必要なことを勉強し、経験をつみ、見聞を広める。知識も経験も見聞も、若者はいまだ充分身につけていません。それが浅いうちに、「好きなこと」「嫌いなこと」を決めても、それは、本物かどうかわかりません。また、長続きする保証がないことを承知しておく必要があります。

ある時わたしは、学生に、「職業とは人生で一番やりたいと思う仕事のことである」というメッセージをどう思うかと問いかけました。その通りだと賛同し共感するか、それとも違和感を持つかを尋ねたのです。

　好きなことをやる、やりたいことを仕事にする。若い世代にとって、今日これはごくあたりまえの考え方であり、広く支持されてもいます。多くの若い人の趣向に反することは承知していますが、わたしの回答はノーです。何故か。社会と自分とのマッチングという視点を、どこかに追いやってしまった職業論になっているからです。

　こういった風潮を背景にして、メディアや人材会社は、就職や就業へのガイダンスにあたって、「やりたい」と「好き」をキーワードにする場合が多い。底流としては以前からあったと思われますが、二〇〇〇年を迎える頃から、にぎやかになりました。サンプルを紹介すればこうなります。

・好きな仕事―適職探しのバイブル②、竹村出版、一九九五年
・この仕事がしたい―自分らしい生き方・働き方を見つけた54人、洋泉社、一九九九年
・二一世紀の仕事―やりたいことから仕事がわかる、二〇〇〇年、リクルート
・好きを仕事にする本―「好き」から探す憧れ仕事・全二〇五種、ケイコ＆マナブ・首都圏版、二〇〇一年、リクルート
・やりたい仕事につくための就職応援マガジンCareer Up!、二〇〇二年、ディスコ
・やりたい仕事がある！―好きな仕事・向いている仕事七四一種、二〇〇五年、小学館
・天職事典―好きな仕事が見つかる本　二〇〇五年、ＰＨＰ研究所
・「好き」を仕事にする　二〇〇六年、ゴマブックス

嫌いなことをやっても、気持ちは乗らない。ましてや性にあわない仕事など、やろうとしてもやれない。このことは、あまりにも明らかなことです。それに、昔から「好きこそものの上手なれ」といわれます。

やりがいを求めるなら、やりたいことをやり、好きなことを仕事にするにこしたことはない。若者ならずとも、人みな等しくこう考え、そう発想するのだと思います。

なるほど、やりたい仕事、好きな職業を見つけてこそ、仕事を追求する心、広げる心が生まれるというものです。では、こういった職業選びが実現していれば、人々は、働くことに充足感を持てるのでしょうか。それが叶えられていれば、職業への満足度は高いはずです。さて現実はどうでしょうか。

いま従事している仕事や職業に満足しているか、どの程度満足しているか。そういったことを尋ねた調査は、山ほどもあります。それに、不満足だと回答した人の場合は、「仕方なく働いている」ということになるように思います。幾つかの調査データに当たっておきましょう。

五年ごとになされる「世界青年意識調査」の二〇〇四年度版によると、日本の青少年たち（一八～二四歳）の職場生活満足度は、「満足」と「やや満足」を会わせて七割台です。他の国は、八割から九割になっています。

同じく二〇〇四年に朝日新聞社が全国の有権者を対象に実施した「定期国民調査」によると、「大いに満足」一〇%、「ある程度満足」四八%、「あまり満足していない」二一%、「全く満足していない」三%です。

いずれのデータとも、満足している人の割合は高い。となると、いやいや仕事をしている人は、さして多くはないということになりそうです。むしろ仕事にやりがいを感じている人はけっこう多そうです。二〇一一年（平成二三年）の『国民生活に関する世論調査』によると、家族団らん、友人や知人と会合、趣味やスポーツ、ゆったりと休養には及びませんが、「仕事にうちこんでいる時」に充実感を感じるとした人が三二・二%います。

仕事や職業に関する満足というのは、いろいろな要素の絡み合いで決まります。

・この不況下で、職に就けない人が多い中、とにもかくにも給料がいただける身分。不満足だなどとは言っておられない、という人がいるでしょう。

・仕事の性格や内容には不満だが、職場の物的環境や雰囲気はよいし、上司や同僚との関係も良好であり、勤務時間もそう長いわけではなし、前の勤務先と比べて通勤にも時間をとられないという人もいることでしょう。

いずれにしても、仕事や職業に満足か不満足かを決める要因は、とても錯綜しています。

それというのも、今日、職業が組織に勤務することを通してなされるからです。職業というと、やっている仕事の性格や内容、その仕事を遂行していくうえで発揮される知識や技能が、いち早く連想されます。

ところがいまは、多くの人が、企業や自治体や団体に雇用され、組織人として働いています。仕事や職業への満足というとき、組織と組織活動にからむ要素が、複雑に影響してくると思われます。

話をもとに戻しましょう。「やりたくない仕事」に就いているということは、「意思に反して仕方なく」働いているということです。言葉を換えれば、「不本意ではあるけれども」働くということです。それでも仕事に不満というわけではないという人が、けっこう多いということです。現実というのは、複雑で捉えにくいですね。

これまで、①仕事に不満だけれど働く、②やりたかった仕事ではないけれども働く、という二つの面を取りあげてきました。これは、要するに「不本意就労」ということです。

ふつう人は、ある事に不本意であるならば、何時までもそのままにはしておかないものです。何とか事態を改善しようとします。不本意就労の場合ですと、それは転職の機会を探るという行動になってあらわれます。

実は、この転職なるものへのうごきが、いま日本社会でも増加傾向にあります。裏を返せば、それだけ不本意就労に甘んじている人が多いということになります。

七．最後は「タイ」に落とし込む

さてそれでは、「やりたいことを仕事にする」という発想は、どこに問題があるのでしょうか。どのような捉え方をしたらよいのでしょうか。

最後に、職業社会学の視点から、整理しまとめてみることにします。職業に関する理解が進み、職業選択についての課題が見えてくると思います。

イ．まず、「やりたいこと」を判断の基本にすえると、どうしても「自分本位」と「現在本位」とで発想されることになるという傾向が強まります。

職業は個人の営為ではありますが、社会とのつながりが強い。医療、介護、教育、雇用促進、産業活性化など日本社会が抱える諸問題を解決し、人々の生活改善に役立つ仕事は、いま社会から大いに必要とされています。それにこたえようという、いわば社会からの視点に立った就職活動が、ややもすると軽視されがちになります。

また職に就くにあたっては、将来からの視点を組み込むことも大事です。自分の気持ちにあっている、今の自分にとって必要だというだけでなく、将来にわたって自分を支えてくれるかどうかが考慮されなければならない。いまはやりたい気持ちが強いとしても、年齢の進行につれて萎える、ということだってあるはずです。

ロ．次は、何故やりたいのかに関する「意味づけ」はできているかという点です。やりたいことの事項だけではなく、それを何故やりたいか、いわば根拠、狙い、わけ、背景を説明できることが大事だろうということです。テーマは、選職という現実的な問題です。「美しいものは美しい」といった、感性的世界の問題とは、いささかわけが違います。

欲求に根拠などないという人がいるでしょうが、食いたいから食う、寝たいから寝るというのとは、次元が異なるはずです。他人から問われて、「何故」やりたいかが説明できなければならないだろう、ということです。

ハ．次は、何に裏づけられた「やりたい」なのかが、明確になっているかどうかという点です。やりたいことを「やっていく」技術、知識、ノウハウは大丈夫でしょうか。やりたい、できる、自分（の能力、性格など）に適っているという三つは、同じではありません。関連しますが、好きとやりたいとは同じでしょうか。

ニ．最後は、「やりたい」にも次元があるだろうという点です。若者の場合、視界は、どうしても限定されがちです。やりたいことが、身近で手ごろなレベルから選ばれることになりそうです。例えば、毎日みているテレビ番組、学校の中での見聞、通学途上で遭遇した出来事から大きな影響を受けるということになりがちです。

結果として、世界や宇宙までをも視野に入れた、あるいは高邁な精神に裏打ちされた仕事の種は、視界から消えてしまうのではないかと懸念されます。

要約しましょう。最終的には「やりたいこと」をさがし、「やりたいこと」をやることになるはずです。しかし、そこに至るプロセスが重要です。「生きる」とは何かについて思案し、「生きる」うえで必要なことを学び、経験をつみ、見聞を広めることが何より大切になるでしょう。「好きなこと」「嫌いなこと」という基準だけで、大切な将来の進路や職業を決めて欲しくありません。

中学・高校時代に考えていた将来の夢が、現在も同じだという方もいるでしょう。一方、いまは違っているという方も大勢いるはずです。そのことでもわかるように、成長とともに少しずつ将来のなりたい自分も変わっていくはずです。その意味で現在の学びや体験には、労をいとわず積極的に関わり、自分の幅を広げていく。その過程を重ねることで、自ずと目指す進路・職業が現れてくることでしょう。

あとがき

本書は前著『キャリアデザイン支援と職業学習』（ナカニシヤ出版、二〇一三年）の新版です。新版へと改定することになった経緯は二つありました。一つは、前著（旧版）の第一部では、学生の就職活動の支援を主に解説しましたが、並行して、現在までゼミ活動を基盤にして継続している「教職志望者」への支援について叙述したいと思ったためです。もう一つは、新学習指導要領が、中学校ではすでに二〇二一年度から全面実施され、高等学校においては、二〇二二年度から順次、年次進行で現在実施されているため、その詳細を、第一章で補足するためです。

新版への変更点などについては、まえがき、でも言及しましたが、改めて、この点について、述べておくことにします。九〇年代には、高等学校の教員を務めながら、大学で教職課程の非常勤講師として勤務していました。教師を目指す若者と日常的に接することで、筆者自身が多様な感性を持つ学生から、学びを得ることができました。目の前の真摯な学生に、良い教師になってもらいたいと切実に思うようになりました。講義後のリアクションペーパーには、教育現場の実情への驚きが、共通して書かれていました。そこで、担当講義では、学校現場の生徒の指導や先生方の勤務の実態を知ってもらうことを心掛けました。第一部の第二章で述べた「事実づけ」です。それらを学んだうえで、自己の教師への向き、不向きを熟考し、教職を目指すことが、職業選択の仕方として、まっとうであると思ったからです。

これまで勤務した大学の学生の多くが、「進学校」の出身です。しかし、公立の教員には、「異動」があります。そのため、採用された後、「教育困難校」に勤務する可能性があります。進学校の出身者は、カルチャーショックに陥るかも知れません。実際に勤務校では、毎年、採用された初任の先生が、夕方、職員室前の廊下の窓から涙ぐんで外を見ていました。また、夜遅く、校内の巡視中、トイレの便器の中のタバコを鉄鋏で拾っている時、ため息とともに「これが教師の仕事なのか」、つぶやいた新任の先生もいました。以下で叙述する事例は、一度だけの経験です。三月中旬の新任の採用面接に社会科の担当として立ち会った翌日、教頭先生に呼ばれ、校長室に行くと、親御さんから、娘の身体が心配なので、採用を辞退すると連絡があった、と聞かされ、驚いたこともありました。

筆者がゼミ生の振り返りにも出てくる「追指導」を重視していることもあって、コロナ禍以前には、年に一~二回程度、定期的にゼミのＯＧ・ＯＢ会（同窓会）を開催しています。現在の彼女たちの話題の多くは仕事と育児の両立に関わる困難性についてです。子どもさんが、体調を崩し発熱のため、保育園に預けることができない場合には、急遽、実家の「子育て支援ＬＩＮＥ」でサポートを依頼するか、ご実家の都合がつかない、ご実家が遠方の方は、仕事を休むしかないというのが現状です。卒業生の話題を通じて感じ取れることは、女性が置かれた労働環境だけでなく、社会のあり方自体が「exclusive（排他的・閉鎖的）」なのではないのか、という疑問です。時間をかけ愛情を持って子育てに関わりたいと思っても、職業生活と両立しにくいという社会では、育児や将来への希望が持てません。一方、確かに、産休・育休の法的支援制度が整備されてきましたが、その取得状態や、職場復帰後のキャリアの扱いを鑑みると道半ばです。他方、教職の多忙化の対策として、事務補助員の採用や部活を地域の専門家に委任するという施策が実施されていますが、肝心の教員を増やす、仕事量を軽減することについては、遅々として進んでいません。キャリアデザイン支援は、自己決定学習（self-directed-learning）を基盤にして、根底から「inclusive（包括的・非排他的）」で、生涯学習が保障される社会の実現に向けて、変革することと連動していくことで、初めて実効性のあるものとなるはずです。

筆者がキャリアデザイン支援の実践研究者になることができた背景には、温かく無償のご指導をしてくださった恩師の存在がありました。高等学校で世界史を担当された野村稔先生（「高校闘争」後に、野村先生に出会ったことで、高等学校の世界史の教員になりました）、大学で文化人類学を担当されていた神部武宣先生（「大学闘争」後に出会い、先生のフランス語のご指導のお蔭で大学院に進学することができました）、そして、高等学校教員になってから師事させていただき、教育社会学・高等教育論について、現在まで公私にわたってご指導を受けている天野郁夫先生、教育史・大学史のご教授をうけた寺崎昌男先生（いずれも、東京大学名誉教授）の諸先生方です。振り返ってみると、inclusiveな恩師に恵まれたことで、筆者の自己形成がなされ、現在の自分があるといっても過言ではありません。

これらの経験が、筆者の生徒・学生へのキャリアデザイン支援のinclusiveなあり方に大きな影響を与えています。放課後の個別指導（現在はＺＯＯＭを活用した面接指導、三六五日無休のメールでのES・履歴書の添削指導）、新たにゼミを開講して行う指導や卒業後の追指導の継続的な実施は、恩師から受けたひとかたならぬ教育行為のいくばくかを、目の前の生徒・学生にフィードバックしたものです。

本書の表紙及び裏表紙のカバーデザインは、多摩美術大学大学院卒で彫刻家・Web系クリエイターのKurumiさんの作品です。イラストは、俵屋吉富、菓匠の千晶さん、京都芸術大学のゼミＯＧ（理美さん、水咲さん）の作品です。みなさんの作品は、多くの読者にキャリアデザイン支援の一端を、素敵な挿絵を通して、確かに伝えてくれることでしょう。

末筆になりますが、四〇年以上の進路支援を通じて、高校の進路指導室、京都芸術大学のゼミ教室及び研究室、成蹊大学八号館のゼミ教室で共に過ごした生徒・学生のみなさんの将来に、幸多かれと祈っています（「抜錨！」）。また、成蹊大学で出会って以来の親友であるK君、B君、H君と、なによりも、筆者を支えてくれた家族に感謝します。

前著（旧版）に続いて、今回も編集部の山本あかねさんには、本書の改定の段階から、刊行に至るまで暖かなご助言をいただきました。記してお礼を申し上げます。

二〇二二年四月

生駒俊樹

事項索引

人名索引

【著者略歴】

生駒俊樹（いこま・としき）

京都芸術大学　客員教授。成蹊大学 文学部　兼任講師。

専攻は歴史社会学。研究分野は，近代日本教育史・高等教育論。

東京都の高等学校（普通科高校，養護学校高等部，専門高校，定時制高校）で，20 年以上にわたり，一貫して進路指導を担当した。その後，大学教員として，多くの学生のキャリアデザイン（就職・教職志望者）支援に携わってきた。また，東京，多摩地区高等学校進路指導協議会事務局長，日本キャリアデザイン学会常務理事，多摩美術大学美術学部・成蹊大学文学部講師，京都造形芸術大学教授，京都府教育委員会委嘱　キャリア教育サポーター，同，外部講師，京都府若者就職等支援審議会　有識者委員，NHK高校講座　番組委員，京都府高等学校就職問題検討会ワーキングチーム 学識経験者などを務め，現在に至る。

著書

『未来に生きる教師』　共著　エイデル研究所　1984 年

『教職入門』　共著　学文社　2003 年

『キャリアデザインへの挑戦』　共著　経営書院　2007 年

『教職入門　第二版』　共著　学文社　2009 年

『実践キャリアデザイン―高校・専門学校・大学―』　編著者　ナカニシヤ出版　2010 年

『キャリアデザイン支援と職業学習』　共著　ナカニシヤ出版　2013 年

『キャリアデザイン支援ハンドブック』　共著　ナカニシヤ出版　2014 年

梅澤　正（うめざわ・ただし）

NPO法人　キャリア文化研究所理事。

東京大学文学部社会学科卒業。桃山学院大学，新潟大学，東京経済大学の教授を歴任。専攻は産業社会学。研究分野は職業社会学・企業文化論。

主要著書（単著）

『企業と社会―社会学からのアプローチ―』　ミネルヴァ書房，2000 年

『職業とキャリア』　学文社，2001 年

『組織文化　経営文化　企業文化』　同文館出版，2003 年

『ナットクの働き方―職業学者が書いたキャリア論―』　TAC出版，2004 年

『大学におけるキャリア教育のこれから』　学文社，2007 年

『職業とは何か』　講談社現代新書，2008 年，その他著書多数。

新版 キャリアデザイン支援と職業学習

2013年6月20日　初　版第1刷発行
2022年5月20日　第2版第1刷発行
2024年5月20日　第2版第2刷発行

（定価はカヴァーに表示してあります）

著　者　生駒俊樹
　　　　梅澤　正
発行者　中西　良
発行所　株式会社ナカニシヤ出版
〒606-8161　京都市左京区一乗寺木ノ本町15番地
Telephone　075-723-0111
Facsimile　075-723-0095
Website　http://www.nakanishiya.co.jp/
E-mail　iihon-ippai@nakanishiya.co.jp
郵便振替　01030-0-13128

装幀=白沢　正／印刷・製本=ファインワークス
Printed in Japan.

ISBN978-4-7795-1622-1